话说漕运

郑孝芬 刘九伟 王 娜 著

中国矿业大学出版社

内 容 提 要

大运河与长城一道，被视为中国古代最重要的两大工程奇迹，在中国历史上起过重要作用，具有极高的历史价值、文化价值，对中国历史发展有着相当大的贡献。历史上，运河的主要功能是漕运，大运河的命运也始终与漕运联系在一起。漕运制度是贯穿我国整个古代社会并跨越部分近代社会的一项重要的经济制度。它不仅是历代封建王朝政权制度中极为重要的组成部分，而且对整个国家的政治、经济、军事乃至思想文化等各个方面都产生了重大的影响。本书主要内容有：大运河与漕运，漕运与运河城镇的兴衰，漕运与运河沿岸制造业的发展，漕运与运河仓储和钞关，漕运与运河水利工程，漕运与运河区域的信仰，漕运与运河民俗的特色，漕运与运河区域文学发展和繁荣，漕运与运河民间音乐及戏曲，漕运与运河地区教育，漕运与运河城市的园林文化，漕运与运河饮食文化，漕运与运河民间帮派，漕运的利弊与历史功过。

本书可供相关专业的研究人员借鉴、参考，也可供广大教师和学生学习使用。

图书在版编目(CIP)数据

话说漕运/郑孝芬，刘九伟，王娜著．—徐州：中国矿业大学出版社，2017.12

ISBN 978-7-5646-3864-1

Ⅰ.①话…　Ⅱ.①郑…②刘…③王…　Ⅲ.①漕运—交通运输史—中国—古代　Ⅳ.①F552.9

中国版本图书馆CIP数据核字(2017)第323927号

书　　名　话说漕运
著　　者　郑孝芬　刘九伟　王　娜
责任编辑　何晓明
出版发行　中国矿业大学出版社有限责任公司
　　　　　　(江苏省徐州市解放南路　邮编221008)
营销热线　(0516)83885307　83884995
出版服务　(0516)83885767　83884920
网　　址　http://www.cumtp.com　**E-mail**:cumtpvip@cumtp.com
印　　刷　江苏淮阴新华印刷厂
开　　本　787×1092　1/16　**印张** 16.75　**字数** 230千字
版次印次　2017年12月第1版　2017年12月第1次印刷
定　　价　38.00元

前　言

始建于春秋时期的京杭大运河，是中国古代劳动人民创造的一项伟大工程，是中华民族伟大精神的象征之一，被视为中国古代最重要的工程奇迹之一，具有极高的历史价值、文化价值，对中国历史发展有着相当大的贡献。历史上，运河的主要功能是漕运，大运河的命运也始终与漕运联系在一起。

运河的贯通、漕运的发达，引发运河沿岸产业结构的变化以及制造业与手工业的迅速发展。特别是明清两代，促进了造船、冶铁、煮盐、酿酒、编织、纺织、漆器、瓷器、丝织等各个行业的繁荣发展。漕运在狭义上就是指通过大运河运送漕粮，因此，漕仓是漕运的重要组成部分，不但起到存储、转运、供给等作用，对国家政治、军事活动的开展，社会灾荒的赈济，市场粮价的平衡也有重要意义。同时，尤其明清时期，大运河南北贯通，商贾络绎，征收过往船只、商品的关税遂成为政府的税收来源之一。钞关作为京杭运河上的税收关署，既是运河畅通的产物，也是商税制度发展的必然结果。中国大运河与长城同为中国古代的伟大工程。中国地势西高东低，主要江河都是自西向东流，南北向的水运则需要人工运河的沟通。大运河纵贯中国东部核心区，与各主要河流湖泊沟通，水系关系复杂，在如此复杂的自然条件下，通过各类水利工程的建设和运行，保障了漕运的畅通，水利工程也成为大运河的核心构成。因此，漕运促进了国家统一、经济繁荣，带动了沿线城镇的发展。

在唐宋之后，大运河进一步成为整个国家的交通大动脉，运河两岸也迎来了文学的大发展。运河沿岸的诗歌、小说、戏曲三大文学艺术形式的发展取得了影响深远的巨大成就。大运河的开凿、修浚和漕运的勃兴，促进运河地区民间众多音乐曲种的发展，运河地区经济的发展、交通的便利又为音乐戏曲交流提供了优越条件，良好的音乐文化氛围吸引了众多外地艺人，推动地方音乐及戏曲的发展，运河沿岸城市的经济发展，带动吸引了众多外地商人、艺人的聚集，会馆、茶楼等成为娱乐场所，也成为运河地区民间音乐曲种发展所需要的物质支撑。运河沿岸凭借着便利的交通、繁荣的经济，以及社会各个阶层对文化事业的倾慕与热心资助，在运河流域的文化教育事业上形成了自己独具的地域特色。运河区域的教育发展从隋唐到明清，都呈现出浓郁的重视文化教育之风。

园林作为城市繁荣的一个指标，见证了城市的兴衰。明清时期是运河沿线城市园林的盛期，王臣贵族、各路官僚和漕盐富商等强势群体寓居运河城市，兴建了大批的园林。饮食文化的形成与变迁是地理环境差异和历史变迁长期作用的结果。大运河维系的纵横交错的漕运体系，使得大运河沿线区域的生态和人文环境都发生了重大的改变。运河区域的饮食，在食物结构、餐饮习惯、营养观念、饮食礼仪等方面，都显示出各自的独特性，从而形成了独具特色的饮食文化。

漕运制度是贯穿我国整个古代社会并跨越部分近代社会的一项重要的经济制度。它不仅是历代封建王朝政权制度中极为重要的组成部分，而且对整个国家的政治、经济、军事乃至思想文化等各个方面都产生了重大的影响。漕运的影响既有积极的一面，也有消极的一面。我们应当对漕运有比较全面的认识和客观的了解，既了解其历史的积极作用，也关注其曾经的消极影响。漕运文化属于一种跨水系、跨领域的区域性广义文化系统，是包括沿运河流域政治、军事、经济、文化、科学等一切社会活动的总和，对整个流域的思想意识、价值观念、社会结构、居民成分、民情风俗、生产及生活方式等产生深度影响，造就出独特的文化形态。

著　者

2017 年 11 月

目　录

第一章　大运河与漕运

始建于春秋时期的京杭大运河，是世界上里程最长、工程量最大的运河，是中国古代劳动人民创造的一项伟大工程，是中国文化地位的象征之一。大运河与长城一道，被视为中国古代最重要的两大工程奇迹，在中国历史上起过重要作用，具有极高的历史价值、文化价值，对中国历史发展有着相当大的贡献。广义的漕运是指封建王朝将征自田赋的部分粮食通过水路运往京师或其他指定地点，供宫廷消费、百官俸禄、军饷支付和民食调配。史载的第一次漕运是秦始皇北征匈奴，从山东沿海一带运军粮抵于北河(今内蒙古乌加河一带)。后来，汉建都长安(今陕西西安)，每年都将黄河流域所征粮食运往关中。隋初开始，除自东向西调运外，从长江流域转漕北上逐渐增多。此后，漕运仅指通过大运河运送漕粮。历史上，大运河的主要功能就是漕运，大运河的命运也始终与漕运联系在一起。

第一节　大运河的历史变迁

运河，狭义上讲，是人工开凿的通航河道；广义上讲，是用以沟通地区或水域间水运的人工水道，通常与自然水道或其他运河相连。除航运外，运河还可用于灌溉、分洪、排涝、给水等。就全世界而言，著名的运河还有：伊利运河、阿尔贝特运河、苏伊士运河、莫斯科运河、伏尔加河-顿河运河、基尔运河、约塔运河、巴拿马运河、曼彻斯特运河。

中国的运河建设历史悠久，公元前 506 年开凿的胥河，是我国现有记载的最早的运河。这个胥河之“胥”，指的是春秋时期吴国的伍子胥，当时吴国的吴王阖闾为了向西讨伐楚国，命伍子胥开挖运河，胥河从苏州通到太湖，经宜兴、溧阳、高淳，穿固城湖，在芜湖注入长江，全长100多千米。

再有，公元前214年，秦并六国（韩、赵、魏、楚、燕、齐）后，秦始皇为开拓岭南，统一中国，于秦始皇二十六年（公元前221年），命屠睢率兵50万分五军南征百粤，每军要占领五岭一个主要的隘道，而占领湘桂两省边境山岭隘道的，就是其中的一个军。最初遭到当地民族的抵抗，三年兵不能进，军饷转运困难。秦始皇二十八年（公元前219年），秦始皇命监御史禄掌管军需供应，督率士兵、民夫在兴安境内湘江与漓江之间修建一条人工运河，运载粮饷。秦始皇三十三年（公元前214年），灵渠凿成。灵渠的凿通，沟通了湘江、漓江，为秦王朝统一岭南地区提供了重要保证，大批粮草经水路运往岭南，军队有了充足的物资供应。灵渠凿成通航的当年，秦始皇就派兵攻克了岭南地区，随即设立桂林、象郡、南海三郡，将岭南正式纳入秦王朝的版图。

在漫长的历史岁月里，大运河曾有三次较大的开凿工程。

第一次，古邗沟的开凿。

春秋时期，吴国末代国君夫差（吴王阖闾的儿子），听说齐景公死后大臣争夺权力，新立之君幼小无势，于是准备攻打齐国。此时，吴王夫差统治了长江下游一带，为了北上伐齐，争夺中原霸主地位，公元前486年，夫差在邗（今江苏扬州附近）筑城，并调集民夫开挖从今天的扬州向东北，经邵泊湖、高邮湖、射阳湖等到淮安入淮河的运河，因途经邗城，故得名“邗沟”，成为大运河最早修建的一段，全长约170千米。邗沟又名渠水、韩江、中渎水、山阳渎、淮扬运河、里运河。

第二次，隋朝大业年间隋炀帝修建大运河。

公元605年正是隋大业元年，这年的3月21日，隋炀帝“命尚书右丞皇甫议发河南、淮北诸郡民，前后百万，开通济渠[①]。”通济渠起于洛阳城，经皖北至淮阴（今江苏淮安市淮阴区）入淮水。通济渠

① 《资治通鉴·隋纪四》卷一百八十.

工程沟通了洛水、黄河和淮河。同年，隋炀帝又征发淮河以南的民众开邗沟。这是在旧有基础上一次大规模的整修扩大，逐步形成了后代运河的规模。邗沟南端水源开发最初是疏浚塘陂，引水济运，但常淤塞。

隋大业四年（608 年）二月，隋炀帝“诏发河北诸军五百馀万众穿永济渠，引沁水南达于河，北通涿郡”①。征发黄河以北驻军，将沁水南引到达黄河，北通涿郡（治蓟城，今北京）。永济渠沟通了黄河与海河水系，这是继通济渠、邗沟之后，开凿的又一重要运河。它是隋朝调运当时黄河以北、太行山以东河北道粮食的主要渠道，也是隋炀帝发兵高丽，输送人员与战备物资的航运水道。

隋大业六年（610 年）十二月，隋炀帝“敕穿江南河，由京口至馀杭，八百馀里，广十馀丈，使可通龙舟，并置驿宫、草顿，欲东巡会稽。”②（江南运河，又称江南河，北接长江，南接钱塘江）。运河在苏州吴江平望镇以南分成三道：一道通往嘉兴，称为古运河；一道通往湖州，称为吴兴塘；直接通往杭州的河道由元朝张士诚开凿。③ 江南运河的开凿最早可追溯到三国孙吴时代，孙吴政权为了沟通南京和太湖平原而开凿江南运河。隋大业六年（610 年），重新疏凿和拓宽长江以南运河古道，形成今天的江南运河，并经不断改造、治理，现江南运河东线（即古运河线），从平望经嘉兴、石门、崇福、塘栖、武林头到杭州，全长 323.8 千米，是京杭大运河运输最繁忙的航道。

隋代修建的大运河以洛阳为中心，向东北、东南呈扇形展布。大运河以东都洛阳为中心，北至涿郡（今北京），南至余杭（今杭州），全长 2 700 多千米，贯通后的大运河成为中国南北交通的大动脉。

第三次，是在公元 13 世纪末元朝定都北京后。

运河在山东境内裁弯取直，不再绕道洛阳。元朝花了 10 年时间，先后开挖了“洛州河”和“会通河”，把天津至江苏淮安之间的天

---

①② 《资治通鉴·隋纪五》卷一百八十一.

③ 牛汝辰.中国水名词典[M].哈尔滨:哈尔滨地图出版社，1995.

然河道和湖泊连接起来，淮安以南接邗沟和江南运河，直达杭州。而北京与天津之间，原有运河已废，又新修“通惠河”。这样，新的大运河比绕道洛阳的大运河缩短了900多千米。至元三十年（1293年），元代大运河全线通航，漕船可由杭州直达元大都（今北京），成为今京杭大运河的前身。京杭大运河全长1 794千米，是中国仅次于长江的第二条“黄金水道”。京杭大运河流经北京、天津，以及河北、山东、江苏、浙江四省，沟通了海河、黄河、淮河、长江、钱塘江五大水系。

中国幅员辽阔，黄河、长江、淮河等河流多为东西走向，却没有一条南北走向的大河，这种地理上的缺陷，造成了我国古代经济文化发展的不平衡。在水运占主导地位的年代，我国十分需要一条沟通南北的水运干线。大运河的开凿便在此背景下产生，它经历了一个由短到长，由局部到整体，不断完善、不断扩大、持续上千年的过程。

当然，当我们介绍大运河，还要提及浙东运河。2008年11月，作为京杭大运河的延伸段和大运河与海上丝绸之路联通的通道，浙东运河被列入中国大运河申遗项目，申报世界文化遗产。

2014年6月22日，中国大运河在第38届世界遗产大会上获准列入世界遗产名录，成为我国第46个世界遗产项目。

第二节　历代王朝的漕运概况

何谓漕运？中国古代的历代封建王朝，将征自田赋的部分粮食经水路运往京师或其他指定地点的运输方式，称为漕运。用今天的话来说，这是一种专业运输，这种粮食称漕粮，或者说，漕粮的运输称漕运。运送粮食的主要目的是供宫廷消费、百官俸禄、军饷支付和民食调剂。但是发展到后来，虽然仍以粮食为主，但粮食之外，封建王朝征收的物资极大丰富，也同样需要经由漕运通道来运输。

就运输方式而言，广义上有河运、水陆递运和海运三种方式；狭义的漕运仅指通过运河并沟通天然河道转运漕粮等官方物资的河运而言。水路不通处辅以陆运，多用车载（山路或用人畜驮运），故又合称“转漕”或“漕辇”。

我们这里所说的“漕运”就是指狭义的漕运。

漕运起源很早。公元前647年，晋国发生饥荒，秦穆公下令从秦国都城雍（今陕西凤翔）用庞大船队通过渭河、黄河、汾河运送几千吨粮食到晋国都城绛（今山西翼城）。俗话说，兵马未动，粮草先行。秦始皇北征匈奴，曾自山东沿海一带运军粮抵于北河（今内蒙古乌加河一带）。胥河的开凿，是为了运输伐楚所用粮食。而秦始皇也正是通过灵渠将大批粮草经水路运往岭南，有了充足的物资供应，从而统一了岭南地区。

西汉定都长安后，每年需从关东运输大量谷物以满足关中地区贵族、官吏和军队的需求，转漕逐渐制度化。汉初，每年运量为几十万石。武帝初年，增到一百多万石，以后又增到四百万石，漕运用卒达六万人。由各地护漕都尉管理，沿途县令长也有兼领漕事的。汉武帝元光六年（公元前129年），用三年时间，沿秦岭北麓开凿了与渭河平行的人工运河漕渠，使潼关到长安的水路运输路程和时间大大缩短，运输费用从而减少，沿渠民田也能得到灌溉之利。这是汉代一项重要的水利工程。东汉建都洛阳，从山东、河北、江淮等地转漕粮食到京师，路程较近，又不需经过砥柱之险，改善了漕运困难的局面。此外，如光武帝时王霸击匈奴，曾从温水（即漯余水，流经今北京北）漕运军粮，安帝时虞诩为武都太守，在沮（今陕西略阳东）、下辩（今甘肃成县西）间数十里烧石剪木开漕船道等，也都改善了该地区粮食运输紧张的状况。楚汉相争，萧何将关中粮食转漕前线以供军食，对汉军的胜利起了重大的保障作用。

隋初除自东向西调运外，还从长江流域转漕北上。隋炀帝动员大量人力开凿通济渠，联结河、淮、江三大水系，形成沟通南北的新的漕运通道，奠定了后世大运河的基础。唐、宋、元、明、清历代均重视漕运，为此疏通了南粮北调所需的网道，建立了漕运仓储制度。

历史上，大运河的主要功能就是漕运，大运河的命运也始终与漕运联系在一起。

大运河，从它诞生之日起，就担负了漕运的任务。或者说，大运河就是应漕运而诞生的。

公元前486年，吴王夫差为北上中原争霸开发邗沟。从扬州引入长江水经过樊梁湖、博芝湖、射阳湖到淮安；三年后，吴王夫差扩展邗沟，接通泗水，沟通长江和淮河，从水路调兵运粮。

隋代大运河开凿工程基本完成后，从长安(今西安)到江都(今扬州)，当时运河上“商船往返，船乘不绝”，大运河两岸，建有许多粮仓，作为转运或储粮之所。

隋文帝开皇三年(583年)先后在河南、陕西运渠所在沿岸置黎阳、河阴、常平和广通等仓。招募运丁，运储河北、山西、山东等地粮食。灭陈后，长安粮大部由江淮输送。隋炀帝又置洛口、回洛仓，储粮二千六百万石。

隋统一全国后，定都长安，其政治中心不能伴随经济重心的发展变化南移。因此，国家需要加强对南方的管理，不论是中央朝廷还是官僚贵族或是北方边境，需要南方粮食物资供应北方。同时，隋代之前的南北朝长时期分裂，阻断社会南北经济的交流，而随着生产力水平的提高，经济发展到这一时期已迫切要求南北经济加强联系。隋开运河不仅仅有经济方面的动机，也有政治方面的目的。魏晋南北朝时期是门阀世族大发展的时期，他们的力量相当强大。隋统一后，他们仍依恃其强大的势力，企图与中央政权抗衡。这一尖锐矛盾在江南地区一直存在，使隋政权面临严重威胁，隋统治者要实施对南方的有效统治，贯通南北运河势在必行。同时，北部边境少数民族政权对隋亦是大患，隋王朝派出大量军队驻扎边境，这些军队仅靠屯田是不够的，必须依靠江淮和中原粮饷供应。路途遥远，开凿运河才是解决问题的关键。

唐初，水陆运抵关中之粮仅一二十万石左右。高宗至玄宗前期，因河南至关中运道漕运艰险，东南运路长年失修，所以，唐朝廷常驻东都（洛阳），“就食”太原、洛口仓（分别在河南陕州与巩县）的巨量积粮。开元中期，官府机构膨胀，特别是府兵制的瓦解，使粮物需求剧增。天下漕粮，愈益以江淮为重，唐朝廷组织数千漕船，年运百余万石江淮漕粮北上。裴耀卿主持漕政后，改“长运法”为转搬法，按江南之舟不入黄河，黄河之舟不入洛口的原则，于沿河就势设仓，节级转运。水通则舟行，水浅则寓仓以待。三年运七百万石，省脚费三十万贯。因安史之乱，东南漕路曾一度中断。德宗时中原藩镇割据，扼断运路。唐朝末期，漕政大乱，年运江淮米不过四十万石，至关中仅十余万石。

广德元年（763 年），刘晏主漕政，针对时弊作全面改革：开决汴河、疏浚河道；以盐利为漕佣，雇人运输；于河沿每两驿置防援三百人以保安全；创纲运法，十船为纲，每纲三百人，篙工五十人，武官押运；按“江船不入汴，汴船不入河（黄河），河船不入渭（渭水）”的原则，改进转搬法；据各航段水情分造运船，训练漕卒，改革成效甚著。贞观六年（632 年）设“舟楫署”管理漕政，后因不符合需要而作废。唐朝中期以后，漕运日益重要，唐朝常令宰臣兼转运使等职，主管漕政。纲运制度形成后，制定相应奖惩制度，责成地方长官分负其责，后进一步明确由沿河县令主持所在地段漕运事宜。

在唐代，漕运管理机构许多时候都由宰相兼任，并不断改革、完善漕运制度。唐代，漕运堪称京城长安的命脉。唐玄宗开元二十二年（734 年）至二十五年（737 年），三年间从江淮输送进京的粮食共七百万石。天宝年间，最高时一年甚至达到了四百万石。但是，安史之乱后，漕运废弛，输送量锐减，造成京城长安以及整个关中地区粮食严重短缺，饥荒不断。大诗人杜甫时任华州司功参军，就是因为饥饿难忍，不得不弃官带着家人流浪他乡。连杜甫这样的官员都没饭吃，普通百姓的遭遇也就可想而知了。

唐贞元元年（785 年），供应皇宫的粮食储备一度不够吃 10 天。朝廷急命镇海军节度使韩滉从江南运粮接济，全程由军队押运。第二年 4 月，关中地区的粮仓几乎全部空库，连禁军的粮食都无法保障，引起了禁军的强烈不满，差一点酿成兵变。幸好韩滉从江南运送的三百万石粮食及时到达，方解燃眉之急。据说唐德宗得到这个喜讯后一溜烟跑到东宫对太子说："米已至陕，吾父子得生矣。"

唐朝的大运河漕运，把富庶的江南地区与国家政治中心有机地联系起来，大运河的通航，促进了唐朝经济文化繁荣。

北宋时期，漕粮分四路向京都汴京（今河南开封）集运：淮汴之粟由江南入淮水，经汴水入京；陕西之粟由三门峡附近转黄河，入汴水达京；陕蔡之粟由惠民河转蔡河，入汴水达京；京东之粟由齐鲁之地入五丈河达京。其中，来自东南六路的淮汴之粟占主要地位。中央三司使总领漕政，各路转运司（漕司）负责征集，发运司负责运输。北宋对大运河进行一系列整治，恢复与完善坝闸制，并创建复式船闸。加之北宋漕线较隋唐缩短近半，故运输能力大增。

北宋漕运制度，仍承唐代转搬法，并以"平籴"①为基础。所在粮仓称转搬仓，丰则增籴，饥则罢籴，将当纳粮额折交斛钱（额斛），另从本地仓储中代支起运（代发）；诸路运转司所征漕粮交发运司，若耽误可航期，发运司则以一百万贯的"粜籴之本"，就近趁粮价贱而籴粮起运。此法自熙宁变法以来更趋完善，发运司的本钱从一百万贯渐升，最高达三百五十万贯，除保证六百万石的年运量外，真、泗二仓还有数年储备。江南各路漕船按期至真州等仓后，还可装官盐返航，增加了效益。发运司掌六千只左右漕船，纲运制进一步完善，熙宁二年（1069 年），又招募客舟与官舟分运，征召一批商船直运至京。宋初东南六路漕米数目不定。太平兴国六年（981 年）始定岁运江淮税米三百万石，至道初（至道始于 995 年）五百六十万石，大中祥符初（大中祥符始于 1008 年）七百万石，其后渐升，真宗、仁宗时（1023～1064 年）因大运河设施改善，年运量达八百万石。漕运常额，自景德三年（1006 年）定为六百万石，自天圣五年（1027 年）起暂减为五百五十万石。金帛盐茶布等"东南杂运"均由大运河运送。

① 官府在丰年按平价购粮储存，以备荒年出售，称"平籴"。

另如徐州冶铁，年运数达三十万斤。徽宗、钦宗时政治昏暗，漕政败坏。蔡京废转搬法，改直运法；“花石纲”等危害漕运事件屡有发生，故运量渐减。钦宗时汴京被围，汴渠溃决，所入不及常数百分之一。

北宋有一套设置完备的漕运管理系统。在中央，三司是主管部门，负责统一规划全国范围内的漕运工作。在地方，主管漕运大计的部门有转运司和发运司。前者收缴贡赋，后者要及时发送。漕粮上路后，沿途各催纲司、拨发司要担负押运工作。漕粮至京后，下卸和进仓由在京的四个排岸司和下卸司负责，储备工作也由专人负责。北宋的漕运管理机构相当成熟、完善，反映了北宋漕运事业的发展水平。唐宋时期是中国漕运发展的重要阶段，两代漕运既存在制度上的延续性，也出现了诸多方面的不同变化。主要表现在：唐朝时逐渐形成以南方为主的供漕区域及南北向的漕运路线，宋代不仅保持了这一格局，而且进一步加剧了对东南地区的依赖；唐宋时期在漕运方式中长期实行机动灵活的“转搬法”，北宋后期则改行“直达法”，结果弊端丛生；唐朝产生了转运使之类的最早的漕运官职，宋代则建立了以东南发运司为主，包括各地区机构在内的完备的漕运管理组织；在唐宋两代，漕运运输队伍经历了由征调农民服役到职业性漕卒承担的变迁过程。漕运的以上沿革变迁，正体现了历史发展的必然内在联系。

元朝定都大都（今北京），汴渠也因北宋末年战乱及黄河“夺淮入海”而失效，故大运河中段改南北取直，东移山东；海运兴通，漕运进入新阶段。

元初漕运大致循唐宋大运河旧道入大都，但因旧运河失修，只能采取水陆联运形式。至元十八年（1281 年），修凿济州河，引汶、泗水经济州（今山东济宁）西北至须城（今山东东平）安山，南来漕船由徐州经济州河入大清河，至利津（属今山东）入海，海运至直沽（今天津），再水陆联运至大都。至元二十六年（1289 年）和至元二十八年（1291 年），会通河（须城安山至临清）与通惠河（通州至大都）开凿完成，元代大运河全线沟通。此外，至元十八年（1281 年）凿成纵贯胶州湾与莱州湾的胶莱河，又形成一支海河联运路线：漕船从江苏淮安顺黄河（黄河“夺淮入海”前的淮河故道）东下出海口，沿海北上入胶莱河，再经海道至直沽（今天津）。

元朝漕运制度，内河漕政的管理到至元十九年（1282 年）始趋完善，江淮都漕司负责江南至瓜州（在今江苏六合）段，京畿都漕运司接收前司漕粮，负责中滦（今河南封丘南，黄河北岸）至大都粮运。二司各于其关键地设行司、分司，以求上下衔接，年运粮三十万石。元代纲运划为两大组进行：短运（军搬、短搬），其中又分两段——南段由吕城（属今江苏丹阳）驻军运至瓜州，北段由汉军与新附军由瓜州运至淮安；长运，招募民船承运，从瓜州起运至淮安，由淮安分司开闸放船入淮，再由中滦、济州分司派员分领纲船。官府另于运河北段地域掌握一批官船，大致是负责各所在地屯田粮的运输。

海运的最高管理机构是中书省，其“左司”下辖“粮房六科”中的“海运科”为具体办事机构，主要则由分处南北的两大组织系统承办。南方的“承运”系统最终定名为海道都漕运万户府（治平江，今江苏苏州）；北方的“接运”系统为“都漕运使司”（驻直沽河西务）与“京畿都漕运使司”（驻大都），前者主要负责接纳海道粮，兼及其他各路南来物资，后者将南来粮物运入大都各仓。南北两大系统各拥有布局合理的粮仓。

1271 年，元世祖忽必烈定都大都（今北京），大都成为全国政治和经济中心。1289 年，元世祖忽必烈下令开凿了会通河、通惠河。1292 年，大运河实现全线贯通后，成为元朝最理想的南北纵向水上线路。据史载，元代仅从大运河北调的南粮，还不算由它串联的五大河系的部分，就达全国总税粮的六分之五。这些粮食，主要取自江浙地区。根据史料，元朝政府一年的粮食征收额为一千二百零一万石。所以元朝统治者，对于江浙地区的漕粮运输极为重视。元朝初年，就着力开发运河，并注重建造船只，充实漕运机构。

当然，元代也重视海运。运河漕运，劳役大，加之常因天旱水浅，或经常因黄河水泛滥而被泥沙淤塞，河道淤塞不通，致使漕船不能如期到达。但是，海道运输是十分艰险的，险恶的气象条件使得每年都有大量的漕丁漕夫葬身海底，运粮船只大量沉没，粮食损失严重。海漕船吨位大，但是无龙骨的结构也使船只容易在海上散架，在海上抗风浪能力很差。特别严重的是，当时的漕运制度规定：运粮过程中，如果因为船只损坏损耗了漕粮，损耗由押运官员赔偿；如果船只漂沉，以致造成船民死亡，则可免赔。这样一来，许多押运官员就利用这个规定，每当发现粮船漏水损坏时，宁可置之不问，让它沉没，以逃避自己的责任，这样就更造成许多船民的无辜死亡，并增加了粮船的沉没数量。漕运机构方面，至元年间先后设置南北漕运使司、都漕运司等机构；海运则设海运万户府、海道运粮镇抚司、都海运万户府等。

总的来说，元代的漕运是海运、河运并行而以海运为主。到元顺帝时代，南方各省爆发了大规模的农民起义，河运断绝，海运也大减。到 1363 年，海运全部断绝。漕粮产地的丧失和漕运的断绝，意味着元朝统治生命线的切断。1368 年，在中原延续了 98 年的元朝统治崩溃了。

明朝，漕运发展到一个新阶段。这时征运漕粮的有南直隶、浙江、江西、湖广、河南和山东六省。漕粮又按供应地区的不同区分为南粮和北粮。其数额，宣德时最高达六百七十四万石。成化八年(1472 年)始，规定岁运四百万石的常额。大抵自正德、嘉靖以后，连漕粮改折(约一百至二百万石)在内才勉强达到此数。主要征自南直隶和浙江，约占全国漕粮的六成。除漕粮外，还有白粮，由苏州、松江、常州、嘉兴和湖州五府供纳，岁额二十一万四千石，均系当地出产的白熟粳糯米。在用途上，漕粮为京、边(北边)军饷，白粮供宫廷、宗人府及京官禄粮。

明朝漕运的组织与管理，也发展到一个新阶段：在中央，初置京畿都漕运司，以漕运使主之。后废漕运使，置漕运府总兵官。景泰二年(1451 年)始，设漕运总督，与总兵官同理漕政。漕府领卫军总共十二万七千六百人，运船一万一千七百只，另遮洋总(海军)七千人，海船三百五十只，专职漕粮运输，称为运军。在地方，以府佐、院道和科道官吏及县总书等掌管本地漕事。中央户部和漕府派出专门官员主持各地军、民粮船的监兑和押运事宜。州县以下由粮长负责征收和解运。粮长下设解户和运夫，专供运役。

明代初期，以海运为主，河、陆兼运为辅。永乐年间因迁都北京，粮食需求日增，而海运艰阻，于是整治大运河，即从杭州通往北京的漕河。其办法：一是，疏浚会通河，造漕船三千余只，以资转运；二是，在大运河沿岸淮安、徐州、临清、德州和天津五处建置漕粮仓库，亦称水次仓。

漕运方法历经改革，在明代趋于完善，主要有支运法、兑运法、改兑法。

支运法（即转运法）：永乐十三年（1415 年）由漕运总兵官陈瑄推行。规定各地漕粮就近运至淮、徐、临、德四仓，再由运军分段接运至通州、北京。一年转运四次。农民参加运粮即免纳当年税粮，纳当年税粮则免除运粮，其运费计算在支运粮内。民运的比重约占支运的四五成。

兑运法：宣德五年（1431 年）由陈瑄等推行。各地漕粮运至淮安和瓜州，兑与运军转运；河南漕运于大名府小滩兑与遮洋总海运；山东则于济宁兑与军运。军运的费用由农民承担。次年，始定漕粮“加耗则例”，即按地区的远近计算运费，随正粮加耗征收，于兑粮时交给官军。起初兑运与支运并行，其后兑运渐居优势。

改兑法（即长运法或直达法）：成化七年（1471 年）由漕运都御史滕昭推行。由兑运的军官过江，径赴江南各州县水次交兑。免除农民运粮，但要增纳一项过江费用。成化十一年（1475 年）改淮安等四仓支运粮为改兑。自此，除白粮仍由民运外，普遍实行官军长运制度。

为维持漕运，国家规定漕粮全征本色，不得减免，严格限制漕粮改折。只许在重灾、缺船或漕运受阻等严重情况下才实行部分的改折，折征时正、耗各项合计在内。漕运的费用由粮户承担，包括运费、运军行粮及修船费等，均按正粮加耗派征。由于漕政腐败，各级官府贪污聚敛，加耗杂派层出不穷，农民的负担极为苛重，通常为正粮的二三倍，甚至四五倍。承运者无论民运或军运，都是繁重的徭役。农民被佥点应役，荒时废业，艰苦万状，又遭风涛漂没，官吏勒索，势必负债赔纳，甚至家破人亡，被迫纷纷逃亡和反抗斗争。一般运军下层，亦遭受同样的苦累及长官的克扣，不断出现逃亡现象。

明初承元制，实施河海并行、海运为主的漕运方式。至永乐十三年（1415 年），罢黜海运，致力于内河，交通格局发生了重大变化。明中后期的嘉靖、隆庆年间，由于漕运积弊严重，海运优势明显，朝廷和地方中出现了关于重开海运的争论，到万历六年（1578 年），海运漕粮的讨论与实践均告一段落，明代最终由海洋走向运河。究其原因，是自然与社会环境共同作用的结果，体现了运河自身条件的变化以及人类征服自然能力与技术水平的增强。从造船、航海技术而言，明朝早就具备进行规模海运的条件，郑和船队浩浩荡荡七下西洋远航就是一个例证。

但是经过元代的海运，不但没取代河运，反而更加奠定了大运河在明清的南北主干线地位，明代甚至将大运河就直称为“漕河”。大运河几乎成为唯一的南粮北运的水路通道，成为明王朝的生命线。在明代习惯上多称大运河为“漕渠”，如江南运河称“浙漕”；淮扬运河因多串联湖泊而成，称“湖漕”；过淮安清口，直至徐州以黄河为运道，这一段称“河漕”；山东段运河地势较高，济宁附近的南旺有运河屋脊之称，在“屋脊”两侧节制闸坝数量较多，故称“闸漕”；临清至天津直沽段的运河，多为卫河下游河道，称卫漕；直沽至通州，为古白河的下游河段，称“白漕”。明初，每年从东南运粮米最高达到五百万石，兴建北京城使用的建材就是依靠运河运输的，北京故宫太和殿的龙柱、铺地的金砖都是通过运河运来的。

清代开凿中运河，彻底结束借黄河行运时代，并建成黄、淮、运交汇枢纽，缓和河面比降，减轻浊流灌运，改善了漕运条件。

清代漕运方法基本承明制，但又有下列名目（称漕粮本、折三大纲）：正兑米，运京仓粮，定额三百三十万石；改兑米，运通州仓粮，定额七十万石；改征，将漕粮改征为其他品种；折征，将漕粮折算成银，价银统归地丁项内，上报户部。此外又实行截漕（各地漕粮起运后，地方遇灾，截留部分作为赈济，或截一地漕粮运往另一地）和拨运（主要指截留山东、河南所运蓟州漕粮，拨充陵寝及驻防兵米）等措施。漕船数与编制稍异明代，一般以府、州为单位，十人一船，十船一帮，十船互保。总数由一万零四百五十五只升为一万四千五百只，而实际运于漕运的仅七千只左右。每船装运量不得超过五百石，另可装土产往返各口岸行销（后因运道淤塞而禁止）。清代最终实行官收官运，承运者是卫所军籍中较殷实的军丁（运丁）。发运时每船配运军一名，运副一名，雇募水手九至十名。各省运军水手多少不等，总数在十万名左右。漕运最高长官为漕运总督，驻淮安。其下为各省粮道，共七人，掌本省粮储，辖所属军卫，遴选领运随帮官员，责成各府会齐、佥选运军等；坐守水次，监督、验明漕粮兑换，面交押运官，并随船督行至淮安，呈总督盘验。押运，原为粮道之责，后选管粮通判一人，专门负责督押，约束运军，后因官卑职微，仍由粮道押运。领运官，由千总一人或二人领运，武举人一名随帮效力。为确保漕运无误，于淮安、济宁、天津、通州运河沿线设置巡漕御史，稽查本段漕运。此外，淮安淮北沿河置有镇道将领，以催促入境漕船前行；在镇江与瓜州的南漕枢纽处，由镇江道催促，同时由总兵官（后改为副将）巡视河岸，协同督促漕船过江。

河漕施行以来，经费拮据，弊窦丛生，复行海运的呼声日趋高涨。道光五年（1825 年），于上海设海运总局，天津设收兑局，并特调琦善等总办首次海运。次年正月将苏州、松江、常州、镇江与太仓四府一州漕粮共一百六十三万三千余石分两批载运北上。漕船从黄浦江出发，经吴淞口东向大海，行四千余里达天津收兑局验米交收。清廷特准商船载运免税货物二成往来贸易，调动了商船积极性。海运粮占全部漕粮总数之半，节银米各十万。道光以来河漕大约十二三万石，海运粮则达一百二十万石左右。

晚清时期发生了一系列与漕运有关的事件，最终导致漕运的衰落:1842 年,英军在鸦片战争后期,不惜付出重大代价,攻占京杭大运河与长江交汇处的镇江,封锁漕运,使道光皇帝迅速做出求和的决定,不久签订了《中英南京条约》。1853 年后,太平天国占据南京和安徽沿江一带十多年,运河漕运被迫中断。战争极其惨烈,期间运河沿线的主要城市,包括扬州、清江浦、临清、苏州和杭州都遭受重创,部分甚至全部焚毁。1855 年,黄河改道后,运河山东段逐渐淤废,从此漕运主要改经海路。1872 年,轮船招商局在上海成立,正式用轮船承运漕粮。1901 年,停止运河漕运。1904 年,撤废漕运总督。1911 年,津浦铁路全线通车。从此,京杭大运河以及沿线城市的地位一落千丈。

为使海运有法可依,道光六年(1826 年)特制定《海运章程》,就海运的各项事宜作了详细规定。虽然海运成功之后,朝廷上下知道海运漕粮利国利民,但在道光年间,海运并未完全取代漕运。鸦片战争后,随着西方先进轮船的出现,海运如虎添翼,道光二十七年(1847 年),在《海运章程》基础上,制定颁布了《户部海运新案》,使法规更加完善,海运从此走上正轨,大规模运行起来。

第三节 明清时期的漕运管理机构设置

明代,已经具备进行规模海运的条件。海运不但没取代河运,反而更加奠定了大运河在明清的南北主干线地位。这是为什么?这既有海运的海盗、风浪、倭寇骚扰等原因,又与明代实行严厉的海禁政策,以及清代满清政府的闭关锁国制度密切相关。明朝的海禁政策和清朝闭关锁国制度,妨碍了对外贸易和交流,阻碍了资本主义萌芽的滋长。而此时,中国南方经济更加繁荣,明朝的迁都北方和清朝定都北京,更加依赖于江南地区粮食和大宗物资。

明清两代,经济、政治、军事等方面,充分利用大运河漕运,以大运河为基础,建立了庞大而复杂的漕运体系,将各地的物资源源不断地输往帝都。大运河漕运是封建王朝的生命支持与动力供应系统,维持王朝的生命延续。京杭大运河成为明清政府经济流通和政治统治赖以维系的交通生命线。为了确保这条生命线的畅通无阻，明清历代王朝几乎是不计成本地从政治、经济、军事等方面给予保障。其中一个重要表现，便是对运河事务管理的渐趋规范和加强。同时，随着京杭大运河的南北贯通，运河航道治理维护的重要性在某种程度上比漕运本身更显重要且更加棘手。因此，河道管理与漕运管理是相辅相成的。

下面我们具体了解一下明清两代的漕运管理制度和机构。

明清政府改变了以前由水政部门管理或由漕运官员兼理河务的现状，专门设置了两套直属中央的京杭大运河地方管理机构——漕运总督和河道总督。

明代在济宁设总理河道、总督河道、经理河漕、总漕兼河道、巡抚兼河道等，简称总河，均由朝廷钦命署理，为运河最高行政管理机构，是朝廷六大部外增设的一个部院级的朝廷直属机构，秩正二品，但不乏正一品、从一品大员充任。清朝派驻济宁的司运机构多袭明治，设总河部院，钦命署理，秩正二品。“顺治初，仅设河道总督一人，又称总河，综理黄河、运河两河事务，驻济宁州。”[1]直到雍正七年(1729 年)，分河道为三：南河总督驻清江浦(今江苏淮安清江浦区)；河南、山东河道总督驻济宁州，称东河；直隶河道总督驻天津，称北河。其建制一直延续到清光绪罢河停运。据考证，自顺治元年(1644 年)至光绪二十八年(1902 年)的近 260 年间，朝廷钦命河道总督 119 任，共有 101 人充任，其中正一品大员近半。其间，总河除移驻清江浦 27 年(共 4 人充任 5 任)外，其余年份均驻节济宁。

河道总督衙门是运河、黄河的最高行政管理机构，同时，他又拥有或掌管着自己的军队，并主要依靠军队来实现其总督职能。因此说，河道总督衙门是一个军政合一的机构。据《元史》载，运河贯通后，于至元二十二年(1285 年)二月，“增济州漕舟三千艘，役夫二千人”。当时，经漕运京都的粮米约百万担，其中通过济宁所运漕粮达三十万

① 雍正《清会典》。

担。为管理漕运，朝廷在济宁城南的鲁桥设立了都漕运司使。至正十年(1350年)，设济宁兵马司，驻扎辅漕兵士1.2万人。至正十六年(1356年)，置济宁枢密分院。

明代驻济宁的司运军事机构为总理河道军门署，下设道、卫，负责节制南北直隶和河南、山东各道。济宁驻军最多时达1.3万人。除固定的道、卫、署、衙外，还有其他的军司。永乐十八年(1420年)，行军司马樊敬受命提兵10万镇守济宁。正德之后，朝廷每年均遣尚书、都御史等大员兼理运河军事。隆庆四年(1570年)，朝廷为总河加提督军事职衔。

清代，朝廷为河道总督加兵部侍郎、右都御史衔，秩正二品。顺治初年，总河杨方兴奏请设河标中军副将署，作为河道总督衙门的直属机构，也是运河全线的最高司运军职衙门，驻节济宁州。河标中军副将署为总河副职、河标兵丁主帅，从二品，其职责为总理运河营防、催调粮草、护卫漕船、沿河治安等。河标中军副将署下辖驻守沿运河各城镇的河标营和卫。

由于朝廷把治运司运的最高行政机关和最高军事机关设在济宁，其下属的各级各类机构自然很多，总督河道衙门仅在济宁设置的机构就有运河道署、运河同知署、泉河通判署、管河通判署、钜金嘉管河主簿署等；河标中军副将署在济宁设置的军事机构有运河兵备道署、运河标营署、守备署、卫署等；此外，还有朝廷派驻的巡漕使院、抚按察院、布政司行台、按察司行台、治水行台等机构。

总督河道衙门为朝廷在六大部外特设的一个部院级的专门治运司运机构，其充任者多为一品或从一品大员，如明代的宋礼就是由工部尚书直接来充任总河的。由此即可看出河道总督衙门所处的地位及其重要性。

漕运总督和河道总督均于明代开始设置，明代称它们为总督漕运和总督(理)河道，后世又分别称其为总漕和总河，其中漕运总督设置较早。景泰二年(1451年)，因漕运不继，明政府任命副都御使王竑总督漕运，驻扎淮安，标志着明廷设置漕运总督一职的开始。当时全称为"总督漕运兼提督军务巡抚凤阳等处兼管河道"，其主要职能除督促涉漕各省经运河输送粮食至京师外，还有巡抚地方并兼管河道维护治理职能。成化七年(1471 年)十月，鉴于河道淤塞，漕运时有受阻，需有专员统筹河务，朝廷便命刑部左侍郎王恕总理河道，驻扎山东济宁，专门主持运河与黄河的治理维护，这是明代中央设置治河专官的开始，也是京杭运河事务管理中漕运、河道分开署理的标志。不过，明代大部分时间里，漕运总督和河道总督只是作为皇帝的代表外出督漕或治河，属临时差遣性质，并非固定官职。同时，漕运总督和河道总督在职能上也时有分合，机构上则废置无定。

明朝自永乐年间迁都北京后，军国之需仰给于东南地区，漕河遂为明王朝国家经济之命脉，漕运成为国家大计。景泰初年，明廷特设漕运总督统筹漕务，自此沿至明末，并为清朝所继承。明代漕运总督职责重大，拥有治漕、治吏、治民及治军的广泛权力：催督税粮，疏浚运河；修举漕政，革除漕弊；巡抚地方，赈济灾民；考察官员，整肃吏治；提督军务，维护社会稳定；等等。漕运总督群体呈现出明显的地域性特点，近半数漕运总督由南直隶、浙江、江西、湖广籍官员担任。同时，漕运总督的每届任期不长，"非久任""迁转不常"现象突出。明代漕运总督对于确保漕粮按时、足量地运送到京师发挥了重要作用。

清代漕运总督衙门仍驻淮安，管辖山东、河南、江苏、安徽、江西、浙江、湖北、湖南等八省漕政，具体负责漕运、检选运弁、漕船修造、查验回空、督催漕欠等事务。从漕粮收缴、起运，到漕船北上过淮、抵达通州，漕督都要亲自稽核督查，运输过程中出现的重要情况均需随时向皇帝报告。康熙二十一年(1682 年)，规定粮船过淮后，总漕应随船北上，率所属员弁视察运道情况，调度全漕。粮船过津后，总漕即入京觐见述职，而后回淮办理下年之征收起运诸事。

河道总督署是清代全国最高的治水机构，是国家在京城以外专设的治河决策、指挥和管理机构，管辖着黄、淮、运河。由于涉及运河的分段治理，清代河道总督的设职情况要比漕运总督复杂得多。顺治元年(1644 年)，只设河道总督一人，掌管黄河、京杭大运河及永定河堤防、疏浚等事，治所在山东济宁。随着江南河工兴举日多、修守事务渐趋繁巨，康熙十六年(1677 年)，河道总督衙门不得不由济宁迁至江苏清江浦(今淮安)。这样一来，河南武陟、中牟一带堤工若有险情，驻扎淮安的河道总督往往鞭长莫及，清廷便于雍正二年(1724 年)设立副总河一职，驻河南武陟，负责河南河务。雍正七年(1729 年)改总河为总督江南河道提督军务(简称江南河道总督或南河总督)，副总河为总督河南、山东河道提督军务(简称河东河道总督或东河总督)，分别管理南北两大河段河道事务。遇有两处共涉之事，两位河督协商处置。雍正八年(1730 年)，清廷又设直隶河道水利总督，管辖海河水系各河及运河防治事务。至此，清代河道总督一分为三，而就河工任务及对漕运的影响来看，三总河中地位最关紧要的是南河总督。乾隆十四年(1749 年)，直隶河务渐趋正轨，北河总督一职遂被裁撤，其职能由直隶总督兼任。

清代，黄河夺淮已有四五百年的历史，泥沙淤积导致的河患频发，使运河治理面临死结性难题，特别是南河黄淮运交汇处的清口一带，河工任务特别艰巨。这一局面使漕运总督与河道总督的社会角色发生了一些微妙变化。一是，清廷对河道总督的重视远胜明代，总河地位渐渐凌驾于总漕之上。明代总漕常常代理河务，总河一职时设时废，清代总河一职从未空而不设，而且总河代理总漕事务者很多，总漕兼理河务的现象却很少。二是，总河面临的仕途危险性比总漕大得多。面对当时情况下难以根治的河患，河道总督(特别是南河总督)往往如履薄冰，突发的河患常常会给他们带来丢官获罪的仕宦结局。“河益高，患愈亟，乃罚日益以重。嘉道以后河臣几难幸免，其甚者仅贷死而已。”①

“两督事虽异，一漕事本同。”乾隆帝这一诗句表明，漕运总督与河道总督虽事有专责，但共同目标都是为了保障漕运畅通，因此，双方必须做到分工不分家。但是，漕运总督与河道总督毕竟是两个独

① 清末两广总督周馥《国朝河臣记·序》.

立的行政系统，双方具体任务有别，所关注的重点各异，而且面对的是同一条运河，在很多地方很多事务中往往会遇到权力重叠，产生利益冲突。因此，总漕与总河之间往往会矛盾重重，有时甚至闹得不可开交，以致朝廷不得不加以干预。像康熙年间的河督靳辅和漕督慕天颜，均为康熙倚重的漕河干将，但二人分别站在河、漕二督的立场上相互攻讦，结果均被削官。[①]

清前期，漕运总督为漕运的正常运转发挥了至关重要的作用。然而，清中后期，统治日益腐败，漕政遭到严重破坏，弊病丛生，积重难返。例如，漕官冗杂，贪污敲诈；官商勾结，中饱私囊；运河堵塞，运道不畅。道光后期，清廷内部出现了支持海运的呼声，在与漕运总督为代表的河运派争论中，这种声音逐渐取得优势地位，朝廷也开始倾向于海运。同时，国内外政治局势骤变，鸦片战争打开了清朝闭关锁国的大门，轮船等新式运输工具开始出现。随着太平天国运动兴起，湖广等地河运漕粮被迫停止，内河漕运的地位进一步下降。漕运总督因运河转运漕粮而设，随着内河漕运地位的下降，漕运总督的地位逐渐式微。早在乾隆年间，王芑孙因漕督事少，即曾建议裁撤漕督。嘉庆道光时期，地方督抚在漕运事务中的作用愈加重要，裁撤漕督的呼声更引起时人的关注。李祖陶认为，漕运、仓场两督与坐粮厅官，皆可罢。虽然漕运制度已难以为继，但制度由来已久，且涉及广泛，裁撤漕督的呼声未被清廷接受，不过漕督地位一落千丈和无所事事，已是不争的事实。光绪时期，裁撤漕督逐渐提上议程，康有为就曾经提出“尽裁漕官”。光绪二十八年(1902 年)，漕督陈夔龙迫于舆论，竟自请裁撤。光绪三十年(1904 年)，清廷发布上谕：“顺治年间改设漕运总督，原兼管巡抚事，现在河运全停，着即改为江淮巡抚”，漕运总督因之退出历史舞台。[②]

① 崔建利，马忠庚.明清时期的漕运总督与河道总督[N].光明日报，2009-03-17.

② 温凯.清代漕督的设置与裁汰[N].中国社会科学报，2015-09-14.

第二章　漕运与运河城镇的兴衰

中国古代城镇的形成与发展和南北大运河的开通是不可分割的。没有南北大运河的畅通，元代的大都、明清的北京及运河沿岸城镇的发展都会受到极大的限制。明清时期南北大运河沿岸是当时全国三大经济区之一，而且是全国三大经济区中范围最广的一个经济区。明清时期的手工业中心城市、商业中心城市多数分布在大运河沿岸；明清时期资本主义萌芽的产生和发展，比较集中的地区就是南北大运河沿岸的城镇和乡村。可以说，中国运河城镇史是中国城镇史重要的组成部分。

作为中华民族特有的文化现象，漕运制度伴随着大运河发展而日趋完善，并成为历代封建王朝的根本。漕运文化的发展从经济、社会、地理、人文等诸方面影响了运河流域城镇的发展，运河两岸很多城镇的繁荣和衰落都是和漕运文化的兴衰相呼应的。

第一节　漕运与运河城镇的兴盛

漕运对运河城镇的兴起和兴盛，具有重要的带动作用。主要体现在三个方面：一是封建王朝为了维持漕运的正常运转，必须要进行河道的开凿和疏导，这在客观上改善了区域的交通运输状况，使得物资输送、信息交流以及城市商业贸易得以不断发展，这是商业城镇发展的决定性因素。隋代南北大运河的开通，具有极大的社会经济意义：在带动东南富庶之地的开发建设、提高东南地区经济文化水平的同时，促进了运河沿岸城市的繁荣，特别是一些水陆交汇点和交通便利之处。一批新兴的商业城镇在运河沿岸崛起。二是沿运河的漕运给运河沿线的城市带来大量的人流。仅以漕运本身而论,除了押解、领运等各级官员外,还有近十万的水手、舵手,众多纤夫和河防官兵等。此外,又有依靠运河贩运货物的成批商船带来众多的客商,每年经过运河南来北往的人流难以计数,大批商贾和货物云集。因此,运河沿岸很多市镇自然地发展成为商品货物集散之地,成为日渐发达的工商业城市。三是漕运本身所带来的商品流通刺激了沿线城镇的商业繁荣。漕运人员利用转运之便,广泛参与运河沿线的城镇商业活动。明朝政府已经允许漕运人员携带一定数量的货物,免其抽税,以补助漕运员工生计,但这仍然是很少量的,漕运从业人员不断突破朝廷限制。至清代,统治者自觉地调整了政策,做出了客观上有利于商品流通和社会经济发展的规定,允许漕船夹带的"土宜"份额和范围不断放宽。对于南下回空的漕船,清代也一反前朝规定,允许相当大的运载数量,甚至连漕船的行走速度,统治者也做出了有利漕工生计的宽松规定。政府在一定限度内对运载、交易货物的鼓励,使得漕运人员附载大量"土宜"在京城及运河各城镇出售或交换,促进了商品的流通和商业城镇的发展。清代内河遭运最盛时期,征年通过漕船附带的南北货平均达四百万石以上,甚至超过了清政府每年实际运抵京城的漕粮总额。漕运人员受生计和利益驱动,在漕船夹带的私货经常超过统治者的允许份额。这对于商品的流通和商业城镇的发展,起到积极的促进作用。沿运河城市商业贸易繁荣,手工业极为发达,手工产品日益丰富,大量的商品流通成为商业发展的迫切需要。

大运河的发展带来了人口的大流动、大聚居。每年数万艘商船、漕船往来穿梭于运河之中,凡运夫走卒、劳力纤夫、商人客旅、官私民人等巨大人流给运河沿岸带来了人气与生气;数百万石乃至数千万石的漕粮与商品的巨大物流,又给运河沿岸带来了商业与商机。人口的大流动与商品的大流通等因素,带来了运河城市的繁荣。基于运河畅通而兴盛的漕运,自然构成了运河城镇经济繁荣的基础。明清时期形成的大运河沿岸经济型城镇带,其中主要的城市包括通州、天津、沧州、德州、临清、东昌、济宁、徐州、淮安、扬州、镇江、无锡、常州、苏州、嘉兴、杭州等，这些城市都曾经是明清时期漕运的重要码头，它们得益于大运河交通运输的繁荣，成为这一时期明显以经济功能为主的商品贸易中心城市。

在清代，“漕河全盛时，粮船之水手，河岸之纤夫，集镇之穷黎，藉此为衣食者，不啻数百万人”①。漕运的发展，吸引了为数众多借此谋生的人们。理漕官兵、从漕杂役、脚夫、纤夫等，人员数量庞大，增加了运河城镇对商品的需求，客观上促进了运河城镇与全国各地经济、文化的交流。清代运河城镇经济发展、商业兴旺与漕运兴盛密切相关。自清代，苏州、扬州、淮安与杭州，并称运河沿线“四大都市”。因各城市所处位置不同，发展机缘有异，因而各具特色。

杭州位于运河的最南端，在大运河的交通位置十分重要，北上可抵达苏松、江淮、山东、京津，南下由钱塘水系及海路可连接江西、闽广。隋唐大运河的南北贯通和东南经济的迅速发展，尤其是江南运河与钱塘江及浙东运河的沟通，使杭州从一个滨海小邑，一跃发展成为“水居江海之会，陆介两浙之间”的经济都会。唐朝时，杭州已成为国内外通商口岸，贸易兴盛，呈现出“骈樯二十里，开肆三万室”②。两宋时期，杭州“万物所聚，诸行百市”，“一时号称人口百万”③，杭州的发展达到历史高峰。元代的杭州依然保持着南方工商业中心的地位。明清以降，杭州除短时间因遭战争破坏而经济萧条外，多数时间都保持了工商业繁荣发展的局面。明万历以后，杭州恢复了昔日的繁盛，商店沿街长达几十里，百物辐辏，商贾云集，千艘万舳，往回不绝。由于经济的高度发展，夜市又开始兴起。“每至夕阳在山，则墙帆卸泊，百货登市，故市不于日中而常至夜分，且在城阓（城门）之外，无金吾之禁，篝火烛照如同白日。”④明代杭州北新

① 《皇朝经世文续编》卷四十七.
② 《全唐文》卷三百一十六.
③ 《古今图书集成·职方典》卷九百四十六.
④ 《西湖志》卷三.

关就是运河七关之一，清代杭州设立北新、南新两关，北新关征收杂货税，而南新关征收竹木税。明清时期，杭州的商品贸易十分活跃，市场上商品汇集，交易兴盛，既有百货麇集的综合市场，更有分类细密的专业市场，有丝织品市场、棉织品市场、锡箔业市场、米粮业市场、珠宝市场等。清乾隆年间，杭州发展成为我国三大丝织业中心之一。“杼轴之利甲于九州。操是业者，较他郡为尤多。”城“东北隅数万千家之男女，俱以为衣食之谋”。每日“机杼之声，比户相闻”，“轧轧机声，朝夕不辍”[①]。其他手工业如棉纺织业、制伞等也很兴盛，并形成著名的杭扇、杭线、杭粉、杭烟、杭剪等“五杭”地方名优产品。雍乾年间，杭州城市更加发展，城郭宽广，居民稠密，南北长达三十余里，成为全国著名的工商业大城市。

位于大运河和太湖沿岸的苏州，是大运河沿岸最重要的城市之一。其丝织、棉织、染坊、纸坊、铁冶、刺绣等诸业，齐全而又发达，云集了各地商人，从《江苏省明清以来碑刻资料选集》所载的商人会馆碑记来看，徽商、晋商有之，两广、江西、陕西、山东等地的商人亦有之。明清时期，苏州一直是江南重要的丝绸批发零售中心、较大的棉布市场和著名的米市。明代时，称“苏州江南首郡，财赋奥区，商贩之所走集，货物之所辐辏，游手游食之辈，异言异服之徒，无不托足而潜处焉。名为府，其实一大都会也”[②]。作为粮食、丝棉织品贸易中心，苏州被称为“天下四聚”之一。市场上不仅有全国各地的各种名优特产，而且还有大量的外国商品。各地客商云集苏州，采买丝绵纺织品，同时也带来了各地物产，集中在苏州阊门、胥门一带贸易，阊门一带“乃舟车辐辏之所”，是苏州商业繁华的一个缩影。苏州城外的浒墅关，地处南北通衢，为十四省货物辐辏之所，商船往来日以千计。乾隆年间，该关每年征收的商税，高达五六十万两，位居运河七关之首。清代前期，政府每年在苏州采办的漕粮即以百万石

---

① 《广志绎》卷四.

② 《松江府志》卷五十四.

计。19世纪中叶，全国商品粮总量约1.6亿石，其中长距离运销量约为三千万担，而三分之一是通过苏州转销的，可见当时苏州米市交易量，居全国总量的比重之大。[①]苏州作为明清时期工商业最发达的城市之一，其发展规模仅次于北京。到鸦片战争前夕，苏州城市人口将近百万，成为当时世界上最大的城市之一。

扬州地处南北运河咽喉，交通便利，且擅渔盐之利，自春秋吴国开邗沟、筑邗城起，即成为运河咽喉之地。扬州的兴盛始于隋唐。南北大运河的开通，使扬州成为全国最重要的水陆交通中心之一。南北商人和物资多以此为总汇，江淮荆湖与岭南的物产，特别是东南一带的海盐，大都在此集散。唐中后期，扬州不仅是唐朝财赋所赖的重镇，而且也是商贾如织的国际大商埠。时人称"扬一益二"，即扬州之繁盛天下第一。宋元之时，扬州商业繁盛依然称著于世。是时，"百川迁徙贸易之人，往往出其下，舟车南北日夜灌输京师者居天下之七"[②]。明中叶后，由于盐业和漕运的勃兴，扬州的商业兴盛起来，再次成为"大贾走集，笙歌粉黛繁丽之地"，"四方客旅杂寓其间，人物富盛，为诸邑最"。[③] 扬州的商业除盐业外，米行、木行，造船、南北货业、铜器业、茶食业、刺绣、漆器等手工业也很有名。清初，扬州因遭清军屠城而化为废墟，但由于其漕运枢纽地位和盐业发达，经济迅速得到恢复和发展。清朝将漕、盐、河称为"东南三大政"，而扬州兼三者之利，号称东南一大都会。手工业方面以漆器、玉器、铜器、竹器、香粉和雕版印刷等特色见长。清人孔尚任的"东南繁华是扬州，水陆物力盛罗绮。朱桔黄橙香若缘，蔗仙糖狮如茨比"，形象生动地描绘了清代扬州商业的繁荣。

淮安为漕运枢纽，清代时为漕运总督驻地。"漕督居城，仓司屯卫，星罗棋布，俨然省会"，"四方富商大贾，鳞集麇至，侨户寄居不下

① 石琪.吴文化与苏州[M].上海：同济大学出版社，1992.

② 《扬州府志》，康熙十四年修.

③ 嘉靖《扬州府志》.

数十万”。[1] 造船业素称发达，仅淮安府辖清江场轮班造船工匠就达六千人，经济发展繁盛一时。明中叶后迅速崛起，成为一大工商业都会。其“人烟稠密，交易频繁……繁荣的商业景象实为中国其他各地所罕见”[2]。

清代大运河区域的小城镇，可大致分为江北、江南两大类型。长江以北的直隶、山东和苏北运河沿线频繁的漕运及商品流通促进了沿线地区商品经济的活跃与发展，致使沿运河一带小城镇大量兴起。其中不少在明代仅是村落或居民点，清代以后才逐渐形成市镇规模。而在明代就已经形成的小城镇，入清以后，其商贸功能进一步扩大，经济更加繁荣兴盛。仅山东运河沿岸的小城镇就有魏家湾、张秋镇、安山镇、阿城镇、袁家口、南旺、谷亭、鲁桥、台庄、夏镇等，它们主要分布在临清以南的运河沿线上，作为运河码头，是运河商路中的商货集散地。

张秋镇位于山东鲁西平原，明代属兖州府管辖，清代属泰安府管理，是黄、运交汇之地与重要的商业码头，与颜神镇、景芝镇并称“山东三大镇”，因经济发达、商业富庶、人口云集，被喻为“小苏州”、“小济宁”。张秋镇的崛起得益于明代运河的畅通，大量人流、物流、资本流的汇集，刺激了城市手工业、商业、服务业的发展，使张秋呈现出百业兴旺、商贾辐辏、车马交驰的繁荣局面。张秋是一座完全依靠运河漕运而兴盛的城市，由大运河而连接的南北经济带，将大批的商人、商帮、商队带到了张秋。他们或在当地从事转运贸易，或从事店铺行当，使张秋百业兴旺、经济繁荣，俨然一商业都会。另外，张秋位于山东两个最大的商业中心——临清、济宁之间。通过张秋，运河把鲁西南市场与鲁北市场联结起来，使之成为一个统一的贸易区域，覆盖整个鲁西平原。

康熙年间，大量晋商与陕西商人在张秋从事转输与店铺贸易，为了联络乡情，增进同行业之间的合作与团结，他们修建了山陕会

①② 乾隆《淮安府志》.

馆与山西会馆。当时张秋经营的商品主要有绸缎、布匹、杂货、瓷器、铁器、纸张、牛羊、茶、酒等，涉及衣食住行诸多领域。张秋镇制曲业非常发达，在诸行中收税最多，其粮食除了本地生产外，多来自于附近州县及河南。乾隆时期，张秋商业发展达到鼎盛。乾隆二十二年（1757 年），因张秋人烟众多，地方治安混乱，署山东巡抚郭一裕上奏朝廷说："张秋镇，分隶阳谷、寿张、东阿三县，商贾辐辏，去县稍远，地方官耳目难周，查有兖州府管粮通判，专司所属漕粮，请移驻张秋，缉拿匪类，稽查保甲。除命盗等案及情关重大者，解县审理，余俱就近听断。书役人等，原有额编，惟衙署未建，应暂凭民房居住"，吏部回复"应如所请，从之"[①]。乾隆四十四年（1779 年），又因张秋为通都大邑与交通要道，山东巡抚国泰奏称："兖州府寿张营，辖寿张、阳谷、冠县、莘县、博平、张秋六汛，其额设游击驻在寿张县，有防守城池之责。守备驻张秋镇，巡防一带河汛，兼有催趱漕船，稽纤夫等事，其地商旅辐辏，弹压极为紧要，请将游击、守备俱改为题缺"[②]，也得到了兵部与皇帝的批准。清政府之所以在张秋这一仅为镇建制的区域设置正六品的通判与正五品的守备，就是因为张秋为漕运枢纽，关系运道民生，加之其地商业繁荣，人口众多，为国家赋税之源，政治、经济地位都异常重要。

第二节　漕运与运河城镇的衰落

运河城镇的兴起与繁荣，得益于三个条件：有经济比较发达的广阔区域作为它的腹地；便利的交通条件；政府的支持。运河沿岸的城镇，从其出现就带有非常显著的特点：与运河一荣俱荣，一损俱损。运河的破坏，为沿岸城镇的衰败埋下了祸根。所谓运河，就是为了特定的目的，人工开凿的河道。这样的河道，多开凿在地势比较平坦，土层比较深厚的地区。从作用上来说，运河有两种功能，一

①② 《清高宗实录》卷四百八十三.

是引水灌溉，还有一种更大的功能——交通运输功能。因而，在它的沿岸由运河而兴盛起来的城市，也会因它的畅通与淤塞，而表现出繁荣与衰败。

众所周知，在秦岭-淮河以北的中国东部地区，在气候上属于温带季风气候，这种气候的特点在降水上的表现就是夏季多暴雨。运河所经过的地区，大多属于平原，土层深厚，地势平坦，河流流速缓慢，易于泥沙的沉积。平原地带地势比较平缓，所以运河水流也比较慢，洪水到来后所挟带的泥、沙便沉积到运河中，使河床越来越高，又给下一次决口埋下了隐患。而且降水集中在夏季，也容易造成其他季节河流水量的减少，给漕运带来很大的困难。大运河纵贯南北，对南北物资的流通和经济的交流起了重要的作用。但是，运河与黄河的交叉却成了运河日后淤塞的祸根。明清黄运关系复杂，黄河或夺淮入海，或冲决山东运道入渤海，其"善淤、善徙、善决"的本性发挥得淋漓尽致。封建统治者在治理黄河决口时，往往治标不治本，只注重加固运河堤防，却对黄河中上游置之不理。

由北京经通州、临清、济宁、淮安至杭州的京杭大运河，虽然贯通，但并不顺畅。元末明初，大运河即为黄河所淤断。明成祖迁都北京以后，重开运河，有关运河的规章制度也逐渐完备。但是运河仍然经常为黄河所干扰，步履维艰。为了保障黄运安澜，封建政府不但设置河道总督、漕运总督等高级官员，而且设道、厅、营、汛以及河标营层层布防，力图确保运道无虞。但是即使如此严密的管理，清代黄河仍然多次决口泛滥，对运道民生造成了巨大危害。顺治七年(1650年)，河决荆隆口，张秋以下堤坝全部被冲毁，洪水夺大清河河道入海。当时由于国家未靖，财力匮乏，河道总督杨方兴只是于上游草草筑堤而已，并没有消除黄河决口的隐患，结果九年、十年、十五年黄河又多次决口，屡治无果。康熙、雍正、乾隆三朝，国家加大对黄运的治理力度，并重用靳辅、张鹏翮等名臣，投巨资于河工水利，使河道形势大为改观。

清朝从嘉庆时便逐渐衰落，当时吏治腐败、河务不整、阶级矛盾尖锐，从嘉庆元年（1796 年）到嘉庆二十五年（1820 年），黄河便发生了十次决口，几乎每两年就发生一次。其中，嘉庆八年（1803 年），黄河于“河南衡家楼决口，穿山东张秋运河，粮艘不能行，中外颇忧漕事”[①]。朝廷委派兵部尚书费清驻扎张秋筹办漕运，次年将决堤堵复。清代康熙、乾隆年间，在大力治理运河的同时，又治理黄河，黄、淮、运一度相安无事。及至乾隆后期，尤其是嘉庆、道光以后，朝政混乱，官吏腐败，所任非人，疏于河工，使得运河艰涩，日甚一日。道光时内忧外患不止，清政府自顾不暇，更无心思去治理黄河，当时几乎年年决口，危害徐州、淮安运道，漕运被迫一度改为海运。随着黄河积患越来越深，咸丰五年（1855 年），黄河在河南兰阳北岸铜瓦厢决口，过封丘、祥符、考城后，在山东张秋镇横穿运河，从利津入海。当时太平天国起义方兴未艾，军饷无处筹措。咸丰帝在上谕中说：“惟历届大工堵合，必需帑项数百万两之多。现值军务未平，饷糈不继，一时断难兴筑，若能因势利导，设法疏消，使横流有所归宿，即可暂缓行缓堵。”[②]面对洪水漂没庐舍，百姓陷入鱼鳖之苦，最高统治者也只做表面文章。同治七年（1868 年），黄河又在河南荥泽决口，洪水直灌洪泽湖，威胁高家堰。经过河南、山东、直隶数省督抚商讨后，决定“惟有赶堵荥工为保全豫、淮、扬下游之计，设法挑浚张秋以北，以通南北舟楫最为目前当务之急”[③]。同治十年（1871 年）河泛滥郓城侯家林，东注南旺湖。谕军机大臣等，“张兆栋、苏廷魁、丁宝桢奏，遵旨会勘张秋筑堤束水，费巨害重，现筹保护挑浚一折。张秋筑堤束水，既经张兆栋等会同查勘情形，碍难办理，现拟将沮河头、车家楼民埝堵塞，添筑拦坝圈堤”[④]。光绪元年（1875 年），因在山东黄河交汇处的一段旧渠淤废，于黄河北岸开凿陶城新河与南岸十里堡旧河相接。光绪十五年（1889 年），又改由盐河达陶城新河。光

① 《安吴四种》卷一.

② 《历代治黄史》卷五.

③ 《再续行水金鉴》卷九十八.

④ 《清穆宗实录》卷三百零三.

绪二十七年(1901 年),漕粮全部改折,停止漕运。不久,黄河以北定陶至临清段运河淤为平地,京杭大运河彻底衰亡。这时由于黄河决口多年,不但用费巨大,而且治理非常困难。加之轮船、火车等现代交通工具的兴起,清政府已不再关注运河漕运。

大运河的主要功能就是漕运,虽然运河的运输不只限于漕粮,但是运河上商旅的往来和沿岸地区经济的发展繁荣,只是大运河的附带功能而已。政府之所以大力维持运河,并不是为了沿岸经济的发展,而是漕粮运输的通畅。当无需漕运或漕运不依赖运河时,政府就失去了维护、治理运河的动力,任其自生自灭了。所以,当漕运完全停止时,京杭大运河的历史使命就结束了。再者,进入近代以后,随着机器轮船的航行及铁路的铺设,大运河的衰落也是历史的必然。运河行驶的只是二三百料的小型船只,若是较大的船只,就会超过运河水量的载重力。即使是二三百料的小船,也需要盘闸掖挽才能通行,费时费力,它们如何能与海上运输的轮船相抗衡?再加上大运河容易出现淤浅等险情,海运代替河运实在是必然的事情。海运以外,和运河竞争的还有铁路。京津铁路修筑于光绪二十二年(1896 年),和旧日的通惠河、白河平行。接着津浦铁路修建,于 1912 年南北通车,和天津到扬州的运河平行。长江以南的沪宁铁路和沪杭甬铁路,又和江南运河平行。这两条铁路于清末修筑,沪杭甬铁路在那时虽未完全通车,而沪杭之间则早已竣工。这时的运河已经是残破不堪,而铁路交通迅速易达,又和运河平行,自然夺取了运河的运输地位。海运代替运河的地方还仅限于几个海口及距离海口比较近的地方,而铁路因为和运河邻近的关系,沿途都可和运河竞争。所以,那些运河沿岸的城市、乡镇无可避免地受到了影响。

至此,传统运河体系解体,对运河的修浚随之停止,多段河道淤滞,作为沿岸城市命脉的大运河,骤然断绝,多数运河城市因丧失对外联系的主要通道而衰落下去,规模变小,百业萧条,人口锐减。如淮安,因“漕运改途,昔之巨商去而他适”;临清“停运以后河身日益浅涸……商业大受影响”；徐州“军民二运俱不复经，商贾离散，井邑萧条，全不似一都会矣”。其他城市如扬州、济宁、德州等都失去了往日的繁荣，演变成了偏僻的城镇。

大运河的衰落，对运河沿岸城市产生的影响最大的就是运河转贩商贸城市，中国传统的工商业城市主要分布在长江沿岸和沿海及运河沿岸，在中国从传统社会向近代转型的过程中，全面衰落的就只有运河沿岸的城市，长江沿岸的商业城市（在这里主要指长江下游的江南地区）如苏州、杭州（杭州同时又兼具沿海之利），沿海城市如天津，它们在运河衰落之后，随着外国资本主义的进入，依然得到了发展。究其原因，其中很重要的一个方面是，这些地区通商开埠，近代工业、外贸集中在这些地方，这些城市陆续开始了近代化的历程，只是各城市近代化差异较大而已，如天津，由于较早地被开为商埠，其城市近代化的主要推动力量是外国资本主义；而像苏州、杭州这样的城市，原本就是手工业、商业发达的城市，且城市与周边乡镇形成了紧密联系的经济体。虽然运河衰落，但是由于这些城市靠近沿海，随着它们附近的上海迅速发展，成为全国最大的工商业城市和经济中心，它们很快就卷入了近代化的洪流中去。只是在这些城市的近代化进程中，传统的工商业所具有的活力，依然在这类城市中发挥着作用。

位于江苏省中北部的淮安，是运河沿线衰落城市的典型代表。淮安近长江而濒黄海，古淮水、泗水在此交汇，境内水网密布、河湖交错，自古为水运枢纽、南北要冲。隋唐以后，大运河成为连接南北交通的干线，淮安作为漕运要津的水运枢纽地位得到加强。明清时期，漕政通乎七省的漕运总督驻节淮安，使其成为漕运指挥的中枢；黄河夺淮期间，淮安又是治理河道总督府驻节之所。至清中期，淮安成了全国漕粮运输、河道治理、粮食储运、盐榷税务和船舶制造“五大中心”，与扬州、苏州、杭州并称大运河沿线“四大都市”。隋代大运河开通后，地处南北要冲的淮安逐渐成为远近闻名的州府重地。明政府迁都北京后，江北运道受到重视，大运河的漕运功能加强,淮安得到进一步发展。清中期,淮安城市发展达到历史最高峰,区域人口规模20万。清末民初,由于运河淤塞、漕运转海、津浦铁路通车等原因,淮安境内漕、盐、河、榷之利皆失,市域社会每况愈下,加之内部缺少自我发展的动力机制,最终导致淮安在20世纪初期全面衰败。

扬州也是因漕运没落而走向衰落的城市之一。古代扬州的工商业十分发达,优越的地理位置和良好的交通条件使得扬州的商品流通量不断增大,扬州成为长江下游地区最重要的商品集散中心。从唐朝开始,扬州不仅成为东南漕运转运京师的咽喉,而且是两淮盐的主要集中地。一直至清代初期,“漕艘贡篚,岁至京师者必于此焉”[①]。为了保证漕粮能顺利运达京师,历代王朝不惜巨资和代价对运河进行疏浚、整治,以保证国家命脉的畅通,也保证了扬州作为漕运的咽喉地位和商业贸易的繁荣。漕运兴,扬州盛;漕运衰,扬州败。由于运河受阻,咸丰时期江浙之漕粮,包括江北之漕粮,统归上海,交海船运赴天津。随着上海的崛起,海运取代河运,扬州丧失了传统交通地理优势地位。津浦铁路的开通又极大地扩大了华北区域与长江下游地区的货物流通量,并提高了流通速度,进一步取代了大运河的运输功能。扬州作为商品贸易中转站的地理优势完全丧失。

与此同时,扬州城市赖以发展的其他商业贸易条件也在近代趋于恶化。1850年,清政府实行盐法改革,取消了自明代一直延续下来的盐商垄断特权。改革使得在清初显赫一时的盐商集团解体。这使得城市的商业机能消失,服务性行业萎缩,人口外流,城市社会生活失去活力,城市建设因为资金缺乏无法展开,文化萎靡不振,昔日“名园甲江左”的景象不复存在。清末太平天国与清王朝在长江下游地区的决战,更导致扬州城市经济一蹶不振。太平天国战争不仅对扬州城市带来毁灭性的灾难,还对区域经济造成掠夺性摧毁,

① 《嘉庆扬州志·序》.

战后数十年扬州仍未能从深重的战争阴影中恢复过来。直至在长江中下游区域城市普遍近代化的背景下，扬州近代化的因素才零星出现。

位于大运河中部的临清，完全是由大运河创造出来的商业城市。临清城市的兴衰是漕运的晴雨表，由于临清既不靠海，又不临江，城市发展的主要动力来自大运河南北航运的兴起，因此它随大运河的兴衰而兴衰，成为近代北方大运河沿岸城镇衰落的典型代表。临清地处山东西北一隅，北界直隶，西近河南，旁有汶水、卫河流经，起初并无商业价值，其交通地理位置在元代以前并不重要，只是一个极其普通的小县城。元代开通会通河，由于新开运河自临清经过，临清开始因扼据运河与卫河交汇之处，而获得了得天独厚的地理优势，之后迅速崛起。明清时期，每年经临清运输的南方漕粮达数百万石，此时的临清已经成为舟车排列如林、商贾负贩云集、交通繁忙、商业兴盛的城市。漕运的兴起，有力地带动了临清城市商业的快速发展，使其在明清时期一直是山东最大的商业城市。道光四年（1824 年），高堰溃决，运道梗塞。第二年，清政府雇商海运漕粮，漕运方式开始发生变化，是临清商品经济发展史上的转折点。咸丰年间，黄河北徙截断运河，致使运河河道淤塞，航运受阻。至光绪年间，河漕停止，海运兴起。之后，大运河北段"河身日渐浅固，仅东昌、临清间有小舟来往，商业大受影响，粮艘不行，河道淤塞，几乎平陆"[①]，临清的衰落就在所难免了。清代后期，尽管也偶行河运，但漕船往来已大为减少，商品交流日疏。更为严重的是，由于海运地位的确立，清政府再也没有花大力气对运河进行整治，致使运河河道渐枯，河床渐为居民开垦，运河沿岸城镇的商业大受影响，因漕运而兴起的商行更是倒闭无余。光绪二十七年（1901 年），清政府发布漕粮改折诏，运河的漕运作用彻底消失，临清的航运完全恶化，与当初繁荣形成鲜明对比的是"地面萧疏，西商俱各歇业"，"满目劫

① 《清朝续文献通考》卷七十五.

灰，元气不复”。[①]

临清“当其盛时绵亘数十里，市肆栉比……清代经王伦之劫一衰，继经咸丰甲寅之变而商业再衰，运河瘀滞而终衰”[②]。由此可见，近代导致临清衰落的原因有两个，其一是战争摧残，其二是河漕废止。战争的摧残是指咸丰甲寅之变，也就是1854年太平军攻占临清，“城内庙、廨署、市庐、民舍悉付焚如，莽榛瓦砾，百年间元气不复”[③]。光绪朝，大运河河道浅阻日甚一日，至光绪二十七年（1901年）河道遂停，至此临清商业终衰，结束了明清两代繁荣400余年的历史。进入20世纪以后，临清的衰落表现更加明显。20世纪20年代，临清“西门内三两人家已不成街市，北门之内则白骨如莽，瓦砾苍凉，过其地不胜今昔之感”[④]，可见临清城市衰落的程度。

与淮安、扬州、临清一样，许多运河城镇的繁荣主要依赖于地缘优势和政府的优惠政策，城市自身没有培育起良好的产业基础和经济结构。城市内部生产部门极其微弱，单一的经济结构使城市面临转型时缺乏应变的能力。作为区域内经济贸易交往的枢纽，一旦在运输链条上失去了中介的价值，原经济中心城市在区域市场体系中的聚集、辐射力就会减弱，随之而来的是人口聚集效益、市场效益、信息效益的普遍降低。又因为频繁的自然灾害，农业经济凋敝，民间手工业规模较小，城市发展缺乏相应的腹地支撑。在运河淤塞、漕运衰废、交通路线发生变化之后，城市自身无法独立发展，昙花一现的短暂辉煌后，衰落便是不可逆转的趋势。

第三节　运河城镇崛起的展望

运河沿岸的城市，伴随着大运河航运的兴衰，其本身也经历了一个由盛而衰的历史过程。城市是由多要素组成的复杂空间系统，与自然、社会发展变迁紧密联系，始终处于动态变化之中。自然环

①②③④　《临清县志》.

境提供城市发展的基本需要，也制约区域内经济社会活动的内容和形式。自然环境是一个系统的、普遍联系的有机体，主要体现在地形地貌、水文、土壤、气候等方面。自然环境为城市的兴起和发展提供了必要的物质基础和保障，人类社会的经济模式、文化习俗、思维观念等在一定的自然环境中产生而又反作用于自然环境。特殊的自然条件犹如一把双刃剑，既是构成城市区位优势不可缺少的元素，又是城市发展的最大威胁。在完整的民俗生态链条上，自然环境的变化是引起近代运河城镇衰落的最初动因。

自然环境为运河城镇的兴起和发展提供了必要的物质基础，自然资源的质量与数量一定程度上决定了地域分工格局，而已形成的地域分工则决定了人文地理环境的优劣。人文地理环境在自然环境的基础上形成，主要包括城市的军事、政治地位及经济、交通条件等要素，是影响城市发展演变的重要推动力。两者共同决定着城市的生存状态。隋代大运河开通后，沿运河的诸多城镇渐次成为远近闻名的州府重地。明政府迁都北京后，江北运道受到重视，大运河的漕运功能加强，运河城镇得到进一步发展。清中期，运河城镇发展达到历史最高峰。清末，淮河水系混乱致运河淤塞，漕运地位动摇，继而引发区域经济、社会的急剧衰落。

社会心态在区域自然环境与人类社会活动相互作用下产生，镌刻着自然与人文的双重痕迹，体现于社会生活和风俗习惯之中，并通过对自然的态度、生产生活方式等方面传导至社会发展的各个环节，最终决定城市的发展模式，成为城市发展原动力，或者城市衰落的逆动力。明清时期，沿运河城镇经济的畸形繁荣使民风日趋奢靡和浮夸，各驻节机构的贪腐渎职之风又造成了人心的消极、涣散。自然生态与人文条件的相互渗透，逐渐形成了运河城镇独特的民俗生态链。

“以史为鉴，可以知兴替。”现代社会，封建漕运已经不复存在，但是河流依然是重要的运输媒介，水运依然在国民经济中占有重要份额。然而，长期的人为与自然的破坏，已将运河古城镇推到了灭绝的边缘。运河边生活的那些老人们惋惜的话语和急切的表情，深深体现了他们对遗迹消失的痛感和对往日繁华的怀恋。运河城镇的崛起绝非一朝一夕，更多的是历史商贸文化和城市产业发展的积淀过程。值得城市与建筑研究者重视的是河道、水运和城市及地区的关系，以及漕运文化所产生的深远的社会影响。尤其在新时代，河道的运输功能逐渐减弱，景观价值和历史人文内涵逐渐彰显。

大运河“申遗”成功使运河城镇面临巨大发展机遇。2017 年 2 月，习近平总书记做出重要指示：“保护大运河是运河沿线所有地区的共同责任。”大运河沿途经过的多个省份均组织了相关调查，贯彻落实习近平总书记关于大运河文化带建设的重要指示精神，以高度的政治责任感和历史使命感，相继推进大运河文化带建设。运河流经区域最广的江苏省提出了“运河城镇集合轴”，所涵盖的城市主要包括运河沿岸市县。“运河城镇集合轴”作为纵贯江苏主体区域的一条南北大动脉，出省以后连接浙江的绍兴和杭州。在江苏省内连接了经济实力最强的苏中沿江开发带和苏南城市带，南北两个节点城市就是镇江和扬州。距离扬州和镇江最近的大城市就是江苏省省会南京。“运河城镇集合轴”依托人文底蕴深厚、生态环境良好的优势，大力发展旅游休闲、文化创意等服务业，积极发展生态产业，改善人居环境，成为独具特色的运河文化生态产业走廊，体现了科学发展和可持续发展的未来产业。以此为切入点，运河城镇在产业定位、城市布局、河道疏浚、文脉挖掘、活动组织、资源整合等方面都将大有可为。

第三章　漕运与运河沿岸制造业的发展

春秋末期，京杭大运河就开始开凿，特别是经历了隋代的20多年集中治理和大规模建设，其里程得以延长，河面得以拓宽，成为中国古代最伟大的水利工程之一。

运河修建的主要目的就是为了漕运。在秦朝建立统一帝国之后的历代王朝，漕运皆为国之要政。为保证中央政府及京城的物资供应，尤其是粮食供应而建立起来的漕粮制度，对任何一个朝代的正常运转与长治久安都具有关键作用和战略意义。于是，京杭大运河成了历代封建王朝的经济命脉，运河沿线也由此形成了类似当今社会所谓的"物流畅通"的"运河经济带"。在这个庞大的经济带上，由于运河的交通运输能力在当时无可替代，得到了充分的发展，而且带动了其商业的繁荣及物流的便捷，尤其是制造业的发展更是迅速而全面。

因运河的贯通、漕运的发达，引发运河沿岸产业结构的变化，制造业与手工业的迅速发展。特别是明清两代，京城里人们的衣食住行、国家运作、国防建设等各方面的所需物资，都要靠运河运送。因此，漕运就促进了造船、冶铁、煮盐、酿酒、编织、纺织、漆器、瓷器、丝织等各个行业的繁荣发展。在此，择其代表性的制造业作一讲述。

第一节　造船业——漕船

在大宗物资通过运河运输时，河船就成为必不可少的交通工具。用于漕运的船只叫漕船，也叫漕舫。明代宋应星的《天工开物·漕舫》中介绍了漕舫兴起的原因："凡京师为军民集区，万国水运以供储,漕舫所由兴也。”

我们现在能看到山东博物馆所藏的明代运河漕船,于 1956 年发现于梁山县宋金河的支流中,是京杭大运河出土古船中年代和用途最明确、保存最完整的漕船,随船出土的铁锚上有洪武二十三年(1390 年)款,为研究古代漕运史提供了十分宝贵的资料。

运河沿岸每年都有数千艘漕船运送粮食,所以漕船所造数目巨大。明清两代漕船的发展达到鼎盛。

明代的造船机构众多,制船工艺相当高超。所造船只类型、用途也各不相同。明永乐年间,经朝廷多方考察,将漕船的制造重地设在江苏清江(在今江苏省淮安市)。据明代席书《漕船志》所载:“明永乐七年(1409 年),淮安、临清肇建清江、卫河二厂。平江伯陈瑄督漕时,查清江浦闲旷之地,建盖漕军各卫所造船厂房,漕船厂规模始备。”明中央政府之所以选淮安作为漕船制造重地,主要是由其在漕粮转输中的地理位置所决定的。清江漕船厂位于山阳、清河二县之间,下设京卫、卫河、中都、直隶四大分厂。整个船厂总长 23 里,大约在今淮市安板闸以西到韩城以东的运河一线。造船总厂约在今清江闸南侧。明代沈棨的《南船纪》记载道:山阳(现淮安市楚州区)河下造船厂(亦即清江漕船厂)的规模及员工人数在全国三大造船厂中(南京龙江船厂、山阳河下船厂、太仓船厂)名列第二。

当时的清江造船厂除了制造用于运河航运的漕船外,每年还造有近海航运所用的遮洋船 50 余艘。《漕船志》所载:“先年,遮洋船多隶清江厂成造。”明代郎瑛《七修类稿》记载:“淮安清江浦厂中草园地上,有铁锚数枚,大者高八九尺,小亦三四尺者,不知何年之物,相传永乐间,三保太监下海所造。雨淋日炙,无点发之锈,视之真如银铸光泽,犹日用于世者。”

此外,清江漕船厂还为郑和下西洋造过海船,其贡献巨大。据沈棨《南船纪》所载:永乐三年郑和奉命下西洋,那次出动的船只达 508 艘,其中有 400 艘为山阳(清江)船厂所造。

此厂所造的沙船也常常用于外海航运,并且出现了许多外国船厂仿造中国山阳船厂的沙船。据裴化行所著《天主教十六世纪在华传教志》称："1549 年，圣沙勿略在麻剌甲（即今马六甲）附近，找到一只中国式沙船……三四百吨重……三桅船头有'中国山阳福兴船厂造'的标志。"20 世纪 50 年代初，在拆除清江浦龙汪闸时，挖掘出过一丈多长的大铁锚，由此可见当年清江船厂所造的海船之大。

从明弘治三年（1490 年）到嘉靖二十三年（1544 年），清江漕船厂汇集了当时制船行业技艺超群的顶级高手约 6 000 人。这些工匠分别来自淮安、扬州、苏州等地，有舱匠、芦篷匠、竹匠、索匠、船木匠、铁匠、油灰匠等。半个多世纪共造船 27 332 艘，每年最高造船 678 艘，最少也有 390 艘。全厂所造漕船占全国漕船的近六成，支撑起了明帝国漕运的半壁江山。

第二节　建材业——贡砖

明朝永乐初年，明成祖朱棣从南京迁都到北京，用 15 年的时间营建皇家宫苑城池。为保证建筑所用的材料，曾派多位朝中重臣和土木专家到全国各地考察建材，并大规模征派木料砖石。他虽然继承了明太祖指派各个地方为皇家烧造官窑的做法，但将砖瓦的征派与烧制大都安排在北方。具体布局是：在京师建设琉璃窑厂和黑窑厂；在京师外地"山东、河南并直隶河间诸府，俱建窑烧砖"，由朝廷"差工部侍郎一员于临清管理烧造，提督收放"[①]。并且钦定山东临清、江苏苏州的陆墓（今为慕）为皇家御用贡砖的烧造基地。

明清两朝皇宫及帝王陵寝均用临清贡砖砌墙，用苏州"金砖"（一种专供皇宫铺地用的方砖）铺地。这两种贡砖是我国古代砖业生产的精华，代表了我国古代制砖业的最高水平。

一、山东临清贡砖

临清本是山东一个荒僻的小县，因大运河的贯通而成为重要的

① 《明会典》卷一百九十.

工商业城市和漕运咽喉。又因独特的土质优势，发展成为典型的制造业重镇，云集了当时全国各地的优秀工匠，这些工匠的制砖技艺通过代代口授身传，使得临清的青砖烧造工艺炉火纯青。

据史料记载，从明初到清末，临清建窑烧贡砖前后有500多年的历史。从20世纪80年代中国社会科学院傅崇兰研究员的调研情况来看：当时临清境内384座砖窑都分布在运河沿岸，烧制贡砖的工匠最多达到四五十万人。

据央视大型专题片《中国大运河》介绍：紫禁城为防有人通过地洞进入皇宫，修建了厚达十五层的青砖堆砌层。整个皇宫青砖数量高达一亿块，而整个北京城的用砖量更是不计其数。这些青砖全部来自400千米外的临清。

明清两朝的皇宫、天坛、地坛、日坛、月坛，九门城楼、钟鼓楼、文庙以及王公府邸，所用的全是临清贡砖。当地有"临清贡砖撑起了北京皇城"的说法。

临清贡砖非遗传承人景永祥介绍说，营建皇城贡砖之所以要在离京师几百里之外的临清烧造，有三点原因："一是因为临清的土质好。由于黄河的多次冲刷，临清很多地方形成一种红、白、黄三层色彩的'莲花土'。这种土细腻无杂质，沙黏适宜，烧成砖后，'击之有声、断之无孔，坚硬茁实、不碱不蚀'。砖的硬度高达270号，比许多石头的硬度都高。二是临清水质好，当时的漳卫河水质清澈，碱性很小，适宜制砖。三是临清傍临京杭大运河，运输极为方便"。

临清贡砖烧制工艺十分精致。首先要选取黄河淤积的"莲花土"，经过碎土、过筛后，选出没有杂质的纯净土放入池中浸泡一年，过滤出细泥膏后，经过人力或牲畜的踩踏，去除泥内气泡。再经过"醒泥"和"摔泥"，放入砖模内用板拍打成坯，再将晾干后的砖坯装入土窑，用豆秸或棉秆烧30天左右，再用水慢慢洇窑，然后出窑。贡砖烧制多达18道工艺流程，每道工艺都要求一丝不苟。从取土到成砖，要经过2～3年的时间。烧一窑贡砖，需要一个月。一孔窑每年最多烧12窑贡砖。

目前古建筑的维修与仿古建筑中，这种砖供不应求，烧砖老人至今仍然秉承着传统的工匠精神，始终没有放弃古老的烧造方法。在当今社会，这种坚守，让我们看到了文化的力量。

二、苏州陆墓(慕)金砖

苏州金砖，即使在皇家来说也是稀罕物，仅出现在皇上经常光顾的几个宫殿——太和殿、中和殿、保和殿，以及万历皇帝的定陵里。

古籍《金砖墁地》如此解释："专为皇宫烧制的细料方砖，颗粒细腻，质地密实，敲之作金石之声，称'金砖'。"

央视大型文献纪录片《故宫》介绍：这种金砖一块的价格就是 1 两黄金，1 两黄金在明初可以买 1 500 斤精米；是清初三个县令一个月的薪酬。故名为"金砖"。实际上是对这种二尺二、二尺、一尺七规格的大方砖的雅称。这种建材经过无名工匠们繁杂而漫长的劳作，从向泥坯子里调入糯米汁儿，再经千百回地翻倒摔揉，加上烧制时讲究的火候，终于使其成为密如汁、重如金、明如镜的建材珍品，实现了泥土变成黄金的质变。

这种金砖从宋应星的《天工开物》中大致可以了解到制作的简单过程：

首先，选取苏州陆墓(慕)"黏而不散，粉而不沙"含有较多的胶体物质、质地细腻的泥土为金砖制作的原材料，这种土有很好的可塑性，容易澄浆。经过掘、运、晒、推、舂、磨、筛七道工序，露天放置整整一年，去掉土性。然后再将这种筛选好的土用姑苏的水浸泡，经过三级水池的澄清、沉淀、过滤、晒干、踏踩、摔打六道工序，把它炼成稠密的泥。

其次，"练泥"。选好土后，"汲水滋土，人逐数牛错趾，踏成稠泥"。这是说，取水将泥土滋润，工匠驱赶着牛在泥土之上无序踩踏，直到踏成稠泥状。

再次，把练好的泥"填满木框之中，铁线弓戛平其面，而成坯形”。意思是把泥放入用木框模具中,用铁线弓削平表面,脱下模子就成砖坯了。砖的另一面也要同样磨平。

最后,将砖坯放置在阴凉处,阴干八个月后,方可入窑烧制。据明代苏州主持制砖的工部郎中张向之所写的《造砖图说》中介绍:“砖坯入窑后,以糠草熏烧一个月,片柴熏烧一个月,棵柴熏烧一个月,松枝柴熏烧四十天,凡百三十日而窨水出窑。”经过这一百三十天的烧造,工匠爬上窑顶向滚烫的窑内浇水降温,然后还要冷却四五天方可出窑。

一块金砖从采泥到出窑,要历时一年多漫长的烧造过程,稍有不慎,整窑砖都会毁坏。成砖要求“敲之有声,断之无孔”,可见其加工的精细。刻制着年代、规格、产地、督造府、工匠名的这种金砖,沿运河北上,毫发无损地直抵通州。再由官府逐一严格检查,每用一块砖必须有三块以上备选,没选上的一律销毁,不得流入民间。

除了严格的烧造工艺外,金砖的铺墁,则更加精益求精。首先进行细致的砍磨;然后抄平、铺泥、弹线、试铺;其次,正式铺墁时要求表面严丝合缝,即所谓“磨砖对缝”,最后刮平,浸以生桐油,才算完工。

砍磨和铺墁的质量要求也极高。清代文献《工程做法则例》规定:砍磨二尺见方金砖,每一个工人每天只能砍 3 块;铺墁砖时,由瓦工 1 人和壮工 2 人,每天只能铺墁 5 块。比如铺墁太和殿内的金砖,就需要砍磨工 1 573 人,瓦工 944 人和壮工 1 888 人。由于精工细做,所以太和殿的金砖至今仍乌黑光亮,晶莹润泽,耐磨力强,不滑不涩,宛如磨平的墨玉一般。

金砖从选土到完成铺墁真可谓是“慢工出细活”,由此也耐得住了时间的考验。20 个世纪 80 年代,媒体报道的数据是故宫每天 3 万的游客量,将保和殿的金砖踩凹陷进去 2 厘米,却没有粉碎,也就是从那个时代起,媒体开始呼吁限制客流量,保护故宫。

2006 年,苏州御窑金砖的制作工艺被列入首批国家级非物质文化遗产保护名录。曾经古老的烧造工艺必将再创辉煌。

除京城的高级建筑使用的这两种著名建材外，运河沿岸的建筑业也非常发达。如大大小小的粮仓、各种寺庙、园林，还有为迎接皇帝、官府人员、水手等人居住而兴建的行宫、官衙、民居，更有桥梁、闸坝、堤坝等建筑，更需要诸多的建筑材料。因此，运河两岸的建材业非常发达，且都体现出浓郁的运河区域特色。

第三节　纺织业和酿酒业

一、纺织业

唐代以前的朝廷都有规定，漕运只能运送粮食，不允许用其他物质作为替代品。后来随着战争及各种需要的增加，这一政策有所改变。20 世纪初期，英国考古学家斯坦因在高昌王国（今新疆吐鲁番市）阿斯塔那古墓群的发掘中，发现了一些来自 1 300 多年前南方浙江的粗布。之后，考古学家又陆陆续续通过考古挖掘发现，大约在武则天时期，漕运时就允许用粗布替代粮食。从此，布匹成为漕运的主要物资。这些布匹包括粗布与丝织品。

漕运的布匹都做什么用呢？

（1）军用。根据史书记载，唐玄宗李隆基执政的后期，唐政府每年用于西北地区军事的布匹就将近 1 000 万匹。除西北之外，河北地区为了防御契丹和其他外族的入侵，也有大量驻军。1 000 多年前，满载着军用布匹的漕船，从这里驶过，继续北上，为守卫边疆的唐朝将士准备越冬的寒衣。今河北清河古贝州城曾是大唐帝国最重要的布匹仓库。

（2）达官贵人的衣用。在明政府保护下的丝织品征缴，不仅向各级宫廷人员提供制服，还要为贵族、通过各级科举考试的士子、政府官员及其家眷提供相应服装。对于外国朝贡使者，明廷也会赏赐一些珍贵的丝织品。

（3）皇帝的服装。明代规定，皇帝服装由专门船只负责运输，一路上比漕运其他丝织品享有更大特权。后来满人也继承了这一做法。1656 年，荷兰外交使团到中国后在漕河上航行时，就发现为皇帝运载丝织品的船只，全都由雕梁画栋装饰起来。

这些纺织品是哪里制造的呢？这要分两部分来说。

一是，棉布无一例外地是从长江下游的 8 个县（嘉定、太仓、昆山、武进、宜兴、华亭、上海、青浦）征收的，特别是冬季服装供应全是由棉花缝制的。这些服装有红、绿、蓝色，每件棉衣服重约 4 磅（1.814 4 千克）。其中分配给戍守部队的，虽说是由各省布政使司独家缝制，但也常常转嫁给平民。每年经漕运运送有多少呢？仅仅就华亭一个县来说，每年就要运送 16 185 匹优质布和 48 935 匹粗布，总价值为 30 847 两银子。

二是，丝织品由中央政府设立专门机构来从事生产。除了大量的棉织品经由地方政府组织民间生产外，还有数量巨大的丝织品是由明代朝廷直接设于南方的专门机构负责织造。这些宫廷织造厂从明初就设于南直隶。

大量纺织品的生产、采购、运送带来了严重腐败。

（1）收购腐败。按要求，地方官在生产出来的布匹上加盖图章，但这种验收不能保证北京验收官（明后期此类验收官全由宦官担任）的满意，他们可以蛮横地拒收一匹或全部。当时一位学者一针见血地指出他们的验收标准是“以入贿之多寡为美恶”。

（2）运输腐败。有一份提交给弘治帝的奏折中指出：1501 年，宫廷仓库收到了 278 287 匹丝织品；但这年检查验收的却有 312 372 匹。据《大明会典》所载：宦官采办运输的丝织品总数应是其所记载的 5～10 倍。为什么入库的数量与验收的数量、运输的数量差别这么大，就是因为承办此事的宦官与其他官员们从中牟利，或多收少报，或利用漕船出租以收取私利，或运载未经许可的私盐牟利。

二、酿酒业

运河运输业的发达，带来了百业兴旺。运河两岸居民、商人迅速增加，人员流动加快。加上中国人自古就有饮酒的习惯，人们随着经济收入好转，生活质量得以提高，更有京城达官贵人、城市居民对于酒的需求，运河两岸酿酒业也很快发展起来。现在我们只从酒的漕运来看酒业发展状况。

供皇家即宫廷大臣饮用的漕运贡酒首选是绍兴黄酒。运河共运送了多少黄酒，难以估量。目前可以查阅到的资料可以证明，贡酒中绍兴黄酒最早。梁元帝萧绎所撰的《金镂子》云："银瓯贮山阴甜酒，时复进之。"可见早在南北朝时，绍兴酒就已经出了名。唐玄宗时期，绍兴酒就已列为御酒进贡朝廷。唐宋两朝，皇室成员及大臣都非常喜爱绍兴酒。明清两代更为盛行。

除黄酒之外，安徽的古井贡酒、江苏的洋河大曲等也常作贡酒进奉朝廷。这些酒不仅有地方进贡，宫廷也常自己酿造。宫廷酿酒的数量不是很清楚，每年仅从淮安地区运去的发酵饼就达 50 多万磅(约 22.68 万千克)。

贡酒的漕运也给老百姓造成极其沉重的负担。有文献曾指出，每石大米的运输给纳税人增加的负担多达 8 倍，而通过运河为宫廷提供粮食和酒水，每年就要耗费国家 160 石大米。

除了酒业发达外，随着群众生活水平的不断提高，人们的需求是多样化的。比如天津的杨柳青为运河所经之地，漕船大都从这里经过，漕运人员经常带运南方的瓷器、竹器等在这里销售。同时，还有扬州的化妆品、漆器，以及南方香料和笔墨纸砚等。这种种多样化的需求，当然会带来日常生活中多种小手工艺品产业的发展和繁荣。

第四节　间接带动的瓷器业

漕运不仅带动和促进了运河两岸的造船、建材、纺织、酿酒制造业的发展，也间接带动了非运河沿岸城镇的产业发展。这里最值得一提的是瓷器产业的发展。

瓷器是中国古代文明标志的器物之一，它产生的时代很早。不论官窑还是民窑，烧制瓷器都很发达。由于宫廷和京城对于瓷器的大量需求，中国最有名的瓷器产地，如江西的景德镇及河南有名的几座官窑产地，虽非运河沿岸城镇，但其产品由于漕运的兴旺也大力和迅猛地发展起来。

据历史文献记载，景德镇最早的名称叫新平镇，自汉代就开始烧制瓷器，至今已经有两千多年的历史。景德镇的瓷器工厂，建造于 14 世纪晚期，或者修建于 15 世纪早期。唐前的产品基本上比较粗糙，到了唐代烧制技术成熟，至宋代迎来发展高峰。自宋真宗始，宋王朝始终都在景德镇设置税收机构“监镇”，此系官府所派，为官监民烧的制度。元代是中国陶瓷史上一个特殊且重要的时期，工艺水平得以极大提高，出现了青花和釉里红等新兴的烧造技术。这对明清两代陶瓷的发展起到了深远影响。元末从各地逃难而来的陶瓷工匠把南北诸窑的制瓷技艺带到了景德镇，使明清两代景德镇制瓷技艺在原有基础上发展到了登峰造极的地步。

明清两代朝廷派往江西采办瓷器的均是宦官。景德镇产量可能没有具体规定，最多的一年是明宣德八年（1433 年），共生产了各类瓷器 443 500 件；其次是明隆庆五年（1571 年），105 770 件；明神宗万历十年（1582 年），96 624 件；万历十一年（1583 年），96 000 件。万历十九年（1591 年），明廷规定生产 159 000 件，任务还没有完成，又突然下令多生产 80 000 件，直到明万历三十八年（1610 年）才完成。

16 世纪中叶，景德镇总共有 58 家官窑，另有 20 家民窑。官窑不仅生产餐桌上使用的瓷器，还生产诸如棋子、鱼缸之类的器物。由于资料短缺，皇宫采用的瓷器无法推出具体的数据，只能推测，每年总量大约在 35 000 到 50 000 件之间。

供皇家使用的颜色和图案不能在民间使用，违令处死。宣德年间，有位宦官因将皇家产品分给密友而被处死。但即使如此也阻挡不了宫廷侍从的偷盗行为。瓷器运往北京后，交由负责为皇家准备宫廷宴会和食物的宗人府负责。宴会后，这些餐具经常被盗。嘉靖十九年(1540年),宗人府报告3个月内就有23 345件瓷器被盗。

除了为数众多的皇宫御用贡品瓷器外,民间瓷器的贸易量应该也是惊人的,由运河沿岸多处出现大规模的瓷器考古发现可略见一斑。

20世纪八九十年代,大运河故道附近不断有瓷器出土,引起了当地文物部门的重视。1999年后,淮北市对大运河遗址进行了数次发掘,揭开了世界上开凿最早、航程最长的人工运河的神秘面纱。其中,出土量最大的文物就是瓷器。目前共整理出近10万块瓷器残片,还有700多件保存完好的、几乎涉及隋唐至元初所有窑系、窑口的精美瓷器,陈列在淮北市隋唐大运河博物馆。为什么此地会集中如此之多的瓷器?据收藏者推测:唐宋时期应该有很多装载着瓷器的船只,运行在大运河繁忙的航道上。特别是宋朝,河南一带的瓷器产品多由运河运送,当时的船只一般会从苏杭一带运输丝绸或粮食到河南,换得精美的瓷器后又沿运河返回。考古发掘的大量瓷器,应该是当年在运输途中沉船,或洪水冲毁村庄而留在了河里的。这些重见天日的瓷器成了历史的见证。

此地多种窑口瓷器的集中出现,勾画出隋唐大运河四通八达的水运网络,也反映了唐宋时期繁荣热闹的市井生活。饭馆、酒肆、茶摊、药店,茶几、桌案、大小厅堂之上所用的瓷器无处不在。从陈设的仿古陶瓷,到生活必需品,连同玩具的蛐蛐罐、专用来斗茶的各式碗盏、吹奏的小乐器和小动物、人物瓷塑等,其使用范围几乎囊括了社会生活的各个层面,品种和用途可谓开后世之先河。

从这些出土的瓷器看,南北瓷器交流应该十分频繁。运河的开通为瓷器的长距离运输提供了较为安全的方式,销量的猛增又刺激了瓷器制造业的兴旺发展,促进了工匠们制作技巧的改进提高。精美的制瓷技术创造了越来越多的社会财富。唐宋时期制瓷业的繁荣、窑场数量的增多已达到了历史的巅峰。由于隋唐大运河的开通,唐代已经开启了我国瓷器主要沿大运河外销的模式。南北方制瓷业借运河之便利,互相促进,共同发展,使陆上丝绸之路和“海上陶瓷之路”连接起来，“中国瓷”由此走向世界。

综上所述，运河所属的制造业有一些共同的特点：一是靠水而建；二是靠水制造；三是靠水运输；四是因水而带动；五是多半为大宗商品。总之，运河所属制造业是因水而发展和繁荣起来的。

漕运从开始的单一运粮，发展到运送社会生活方方面面的物资，这种变化表现出了两个方面的问题：一是漕运重心的演变，反映出中国古代经济重心格局的变化；二是漕运与中国社会形成越来越紧密而广泛的联系，日益渗透到社会的诸多领域。运河两岸的制造业涉及日常生活的衣食住行，御贡与民用都十分兴盛。但是，限于一手资料的匮乏，对于运河沿岸的制造业不能全面深入阐述，尤其是一些数据难以精确说明。这有待于在以后的研究当中进一步完善。

第四章　漕运与运河仓储和钞关

漕运在狭义上就是指通过大运河运送漕粮。因此，漕仓是漕运的重要组成部分，不但起到存储、转运、供给等作用，对国家政治和军事活动的开展、社会灾荒的赈济、市场粮价的平衡也有重要意义。尤其是明清时期，大运河南北贯通，商贾络绎，征收过往船只、商品的关税遂成为政府的税收来源之一。钞关作为京杭运河上的税收关署，既是运河畅通的产物，也是商税制度发展的必然结果。

第一节　仓储制度及与漕运相关的仓储

民以食为天。在人口众多、人均耕地严重不足的中国，历史上的农民起义，都发生在饥馑荒年。粮食问题是一个国家的根本，粮食储存问题则是重中之重。

一、中国古代的仓储制度

仓储制度始于西周，并配有负责粮食储藏的官吏。仓是存粮之所，储粮以备不时之需，被视为“天下之大命”。春秋时期的管仲精辟论述了建立国家仓储之制的重要性、必要性——“积于不涸之仓，藏于不竭之府”。

自古以来，仓储在调剂供需、救灾备荒、农业生产等方面都有着至关重要的作用。《礼记·王制》有言：“国无九年之蓄，曰不足；无六年之蓄，曰急；无三年之蓄，曰国非其国也。”因此，历朝历代政府都十分重视仓储的建设和管理。

我国古代仓库有储存、储备两大功能。储存是将漕运来的粮食保管起来，供皇室、吏官及人民日常消费；储备是为应付战争、灾荒及突发事件的，同时还有平抑物价之功能。

中国古代国家储粮制度影响至今，如常平仓制度。早在汉宣帝时，就正式建立了常平仓制度。常平仓的意义在于：粮丰时收进入仓，粮欠时出仓粜粮赈灾，不至于价格飞涨，影响市场稳定。每当粮食短缺，市场上粮价飞涨时，政府就将常平仓的粮食投之于市，不致“谷贵伤农”，以起到平抑粮价、调控市场的作用。北宋时期的王安石又改进了常平仓：在粮食收获前，由政府借钱给农民，收获后交税时，农民可以以谷物抵值还款，如果还款时市场谷物价格上涨，农民可以归还现金，以保护农民免遭高利贷盘剥、稳定粮食生产、减少市场价格波动，从而保护城市消费者。

至此，常平仓制度趋于完善，成了稳定农业生产及国民经济的重要制度，为历朝历代所沿用。只可惜由于具体操作时官员谋私、胥吏盘剥，常平仓每每名存实亡，起不到平抑粮价和备荒的作用，它的重要性慢慢被国人所忽视。

对常平仓，清代规定积谷数额。顺治十一年（1654年），命各道员专管，每年造册报户部，按积谷多寡定有司功罪。顺治十七年（1660年），户部议定常平仓春夏出粜，秋冬籴还，平价生息，岁凶则按数散给贫户。

20世纪30年代，时任美国农业部长的华莱士，偶然读到了中国留学生陈焕章在其博士论文《孔子及其学派的经济原理》中对中国“常平仓”制度的介绍，深受启发，他结合美国实际，于1936年制定了《土壤保护和国内配额法》、于1938年制定了《农业调整法》等相应法规，将常平仓引入了罗斯福新政，解决了农业生产过剩带来的经济危机和战争物资的短缺问题。从此，在各种演讲和回忆中，华莱士把常平仓视为“我任农业部长最值得骄傲的行动”。现在，通行于全世界的国家粮食储备制度、现代社会的农业补贴、石油战略储备等，其观念来源其实都与中国古代的常平仓制度有关。

南北朝时，北齐设富人仓，始创义仓。隋唐时期，义仓制度有效运行，义仓占整个仓储制度结构的主体地位。隋开皇五年（585

年），度支尚书长孙平奏请设立义仓，得到采纳。唐代的义仓始建于贞观二年（628年），由左丞相载胄建议实施。到天宝八年（749年），唐代义仓规模远大于常平仓、太仓等其他仓储规模，且其主要以贫民作为赈济对象。

唐朝发展了仓制，其仓廪系统有正仓、转运仓、太仓、军仓、常平仓和义仓等六类，作为唐王朝财政体系的一部分，建立了许多储粮几万、几十万，甚至几百万石的仓场。唐宪宗时，有人描写当时仓储“至精者米，至大者山”及“雪峰竞耸，云岭交连”。

宋代社会商品经济比较繁荣，整个社会的经济结构也随之发生了变化，其仓储系统较之前代也更加完备，充实的仓储储备不仅增强了国家的财政实力，同时也提高了国家的灾荒防御能力。宋代国家粮食仓储的来源方式多样化、征收与支出都有具体相关的规定，储藏与保管也有专门的人员与规定，对仓储物品的妥善保管，也是粮食仓储管理制度的重要环节。从微观上讲，国家的粮食仓储按照不同的种类有其各自不同的功能，主要的功能有赈粜、赈济、赈贷、工赈等，另外还有一些特殊用途，如造酒、助军之用。这些都属于粮仓储物的正常支用，但是，粮仓储物也会出现非正常的侵用，如被其他部门借用而不能及时归还或因战事的需要强行支用。从宏观上讲，国家建立完备的仓储体系，不仅可以积聚国家财富，而且便于国家调配物资。仓储的普遍建立，可以使调配的方式多样化和灵活化，使仓储的调剂不局限为年份间的调剂，更可以是仓与仓之间、地区与地区的仓储之间的互相调剂，这样就便于国家财富在政府的宏观调控下发挥最大的效用，这些优点在国家发生战争和灾荒时表现得尤为突出。①

宋淳熙八年（1181年），朱熹奏请创办社仓，以备荒歉（欠），并制订社仓管理办法。宋代的义仓设在州、县、市镇，由官府掌管，社仓设在乡间，由民间管理。

① 马媛媛.宋代国家粮食仓储管理制度研究[D].西安:陕西师范大学,2008.

明洪武三年(1370 年)在南京和全国各州县设立“预备仓”,规定府州县各置东南西北四仓,储粮备荒,多者万余石,少者五千石,遇有水旱,即用此贷给饥民。明宣德五年(1430 年),巡抚周忱和苏州知府况钟,奏请减免重赋,在苏、常等地设置济农仓。苏州储米六十余万石,松、常各郡次之。明嘉靖六年(1527 年),仿效古常平仓法,府积万石,州四五千石,县二三千石。嘉靖八年(1529 年)三月,令各府设社仓,令二三十家为一社,择家殷实而又有德行者一人为首,处事公平者一人为社正,能书算者一人为社副,每朔望会集上、中、下户,年饥,上户不足者量贷,稔岁还仓,中下户酌量赈给,不还仓。有司造册,送抚按岁查核,仓虚罚社首出一岁之米。

清康熙十八年(1679 年)设社仓,由民间捐献粮食,公推当地人掌管,春节借贷,秋后偿还,每石取息 1 斗。盐义仓,由盐商捐款建仓赈济盐民。雍正四年(1726 年)两淮盐商捐银 24 万两,另公务银 8 万两,共集资 32 万两,作建仓及买谷之用,仓址设在扬州。雍正五年(1727 年)在海州(今连云港市)、泰州西门设盐义仓,雍正十三年(1735 年)在阜宁、东台建盐义仓,储谷 5 000 石,由盐商选人经理,在青黄不接时,照存七粜三之例出陈易新,秋后补籴。小荒平粜,中荒赈粜各半,大荒全部赈济。乾隆三十一年(1766 年),江苏全省盐义仓积谷 475 850 石。道光十五年(1835 年),两淮盐运使海州分司童濂奏准,在收交盐价时,每引加捐一分,历时 4 年,共得捐银 27 500 余两,重建板浦仓 5 间,西仓 12 间,东仓 9 间,道光二十一年(1841 年)时储谷 2 万石。

纵观中国历史,义仓的运营情况以清代为最佳。陕西的丰图义仓是在清光绪八年(1882 年)由“救时宰相”阎敬铭倡导修建的,竣工后,因其坚固适用,被慈禧太后朱批为“天下第一仓”。丰图义仓坐落在陕西大荔县朝邑镇仰圣堡(南寨子)村内,从外形看它更像一座壁垒森严的军堡,坐东朝西,依山就势,巍然屹立于黄河西岸。粮仓最外围是一道宽 8 米、高 8 米的土筑外墙,墙下挖有壕沟,城门为铁叶大门,在齐胸高处还设有枪眼,便于观察和射击。内仓城坐北朝南，是仓墙合一的建筑构型，58 座仓廒就建在仓城墙体内。与密封于地下的粮窖不同，地上粮仓的防水和防火要求更为严苛。内仓的城墙顶部是由青砖铺就，形成 12 个四周高、中间低的排水区，每个排水区中部都留一水槽，水槽延伸 4～5 米，通过导水墙顶把水导向仓城内广场。广场地形也是四周高、中间低，这样积水就可以很快排出墙外。每至雨天，从仓墙到院内，排水通顺流畅，雨停，墙院即干。据粮储专家介绍，如此先进的排水系统，在我国同期建筑中非常罕见。丰图义仓的防火，也是从每一个细节入手，首先，它的位置临近黄河，水源充足，仓城附近还设有一水池，可作为就近水源；其次，内仓城墙体为黏土砖砌结构，黏土砖能承受 800～900 ℃高温而无明显的破坏，这就提高了建筑本身的防火能力；采用小仓多室的分隔储粮方式，也是为了适应防火需要，仓房之间以坚硬厚实的墙体相隔，若一仓起火，也不易殃及其他。

关于仓储管理思想，秦代就有专门的仓律，汉代倡立的常平仓制度，设有专门的会计簿册，详细记录仓储谷物数量、品种、出入、经手人、核验等，成为后世封建王朝沿用的主要仓储制度。汉初营建新都长安，首批重点建设工程就包括了太仓。中国最大的古代粮仓——洛阳含嘉仓，建于隋大业元年（605 年），是用作盛纳京都以东州县所交租米之皇家粮仓，历经隋、唐、北宋三个王朝，沿用 500 余年，后来废弃。在唐人杜佑所撰《通典》说："隋氏资储遍于天下，隋氏西京太仓，东京含嘉仓、洛口仓，华州永丰仓，陕州太原仓，储米粟多者千万石，少者不减数百万石。天下义仓又皆充满。京都及并州库布帛各数千万，而锡赉勋庸，并出丰厚。"宋代以后，有关仓储的规章更多、更细、更严。我国古代仓储系统最发达和完善的是清代，京师仓有 15 个，其中，通州两库，德州、临清、淮安、徐州各一库，凤阳两库，以上为国家级仓库，省、府、州、县也各设仓库。

如前所述，与常平仓明显的"国有"身份不同，中国古代的另一类重要粮仓——义仓，则是本着藏粮于民、建立民间储备的理念而兴建的。义仓的本意是"民办"粮仓：仓库设于乡间，仓粮由乡民自愿捐献，富者多出，贫者少出；粮仓由乡民中威望高、声誉好者管理，管理人员定期轮换，有利于仓储透明；遇到灾荒时，义仓可以就近赈济，及时便捷。但这项制度明显带着理想主义的色彩，在现实执行中总是困难重重，所以，历朝历代总是时立时废，时兴时衰。

中国古代社会以农业为本，粮食储藏思想源远流长，设立仓储是为了备荒赈济，以此来维持社会稳定。要达到维护社会稳定的目的，需要官府建立一套完善的仓储法令制度，确保仓储能够正常运转，以实现仓储社会救济职能。要达到维护社会稳定的目的，需要官府建立一套完善的仓储法令制度，确保仓储能够正常运转，以实现仓储社会救济职能。在仓储日常运营管理中，随着时间更迭，朝政变迁，不可避免会出现任人不当、随意支借、挪作他用等问题。历代统治者都有颁布诏令，以期保持仓储正常运转。①

二、大运河沿线的仓储

（1）隋唐时期的"天下第一粮仓"

据史书记载，隋朝大业二年（606 年），兴建洛口仓。据考证，洛口仓遗址位于河南省巩义市河洛镇七里铺村东面。这是一片高出河岸 70 多米的黄土塬，非常适合修建粮仓。首先，高地有利于防止内涝；其次，这里的黄土干燥厚实，非常利于建仓挖窖保存粮食；而且隋唐时期，这里又占尽地利，黄河、洛河和大运河在这里连通，江南运来的漕粮储存在此，可以方便地转输东都洛阳、京都长安，或北上运往河北。

因此，洛口仓"积天下之粟"，全仓可储粮 2 400 万石，折合近 15 亿千克。

隋朝末年农民起义的瓦岗军占领了洛口仓，由于粮食对身处乱世的饥民具有无穷的吸引力，使得瓦岗军迅速发展，从万余人猛增至二三十万人。后来，瓦岗军干脆在洛口筑城，将原来周长 10 千米的仓城扩大为周长 20 千米，并以此作为自己的根据地，建立了"大

① 黄世俊.宋代仓储法令研究[D].郑州：郑州大学，2016.

魏”政权。后来，瓦岗军丢失了洛口仓，数十万瓦岗军一夜崩溃；再后来，李世民牢牢控制了洛口仓，又打下了洛阳城外的回洛仓，掐断了洛阳的粮食供应，迫使坐困愁城的王世充俯首称臣，奠定了李唐王朝统一中原的基础。这一历史事实证明了：得粮仓者得天下。

唐朝建立后，统治者吸取了隋朝城外建仓、城内却无粮的教训，洛口仓“天下第一粮仓”的地位逐渐被建于洛阳城内的含嘉仓所取代。如今的洛阳城环城北路以西，在隋唐时为水道，当时的漕运粮船可以由这条水道直达含嘉仓。含嘉仓发掘于 20 世纪 60 年代末，是我国发现的第一座大型地下粮仓。在含嘉仓已经发掘的粮窖中，不少粮窖出土了铭砖，铭砖上记载着粮窖在仓城中的方位、储粮的品种、数量、粮食来源、入窖年月、运输及管理人员的官职和姓名。铭砖上刻写的储粮来源地点有江南的苏州、楚州（今江苏淮安），华北邢州（今河北邢台）、德州、濮州（今河南濮阳）、魏州（今河北大名）等地。粮食来源的多样性显示出国家对全国资源强大的调配能力，以及在这种调配能力基础上对国家统一和经济发展带来的巩固和推动，这些粮仓依托大运河而修建，更凸显了大运河的重要性。

含嘉仓遗址、洛口仓这两座规模宏大的皇家粮仓遗址成为大运河申遗项目，不仅印证了隋唐大运河军事和经济功能，更昭示了“民以食为天”的传统理念。

（2）明清时期著名运河粮仓

明清的运河漕仓共分为京通仓、水次仓、小型兑漕仓三类，其中京通仓是国家漕粮收储的终点，也称“天子之仓”。水次仓是漕粮中转的中介，小型兑漕仓是漕粮缴纳的起点。

明清大型水次仓是转运与存储国家漕粮的中转站，主要分布于天津、德州、临清、徐州、淮安、江宁、凤阳等沿运城市。这些仓储多时存粮达数百万石，少时也有数十万石，不但起着填补京通仓缺额、公共工程用粮、运军与地方驻军供给的作用，而且对于沿运诸省的粮价平衡与灾荒赈济也意义重大。至今为人津津乐道的运河“帆樯如林”盛景背后，不光是大码头，更有与其不远的众多运河漕仓。如果说运河是当年的一条经贸“高速公路”,那么这些码头和漕仓,就构成了一个个重要的“服务区”。正是在运河的串联下,这些不同类型的运河漕仓构成了完整的运河漕运仓储系统,为行军打仗、灾荒赈济、粮价平衡起到了重要作用。而对老百姓来说,这些运河漕仓,尤其是一些小型漕仓,作用更不仅限于此。这里选取几座代表性的进行介绍。

明永乐十三年(1415 年)开始,中央户部在运河沿岸的淮安、徐州、临清、德州建水次仓。至宣德五年(1430 年),各处仓廒建成,卫军轮班递运南粮,淮安卫军运至徐州水次仓,徐州卫军运至临清水次仓,临清卫军运至德州水次仓,德州卫军运至通州仓存储。

运河沿线有四大漕运粮仓,分别是淮安的丰济仓、徐州的广运仓、临清的临清仓和德州的德州仓。

三、淮安丰济仓

明代永乐年间在山阳县清江浦设立常盈仓,后改建为丰济仓。它的储粮经常保持在三百万石左右,是全国囤积漕粮的四大名仓之一。此外,清江浦城内还设有常平仓 2 处、预备粮库 3 处和庄仓(即民间粮库)5 处。每逢漕运旺季,为保证漕船畅通,禁止非漕运船只在运河上游清江浦航行,南北商旅多于此登陆换车、歇脚,更增加了街市的繁荣。

明成祖朱棣迁都到北京后,淮安的地位愈加节节上升,先是于永乐十三年(1415 年),漕运总督署设到了淮安(先在河下,后迁清浦),总督下设察院、道、厅等管理机构,并兼设常盈仓和清江督造船厂,总管着整个运河上的漕运事务。单四大船厂、八十二分厂,就绵延运河南岸 11.5 千米。常盈仓分为 40 区,又在北岸绵延数里连成一大片。在那时,全国各州府的漕船都在这里修造;江西、湖广、浙江等地的粮船都要到此地卸粮以入转搬仓,为的是再根据需要分配出军粮、官粮、贡粮等运往各地。

漕运采用“支运法”,即各地所征漕粮,先由当地送至粮仓,然后由各地递送京城。为了搞好淮安的转运衔接工作，隋代就在淮安设立漕运专署，唐、宋两代都设江淮转运使，元代改设总管府。到明清两代，淮安专门设立漕运总督衙门，以中央部级大臣来淮督办漕事。宋代的范仲淹，明代的李三才、史可法，清代的铁保、施世纶、恩铭等，都曾在淮安负责过漕运事务。

到了近代，由于海上运输的发展和京沪铁路的建成，清江浦逐渐衰落。丰济仓地位由此一落千丈。1912 年开始，丰济仓当时已不作粮仓之用，原址被改为机关，后又作军营、学校、医院。日军侵华期间，丰济仓毁坏极为严重。解放战争期间，国民党军队第八后方医院进驻丰济仓。中华人民共和国成立后，丰济仓原地的大院子陆续盖起了民房，一些还未毁掉的房子也已“各有其主”，院内再也难觅仓库踪迹，唯独留下了“丰济仓”的名号为住户享用，从 1 号排至百余号开外。2006 年，丰济仓作为京杭大运河江苏段的一部分被划入“全国重点文物保护单位”。丰济仓历史上在淮安府境内共有两处，一处在淮安府城西门城楼附近，一处在淮安府清河县内。

四、徐州广运仓

明代漕运政策不断改革，从民运到军运，但是，徐州广运仓的重要位置并没有改变，存储量在几十万石到百万石以上。《铜山县志》记载广运仓收储范围：“广运仓原额岁征所属徐、萧、沛、砀、丰五州县，徐州一卫，并凤阳所属宿泗二州额征本色小麦黑豆，仍存本仓收贮，以备支用。”仓储用项是什么呢？“岁支原给徐州、徐州左卫、寿州、邳州、宿州、凤阳、怀远、凤阳左卫”等 11 处的月粮银，“俱在徐州仓支领”。

广运仓为明永乐十三年(1415 年)修建。万历年间，随着运河的北移，广运仓赖以存在的水运条件消失。天启四年(1624 年)，黄河在奎山决口，广运仓被大水吞噬，仓廒宫厅荡涤已尽，且掩埋在黄土之下。

清初，朝廷修复广运仓，委派部司官员管理。顺治二年(1645

年），户部郎中、山东东平举人陈嘉胤掌管徐州仓。两年后，户部郎中王维屏掌管徐州仓，办事清简，后迁通密副使。又两年后，洛阳人进士张云翼司徐州仓，"为事惠商恤民汰灾役"[①]。康熙四年（1665年），裁减人员，粮仓事务一半归淮安仓管理，徐州知州管理余下一半。康熙二十一年（1682年），仓务管理权收归淮徐道署。

康熙末年黄河淤塞后，粮道阻断，无粮可存，广运仓逐渐空塌。至咸丰五年（1855年）后，徐州水路断绝，仓屋完全失去作用，倾废以尽。所以清代中后期徐州赈济，只有依靠截留漕粮解决。可以推测，从嘉庆、道光年后，广运仓逐渐倾圮，至清末漂荡无存。史志上说"宣统年间仓之名义犹存"，但那只是名存实亡了。

广运仓的历史，反映出徐州政治、经济地位发展变化与运河漕运交通的密切关系。

五、临清的临清仓

临清古称清源，后改名为临清，自古为要害之地。明代以前的临清县治并不在今址，而是在今址以南四公里开外的曹仁镇。元代至元年间，运河开通之后，在原临清以北四公里处的卫、运河交汇处设了一个闸，名曰"临清闸"。此后，这一位置的重要性、优越性渐渐显现出来。经过近百年的发展，临清县治终于北移，于洪武二年（1369年）迁治县北八里临清闸。元朝建立初期，因定都大都（今北京），粮食和众多生活日用品，都靠南方供应。那时，从江南往大都运输货物相当困难。因此，开通新的运河迫在眉睫。至元二十六年（1289年），元世祖下诏开通南起须城安山，北抵临清御河的新运河，引汶水入卫，名曰"会通河"。从此，汶、卫交汇处临清闸附近的地理位置大为改观。元仁宗延祐三年（1316年），调海口屯储汉军千人，隶临清运粮万户府，以供转漕，但此时，元朝的南北运输，仍以海运为主，临清发展仍然较缓慢。

临清真正的发展契机，是在明成祖迁都北京之后形成的。明成

① 《铜山县志·人物传》。

祖永乐四年(1406 年)迁都北京之后,京杭大运河成为把北方政治中心和江南丰富的物资产地连接起来的纽带。为了维护其封建统治地位,必须要保证京杭大运河的畅通。于是,明成祖下决心疏导洪武二十四年(1391 年)阻塞的会通河。永乐九年(1411 年),明成祖令工部尚书宋礼疏修会通河。这次疏通会通河的目的,不在于水利灌溉,而在于打通南北水运航道,加速漕粮北运。

永乐十三年(1415 年),运河疏浚工程完成,大运河始畅通无阻,漕粮悉由运河运往京师,海、陆两条运输线俱废。此时的运河,不仅官船漕运繁忙,南北往来的商客行旅也纷纷改道大运河,自淮安、清江经济宁、临清赴北京。临清遂成咽喉扼要之地。"亦以输北平迨会通河成,始设仓于徐州、淮安、德州,而临清因洪武之旧,并天津仓凡五,谓之水次仓,以资转运。既又移德州仓于临清之永清坝。"[①]在这五大水次仓中天津因海运废止已不如原先重要;淮安、徐州二仓偏于南方,离北京和边防较远;德州仓受河南、山东粟,储粮较少;临清东控青齐,北临燕赵,仓储南方诸省之糟,供给易州,紫荆军需,战略位置甚为重要。这时的临清不仅是交通要道、漕运枢纽,而且还是战略要地。据《明史》记载,宋礼曾建议造浅船两千余艘,以供漕运。开始时,每年运两百万石,后来逐步增加到五百万石。粮仓的建造和漕船的进出,为临清经济的发展带来了新的契机。

明初,因北方蒙元残余势力犹存,洪武六年(1373 年),朱元璋命大将军徐达驻师临清,并"立临清仓贮饷转运"。此后又多次在临清练兵,当时对临清的定位是军事重地,临清仓的设立也完全服务于军事。建文帝登基后,为约束燕王朱棣,曾派都督徐凯练兵临清。永乐元年(1403 年),因运河尚未浚通,漕粮多由黄河与淮河等自然水道及陆地联合运输,漕运路线异常艰难。会通河疏浚后,临清成为京杭大运河重要的漕运枢纽。此后,随着漕粮源源不断地运往临清仓,仓储收纳能力受到限制,明政府在临清砖城内扩建三仓,三仓

① 《明史·食货三》.

初期由临清州代管,后因军兵不服管理,改为户部督饷分司管理。

永乐十三年(1415 年),朝廷罢海陆运输后,山东、河南之粮皆运到临清仓。宣德四年(1429 年),应天、镇江等地运粮二百二十万石储存到临清仓,因为粮食太多,仓不能容,官府增造临清仓可容三百万石。第二年,由官军运粮的兑运法开始实行,临清仓存粮达到三百万余石,达到明代储粮的鼎盛时期。

万历年间,临清、广积二仓主要收纳山东与河南两省的夏税与秋粮,其数目一般在十万石以下,除去折银,临清三仓每年进粮仅不到两万石。万历四十六年(1618 年),由于长期的折银与挪用,临清与德州"二仓如洗",天启三年(1623 年)更是达到"无颗粒之积"的程度,可见临清仓已衰败到极点。明末,虽屡次整顿仓储,崇祯五年(1632 年)存粮稍有增长,达到 3.6 万石,但其后频繁的军事行动又很快将这些积粮消耗,从而使临清仓在明代延续了两百余年的历史走向终结。

清代,临清仓除了顺治年间征收本色(米麦)外,自康熙开始一直到清末一直兼收本(本色)、折(折银)二色,并且改折的比例越来越大。从雍正朝不断截留漕粮存储临清和德州二仓就可以看出,当时临清和德州两仓自身存储漕粮严重不足。特别是咸丰年间黄河决口后,二处仓廒残破不全,漕粮寄囤时只能临时修缮,没有长期的规划与建设,充分显示了运河水次仓的没落。另外,清朝中后期频繁的战乱,对临清仓打击很大,王伦起义、太平天国北伐、捻军起义使临清城严重损毁。临清这座城市也一度因当时运河的断流和漕运的衰败而走向没落。

六、德州的德州仓

德州水次仓在陵州仓故址上兴建,名曰广积仓,水次仓收储山东、河南两省的漕粮。明代与德州水次仓同时兴建的还有常丰仓,储存德州各项支用之粮。德州水次仓归户部分司管理,常丰仓归德州管理。明正统十四年(1449 年),水次仓迁至城内南门东街,明崇祯元年(1628 年),将长丰仓并入,合称常德二仓。当时德州仓辖兑 69 个州县,其中 24 个县直接将粮食交到仓口。

明清两代,中央和省、济南府长期在德州设置有关漕运的官署,常驻要员,分别负责漕粮的征、管、运等工作。明到清初,德州仓隶属中央户部,先后由户部监督分司、官仓分司管理,负责征收山东、河南两省漕粮,运输方面由户部监兑分司协调地方与漕运军队的关系;康熙初年到清末,德州仓隶属山东省直管,先后由莱州府、山东督粮道负责德州仓漕粮的征收与管理,运输方面也由两家的专职人员负责全程押运漕粮。1902 年,漕运全线停止。1907 年,山东督粮道裁撤。

德州城市因粮仓而建、因粮仓而兴,与运河的漕运息息相关。德州城也对明清两代政治、经济的正常运转做出了巨大的贡献。德州城“枕卫河为城”且“控三齐之肩背,为河朔之咽喉”,它北可通京城、南可到江淮,是江北重要的漕运、仓储要地,故德州城的御粮仓规模大、储粮多,由此也提高了德州城的政治和经济地位。

德州具有皇粮仓储的渊源。金朝天会七年(1129 年),在德州城西北设立了名曰“将陵仓”的漕运仓储,元、明、清三朝均在此设国库,由于皇粮的装卸、储存,这里便逐渐形成了码头、仓库群与村庄。元朝建都北京后,开通广济渠使运河全线贯通,并将“将陵仓”扩大改名为“陵州仓”。起初,元朝多走海运,陵州仓的发展受到限制,元朝将会通河开通后,陵州仓获得了发展机遇,一跃成了漕运的重要中转站。明朝建立后,朱元璋接受了平江伯陈瑄的建议,渐罢海运改为河运(漕运),在大运河两岸设立了四个大粮仓,即淮安、徐州、临清、德州,由于当时运河没有全线贯通,故采取了逐级接力的办法将粮食运至北京,以供北方边境的军需。

朱棣认为漕粮接力转运满足不了全国漕粮集于北京的需要,便于永乐九年(1411 年)命工部尚书宋礼,征山东、江南三十万百姓疏浚会通河,打通了济宁至临清的河道,并将运河与江淮接通,从此大运河南北贯通,内河漕运开始兴盛。明永乐十三年(1415 年)开始,朝廷开始扩建淮安、徐州、临清、德州这四座水次仓储粮。

明永乐十九年(1421年),朱棣正式迁都北京,南粮北运成了朝廷的重要日程。当时规定:卫军轮班传递漕粮,即淮安卫军将水次仓的漕粮运至徐州水次仓,徐州卫军运至临清水次仓,临清卫军运至德州水次仓,德州卫军运至通州仓存储。除此外,德州水次仓还负责收储山东、河南两省的漕粮。依次递增给德州水次仓造成的压力最大,比如济南府所辖69个州县,其中有24个县直接将粮食交到德州水次仓,故济南府在北厂建起了"济南兑粮公馆"。德州水次仓的年货运量、周转量、吞吐量都居运河漕运各口岸之首。德州水次仓就在元陵州仓的故址上,开始了大规模修建粮仓的工程,朝廷命名为广积仓。与此同时还兴建了预备仓名曰常丰仓,留其为周围驻军调用或准备着荒年应急。

德州水次仓的漕运和仓储的安全,由德州卫和德州左卫共同承担。二卫各有运粮军五百人,负责将皇粮运到通州户部大仓或其他指定地点。他们在仓廒区的外垣之外有两处军营,分别驻扎在东部和南部,这些重兵日夜对仓廒区进行巡逻和守护。

明宣德五年(1430年),德州扩建广积、常丰二仓后,储粮规模进一步扩大,开封、彰德等地的御粮也相继运来德州水次仓。这一时期每年通过德州转运的漕粮达三四百万石。宣德六年(1431年),实行兑运法后,德州水次仓地位有所下降,但德州广积仓和常丰仓仍然存储着大量的漕粮。这一时期,每年"运粮之数四百五十万石,而兑运者二百八十万余石,淮、徐、临、德四仓支运者十之三四耳"[①]。通过德州水次仓转运的漕粮仍达三四百万石,有力地维持了明朝统治者的统治地位。

成化七年(1471年),实行了长运法,德州水次仓的作用削弱,期间德州仓储粮食过多,年久不用,致使谷物腐朽。明后期,德州水次仓存粮渐少。据《明史》记载:明神宗时,临、德二仓还有一定的积

① 《明史》卷七十九.

蓄，淮、徐二仓则无粒米。后经漕运总督建议，德州仓仍存本色粮九十五万石，对国防和社稷的安全起到了保障作用。如明万历二十年（1592 年），日本侵犯高丽，朝廷发兵讨伐，前线请求德州仓发粮应急，户部议而不决。户部监督司德州分司主事马维驷，急国家之急，不待北京指令到达，就果断从德州水次仓发粮十万石，解决了前线之急。

清代沿袭明制，并在城里扩建了新仓，顺治年间设常丰仓。到乾隆五十二年（1787 年），连督粮道署的大堂都改成了粮库。到道光十六年（1836 年），德州仓储常平谷十七万多石，卫额仓储常平谷一万石，社仓积谷五百余石，义仓积谷两千八百余石，仍是华北仓储之最。到清末，德州仓仍断断续续发挥着重大的作用。

明初为更好地保护粮仓，统治者曾用仁、义、礼、智、信等封建纲常用语将粮仓分类，“各仓门以致仕武官二，率老幼军丁十人守之，半年一更”[①]。天启、崇祯年间由于后金势力的屡屡入侵和阶级矛盾的尖锐，加之统治者疏于对水次仓的管理，到清初时原明代的德州水次仓出现严重倾毁倒塌。经清统治者的扩建和维护，德州仓在清代同样发挥了重要作用。但随着清王朝的腐朽和没落，德州仓也不可避免地重蹈明末的残败覆辙。光绪三十四年（1908 年），清政府裁撤督粮道和仓大使，德州仓彻底退出历史舞台。

第二节　与漕运有关的钞关设置

钞关是政府为疏通钞法而设，因起初系以钞（纸币）交税，故称钞关。明清两朝设的钞关，系中央设在地方的税务机构，民国年间裁撤。

明代禁海，京杭大运河是全国商品流通的主干，全国八大钞关有七个设在运河沿线，从北至南依次为：崇文门（北京）、河西务（清

① 《明史》卷七十九.

代移往天津)、临清、淮安、扬州、浒墅(苏州城北)、北新(杭州)。

宣德四年(1429 年)始创设钞关。据《明史》记载:“宣德四年,以钞法不通,由商居货不税。由是于京省商贾凑集地市镇店肆门摊税课……悉令纳钞”。隶属于户部,税收多用以支付军事抚赏费用,前后设有十三所。宣德时,设关地区以北运河沿线水路要冲为主,包括漷县关(正统十一年移至河西务)、临清关、济宁关、徐州关、淮安关(在今江苏淮安)、扬州关(在今江苏江都市)、上新河关(在今南京)。

景泰、成化年间,又在长江、淮水和江南运河沿线设置金沙洲关(在今湖北武昌西南)、九江关、正阳关(在今安徽寿县)、浒墅关、北新关。

钞关几经裁革,万历六年(1578 年),尚存河西务、临清、九江、浒墅关、淮安、扬州、杭州等七关。

设置钞关旨在征收船税,临清、杭州两关也兼收货税。由各差御史及户部主事监收。船税以载运商货之船户为征课对象。初期按运送路程远近和船舶大小长阔不同分等称船料,估料定税。宣德四年(1429 年)规定,南京至淮安、淮安至徐州、徐州至济宁、济宁至临清、临清至通州各段均每一百料纳钞一百贯;自北京与南京间的全程,每一百纳钞五百贯。后又以估料难核,改为计算梁头广狭定税,其标准自五尺至三丈六尺不等。

成化十六年(1480 年),各钞关岁收钞两千四百万贯,当银十二万两。嘉靖至万历初,岁收银大体维持在二十三万两左右。万历中期,明神宗朱翊钧大肆搜刮,钞关税收大幅度上升,至万历二十五年(1597 年)上升为三十三万五千五百两。天启元年(1621 年)又猛增至五十二万两,是万历二十五年(1597 年)前的两倍。

钞关初建时,以钞为征收本色。成化元年规定钱钞均为本色。弘治六年(1493 年)又定钞关税折收银两例,但钞关之名未变。

清初运河七关全部保留下来,并大体沿袭了明代的税额。其后随着沿海、沿江贸易的发展,清政府又在沿海和长江沿岸新设立了一批税关,清代中叶全国性税关已达二十余个。

清代前期运河、沿海及长江诸关关税在全国关税总额中占一定比重。其中,运河诸关包括崇文门、天津、临清、淮安、扬州、浒墅、北新等,沿海诸关包括江海、浙海、闽海、粤海等四关,不过天津既是运河税关,也是沿海贸易的重要港口,故这里将该关税收以各二分之一的比例分别计入运河和沿海。长江诸关包括夔关、武昌厂、九江关、芜湖关、龙江西新关(南京)等。这三条水道,合计税额占全国关税总额的80%~90%,是全国最主要的流通干线。

这里选取其中三个具体介绍。

(1) 淮安钞关(又称淮安榷关、淮关)

淮安钞关坐落于板闸镇运河北岸,由关口和关署两部分组成。板闸之名,始于明平江伯陈瑄开挑运河所建四闸之一。此地位于京杭大运河中部,明清时期,又为黄河、淮河、运河的交汇之处,历来为南来北往的商旅必经之所。明宣德年间,中央政府始在此设立钞关,对通过淮安段运河的一切货物征税。因地理位置独特,税源十分充足,每年数以万计的漕船超额夹带要收税,南货北上、北货南下要收税,皖豫产品东下分流也要在此纳税,故税银收取天下第一。据记载,最多一年可收七百余万两税银。

关署是淮安钞关的管理机构和行政机关,沿河而设的关楼(关口)则是查验报税的工作之所。整个通关过程安排得有条不紊,每日放关时“扦子手”和“钞户”以及武弁开始登船查验,扦子手负责测量,钞户将货物分类后按税率核算税额,武弁护卫。未办理通关手续的船只一律不得通关,至每日酉时封关。等待过关的船只队伍最长时可达十余里。

淮关关署由中央设税务监督一名,驻节淮安,管理税务。监督通常为正三品官衔,高配时可为从二品,而清代任职者多为旗人,一些四品衔宠近之臣也有机会出任淮关监督。当时淮安府知府也只是四品官,因此淮关监督权力之大并不亚于淮安府知府。史载,淮关关署建筑宏伟壮观,堪称一绝,署后以钵池山为峦,其中山子湖相嵌，其规格等级在淮安仅次于漕运总督署，但明显高于淮安府署。当时，淮安钞关也给当地百姓带来了“实惠”，《淮关小志》有诗云：“板闸人家水一湾，人家生计仗淮关，婢赊斗米奴骑马，笑指商船去又还。”说的是板闸当地百姓，大多吃的是过关之饭。南来北往的商船要早日过关，常常需要通过当地的“地头蛇”帮助疏通关节，而少不得要给其“买路钱”，有时给“中介人”的竟比交纳的关税钱还要多。另外，批检的货物也是当地人搬运，这笔费用也不在少数，以致板闸人家，就是做奴婢的生活都很殷实。

板闸的繁荣并没有一直维持下去。清康熙二十年（1681 年），朝廷废除海禁，原有南北水路运输仅靠运河的局面被打破，改为河海并运。清咸丰五年（1855 年），黄河改道，运河梗塞，河运停运长达十余年。垄断交通的地位一旦不保，加上腐败等因素，从清代后期开始，淮安钞关走上了迅速衰败的道路。清道光十年（1830 年），一年仅收了三十六万两白银，到了咸丰、同治、光绪年间，税额只有两三万两了。于是光绪三十年（1904 年）五月，经户部奏奉谕饬减淮关，移交两江总督办理，旋又归淮安府兼理。到了 1931 年，国民政府财政部实行货物就厂征税，取消了内地关卡，辉煌一时的淮安钞关遭到彻底裁撤。

（2）临清运河钞关

临清运河钞关，坐落在临清市运河西岸的后关街，是明清两代中央政府派驻临清督理漕运税收的直属机构。它始建于明宣德四年（1429 年），宣德十年（1435 年）升为户部榷税分司，下设五处分关，直接控制着关税的征收。户部分司能设在临清，这与运河的畅通、经济的发展是有直接关系的。历史的发展证明，没有运河的畅通、漕运的兴盛，就没有临清运河钞关。

明朝永乐年间，临清已经成为一个交通便利、商业兴隆、手工业发达、经济繁荣的咽喉重镇。当时的临清的确是百货骈至，商贾云集，漕运咽喉，商业都会。又加上粮仓储积调运，贡砖烧制漕转，处处一派繁华兴盛景象。这必然成为明朝统治者重要的税源基地。

临清正式设关收税是在明宣德四年(1429 年)开始的。在此之前,临清虽亦收税,但数额较少。明洪武年间,规定商税三十取一。永乐年间,因明成祖朱棣有"抑逐末之民"之思想,商业税收始加重,但基本上每年是按定额收税。宣德十年(1435 年),朝廷将临清钞关升为户部榷税分司,以直控督理官税。

钞关的主管人员,因时间不同而有别。宣德十年(1435 年),临清钞关升为户部榷税分司,以御史领之。景泰以降,屡以文武重臣奉敕临莅。弘治初,户部岁出主事一人,主持钞关事务。天顺之后,以中官为税监,特别是万历年间,因中官税监马堂在临清横征暴敛,为非作歹,导致民变。这是后话,此处不再赘述。

临清钞关建立之后,首先给国家带来了巨大财富。明朝中前期,大约岁收金折合白银四万两,到万历年间,临清钞关年征收船料、商税八万三千多两,居全国八大钞关之首,占全国课税额的四分之一。

但是,清朝道光、咸丰之后,因政治日益腐败,经济困乏,水利连年失修,运河的运输能力大大下降,特别是道光四年(1824 年)冬,高堰决,运道梗。第二年,清政府雇用商船海运漕粮,这是漕运方式的重大变化。此后七十余年中,虽河、海并运,但运河的运量不过每年十万石,仅占海运的四十分之一。特别是 1911 年津浦铁路通车之后,北运货物皆由陆路运输代替,运河停运,钞关也失去了其原来的作用。沿运河的八大钞关,纷纷改作他用,多数被拆除。唯临清钞关,尚保留大部分原貌。这也是运河沿线保留至今的唯一地方税收机关,为研究明清时期的税收、漕运、经济等问题提供了宝贵的实物资料。因此,2001 年临清钞关被国务院公布为全国重点文物保护单位。

(3) 天津的河西务钞关

河西务为"京东第一镇"及"津门首驿"。明隆庆六年(1572 年),河西务修筑砖城。时任武清知县李贲诗云:"铁瓮新城十万家,闾阎旧俗竞繁华。堤连宅第公勋店,岸拥旌旗使者艖。税榷五材充国计，商通四海足生涯。会同诸夏咽喉处，名利烟波炫晚霞。”此诗描绘出河西务钞关税榷的繁华景象。清顺治十二年(1655 年)，荷兰人约翰·尼霍夫进京途经河西务时记载：“所有前往北京的船都必须经过此地，在此缴纳通行税，所以这个小镇非常出名。”

明代海禁，京杭大运河便成为全国商品流通的大动脉。全国设八大钞关，河西务钞关位列其一。凡进京商船均在河西务钞关领取红单，到北京崇文门再凭单缴纳捐税。

河西务钞关机构分为前关、后关。前关在河口码头处，设拦截关卡于检验厅；后关为正式办理征税之所，内部分工详细，各负其责，有仪门、正厅、过厅、后厅以及船料房(测商船体量容积之事、凭此收取税额)、巡拦房(巡视检查有否偷漏税事)、衙皂房(钞关事物及保卫之事)、税银库(所收税额的储藏)、鼓铸房(所收散银熔为标准银锭备缴朝廷户部)，设置严密、管理统一、互相监督。

钞关官员的任命、归属、管辖，开始时没有定制。至明弘治年间，由户部固定派遣官吏(多为户部主事、员外郎之类)管辖钞关。清康熙年间，由皇帝钦定一名监督到钞关管理；乾隆时期，多推选内务府“操守好”的司员管理榷务，一年一换。管理钞关属于“肥差”，所以派出的多是皇上的亲信、宠臣或皇亲国戚。同时，朝廷、地方还派驻官员，不断加强钞关的军事保卫。历史上，在河西务设置钞关、驿站、武备等各种衙门曾多达十三个，最高官阶达正三品(县令为七品)，足见官高权重，让河西务的上级州县望尘，更非寻常村镇可比。

明正统年间，京杭大运河上的载重大船已达一万一千七百余艘，外加官家的水师船、驿递船及民间商船，常年从事航运的船只不下两万艘。每到漕运盛期，河西务钞关附近“帆樯如林，百货山积”，过往船只在等待过关验收的同时，进行商品贸易，加大了南北物资的流转。等待过关的行商需在钞关附近存储、租房、住店、餐饮、游览等，带动了钞关附近商业和服务设施的兴旺。便利的交通和繁荣的贸易促使河西务镇逐渐成为区域经济中心和流通枢纽，辐射、带动了周边经济的发展。管关官员和依附钞关生存的胥役、关棍、牙商、脚夫等社会群体大量增加，也促进了人口数量与结构性的变化。

清初，运河七个钞关全部保留下来。清康熙六年(1667 年)，河西务钞关移驻天津老城厢北门外，因其在天津所有税关中规模最大，且位于城北，故称“北大关”。可以说，钞关的设置极大地带动了河西务经济的发展。

仓储与钞关这两者有密切关联，都随着漕运兴衰而兴衰。钞关征收来的税款大部分都要上缴户部，用以赈济灾民、修建河堤、漕船等，余留的作为本关的经费、管关官员的俸银等。同时政府还可定额拨解，将某些榷关税收拨解给其他相邻贫穷省份或用作军饷等。

第五章　漕运与运河水利工程

运河与长城同为中华文明的标志性工程。中国地势西高东低，主要江河都是自西向东流，南北向的水运则需要人工运河的沟通。大运河是以人工沟渠连通天然水系，结合人力与自然条件修凿的一条南北向的巨大输运航道。大运河纵贯中国东部核心区，与各主要河流湖泊沟通，水系关系复杂，运河沿线最大地形高差达 50 米。在如此复杂的自然条件下，通过各类水利工程的建设和运行，保障了漕运的畅通，促进了国家统一、经济繁荣，带动了沿线城镇的发展，并衍生出丰富的运河文化。因此，水利工程也成为大运河的核心构成。

第一节　大运河上水利工程类型

大运河本身就是浩大的水利工程，为了保障大运河的畅通，尤其是为了保障漕运的顺畅和安全，在千里运河上又兴修了多种类型、规模不等的水利工程。大运河上水利工程类型主要包括：河道工程、堤塘纤道工程、闸坝、坝河、坝河的水源工程等。这里只能选其部分进行梳理。

一、河道工程

这里以山东至北京的漕运通道开凿为例。

秦岭—淮河一线是中国的南北地理分界线，这条分界线与运河在淮安相遇。从淮安向南至杭州，年降雨量逐渐增多，从 700 毫米直至 1 400 毫米。明史专家黄仁宇曾说：“在长江三角洲，地下水位非常高，开凿运河并不是一项震撼世界的工程，非常平凡。”而且，江南一带运河的维护较易，迄今依然富有生命力。

从淮安向北，降雨量逐渐减少，年不足700毫米，运河普遍缺乏适当水源。其中，问题最突出的是北京的通惠河段和山东的会通河段。济宁以北的京杭运河实在“先天不足”。

元代以前，运河以洛阳、开封为中心，向东沿古汴渠开通济渠接山阳渎，过长江后开凿江南运河达杭州。此外，隋朝向北开凿永济渠通涿郡（今北京通州）。永济渠是继隋炀帝开通济渠、邗沟之后，对北方用兵时，输送人员与战备物资而开凿的运河，是隋朝调运河北地区（指当时黄河以北、太行山以东的河北道）粮食的主要渠道。

南宋与金以淮水为界，对南北大运河各段各自进行了维修利用。南宋都临安（今杭州），由江南运河通长江，过江后沿淮扬运河达淮河。金都中都（今北京），漕运以中都为中心，多利用天然河道通航，将北方漕粮运到通州。通州至中都25余千米先后开凿金口河、闸河及漕渠等运河，但是由于北京地区水资源的紧缺，而地势陡峻河水易泄，运道常患干涸，又因引用浑水运道容易淤塞，水运时断时续，经常需要陆运。

元统一全国定都大都（今北京），国家粮食及供给大部分仰仗江南。当时南北水上运输大致有三条路线：一是沿近海北上达到直沽（今天津），再沿北运河到通州；二是由淮扬运河北溯泗水、光水至山东东平，转入大清河至利津出海转海运，或转陆运至御河（卫河），再水运经北运河抵通州；三是由淮水入黄河，溯河至河南封丘县中滦镇，转陆运至淇门入御河北上到直沽，转白河至通州。总之，元代漕运以海运为主，海运量虽大，但“风涛不测，粮船漂溺者无岁无之”[①]，因此风险极大。另一种方式是内河水运与陆运联运，路途艰难，迂曲不便，时间长，运量小而消耗大。这样产生了修建一条不再绕行卫水（御河），将前代南北运河裁弯取直，直接开凿山东运河的要求。在这种历史条件下担任都水监的郭守敬，全面负责全国的水利和运

---

① 《元史·食货志》.

河建设工作。而整个运河改造工程的难点有两段:一是山东运河如何跨过安山、南旺高地和同时解决运河水源问题;二是通州至大都城运河如何解决运河缺水和河道坡陡流急难以行舟的问题。郭守敬在这两段运河的规划、勘测设计的整体设想,由于受到元世祖忽必烈的充分信任,都能很好地在施工中得以贯彻和实施。

中统元年(1260年)初,忽必烈为争皇位继承权,利用燕京作为战略物资供应基地,为争皇权战争的胜利提供了物质保证。其中,首要任务就是将华北的漕粮运到中都,积极发展通州至中都的运河,仿照金代制度在旧漕河旁设立粮仓。

中统元年战争的胜利,使忽必烈深知燕京漕运的重要作用,但发展漕运首先遇到水源困难问题。中统三年(1262年)八月,郭守敬由张文谦推荐,在上都得到忽必烈召见。当时郭守敬就面陈了发展华北水利和漕运的六项工程建议。其中第一项就是"开玉泉水以通漕运",其规划是:"中都旧漕河东至通州,权以玉泉水引入行舟,岁可省僦车费六万缗"。建议立即得到忽必烈的赞赏和批准。

据《元史·本纪》记载:"八月己丑,郭守敬请开玉泉水以通漕运;广济河渠司王允中请开邢、洺等处漳、滏、沣河、达泉以溉民田;并从之。"这里明确记载批准了这项建议。另据阎复《静轩集》记载,中统年间派宁玉"充河道官,疏浚玉泉河渠"。该文还记载宁玉"年十七以鼓枻之勇,为水军万户张侯所知,署盟津渡长,鄂渚之役,大军驻南阳,公(宁玉)督漕宿亳,军食以济"。在疏浚玉泉后,至元三年(1266年)他又在河南邓州"由新野而南,以通转漕"。总之,宁玉是位漕运经验丰富的官员,中统年派他疏浚玉泉河渠,当时大都城尚未开始修建,金水河也没有开凿,在那百废待兴的年代,引水的目的也只能是为通漕运。此外,从时间上看,正与郭守敬建议相吻合。

至元元年(1264年),元世祖决定重建战火焚毁的燕京。城市建设所用的大批建筑材料,需从西山开采,并要运输至城内。为此,至元二年(1265年),郭守敬本着"上可致西山之利,下可广京畿之漕"的目的,提出重开金口河,引用永定河水通漕运的规划。金口河是金代为引永定河水所建的巨大工程，但由引水与防洪的矛盾和永定河水的高含沙量带来的淤积难于解决，工程以失败告终，最后将金口堵塞。

永定河是典型的暴涨暴落的多泥沙河流，采用无坝闸引水，在洪水季节难以控制进渠水量，容易形成“引狼入室”将洪水引进城区的局面。既要确保城市安全，又要能引进足够的水量，郭守敬认真分析前人失败经验后提出，在金口以西预开减水口，西南还大河，令其深广，以防洪水突入之患。即在通往城区的“金口”之上游，增设一条宽大的退水渠（溢洪道），当入渠洪水过多时，可以自动经退水渠回流主河道，而又保证有足够入渠水量。这种设计在我国古代水利建设中经常使用，但能够如此巧妙合理地应用于永定河这样凶猛的大河上还是首次，又是在前人失败之后提出的，其困难和风险是可想而知的。因此，设计者强调溢洪道的尺寸必须足够大，“令其深广”，才可排泄多余的洪水，达到“以防涨水突入之患”的目的。

至元十三年（1276 年），丞相伯颜伐宋回京师后立即上奏：“都邑乃四海会同之地，贡献之入，非漕运不可，若由陆运，民力惫矣。”又说：“今南北混一，宜穿凿河渠，令四海之水相通，远方朝贡京师者，皆由此致达，诚国家永久之利。”这一建议深受忽必烈赞赏，并开始分段整治改造京杭运河的各段河道。

郭守敬的勘查和规划上奏后，曾决定当年开工整治改造山东段运河，可能由于当时统一全国的战争尚未结束等，工程拖延了几年。到至元十八年（1281 年）十二月，派奥鲁赤、刘都水及精算术一人前往济州审定开河事宜，至元十九年（1282 年）正式开工，至元二十年（1283 年）八月完成。济州河由任城至安山长一百三十里。至元二十四年（1287 年）二月，命都水监开浚汶泗水通京师，决定开凿会通河，并命令漕运副使马之贞、边源等人再去查勘地形并绘图上报。至元二十六年（1289 年）正月兴工，至六月完工，发中统钞一百五十贯，米四万石，盐五万斤，用工二百五十一万，起须城（今东平）安山，西北至临清接御河，全长二百六十五里，共建闸三十一座，赐名会通河。

自至元二十年(1283 年)开济州河,至元二十五年(1288 年)又开凿了会通河后,山东段运河的改建工程完成,南北大运河山东段"裁弯取直"的改造完成。南方漕船自杭州沿江南运河到镇江,过长江沿淮扬运河(邗沟)北上至淮安,溯黄河(原淮河水道)至徐州,北行泗水入济州河、会通河,至临清入卫河(御河),至直沽转白河达通州。实现江南漕船直航通州的规划目标。另外,通过海运的大批粮食和物资到达直沽(今天津)后,也通过白河运抵通州。但通州距大都城还有五十余里,运输不畅。当时已开通的北线运河——坝河的运量有限,最多只能运输到达通州漕粮的三分之一左右,大部分漕粮还需陆路运输。用车马运输不但运费昂贵,每当秋雨季节,道路泥泞,"驴畜死者不可胜计",难以完成任务。

郭守敬通过对北京地区水资源及地形详细勘查,提出了开浚通惠河的宏伟计划并得到批准。

兴建方案重点:一是修建白浮瓮山河跨流域引水工程,增加新水源;二是修建瓮山泊及积水潭调蓄水库,最大限度节蓄水源,在合理分配大都城市用水同时,保证运河供水;三是通过缩减运河断面,增设闸坝建筑物实现人工控制水流,使之充分为行船服务;四是选择最佳运河路线,缩短航程,合理与北运河衔接;五是制订严格的管理制度,以保证漕运畅通。

根据文献记载,通惠河正式批准开工日期是至元二十九年(1292 年)八月十八(丙午)日,二十九日那天忽必烈命令"丞相以下皆亲操畚"到开河工地,仿效汉武帝塞瓠子决河的仪式,表示出朝廷对工程的高度重视。巨大的工程仅用一年时间便完工,从施工组织及规划可以看出,中国元代水利建设无论在设计以及施工组织技术上,都达到了很高的水平。通惠河工程经一年施工,于至元三十年(1293 年)秋天竣工,漕船可直驶入在都城内的积水潭,实现了京杭运河的全线通航。

运河水源工程以通惠河和会通河最具代表性。北京位于永定河与潮白河冲积平原上，境内并无天然河流济运。元代郭守敬开通惠河时，自昌平引白浮泉、玉泉等泉水由白浮翁山河、长河进城，中间经昆明湖、积水潭等湖泊调蓄，在济运的同时也塑造了北京城市水系格局。① 会通河跨越山东地垒，水源问题更为突出。明代宋礼主持建戴村坝拦大汶河之水，通过小汶河引至运河最高段汶上县南旺，并通过南旺、蜀山、马踏三湖调蓄济运，使运河成功跨越分水岭，堽城坝引汶、金口坝引泗至济宁和引泉济运，通过严格的水资源管理，保障了会通河的漕运畅通，使年漕运量达到四百万石。科学的规划、合理的工程布置、完善的管理制度，是运河水源工程科技价值的突出体现。

二、闸、坝工程

中国是世界上最早发明船闸的国家，也是最早建造多级船闸的国家，创建了梯级船闸工程系统。船闸的雏形是斗门，相当于单闸。斗门出现之前靠堰埭助运。423 年，扬州附近运河建造了两座斗门，这是京杭运河工程上最早的闸门。984 年，北宋创建了有名的真州闸，这是世界上最早的复式船闸，比西方建造的荷兰船闸要早约 400 年。

大运河部分河段由于纵比降较大，需要建设闸坝来分段节制水位、水量，会通河、通惠河最为突出，分别建有 45 座和 24 座闸，因此也被形象地称作“闸河”。

运河与自然河流交汇处也均建有控制工程，以避免自然河流水位变化对运河的影响并适时引水济运，如与长江平交处的瓜洲、仪征闸和京口闸。运河上的节制工程经历了堰坝、单闸、复闸的发展历程。早期节制工程以堰坝为主，早在公元三四世纪就在江南运河上广泛应用，船只通航时需要人力或畜力拖拽过坝，费时费力；唐代以后逐渐改坝为闸，以方便通航；至宋代，与现代船闸原理相同的复闸在淮扬运河上广泛应用，标志着中国古代通航工程科技水平的最

---

① 蔡蕃.北京古运河与城市供水研究[M].北京：北京出版社，1987.

高峰,但由于其对工程管理的极高要求与当时管理体制不匹配,后逐渐废弃;至元明清时期,单闸又成为运河上节制工程的主要形式。

古代闸门按用途区分,主要有进水闸、节制闸、分水闸、退水闸、排沙闸和挡潮闸等,这些种类均保留至今,其应用和功能古今也无大差别。按建筑结构区分,古代水闸主要有:叠梁闸板的石闸、整体木闸板的石闸、草闸等。叠梁闸是古代最常见的闸型,其闸座大多由条石浆砌,在闸槽中间留有启闭闸板的闸槽。闸板则由横跨闸门叠放的木闸板组成,通过启闭闸板,达到控制水流的目的。叠梁闸板启闭设备要求不高,古代常用绞关将叠梁分次拉起或下放,其缺点是闸板间有漏水。

闸的工作原理:当河流坡度过陡,河水难以留存或者运河水源缺乏时,都必须修建船闸控制实现通航。古代对运河的控制工程,与今天的船闸原理完全一致。

尤其是运河与天然河道衔接的地方(称作运口),闸的作用更显重要。以淮扬运河与长江交汇处仪征运口为例。

淮扬运河自扬州以南与长江相交,运口位和数量也随之变化,主要有仪征、瓜洲运口。由于长江北举地形高于长江,所以淮扬运河与长江交汇的运口处工程主要解决的是运道水源匮乏和水流平顺衔接的问题。

仪征运口是仪扬运河的入江口,是湖广、江西及长江上游地区的漕船以及两淮盐船入运河要道。仪征运河开于南北朝时期东晋永和年间。这一年,江都水断流,在广陵城西南六十里处(今仪征市)建欧阳埭,改由西边引江水入埭济运,同时防邗沟水下泄入江。欧阳埭所在位置已接近后来的仪征运口。北宋天圣四年(1026年),改江口堰为双重木闸,两年后改木闸为三座石闸。

明洪武四年(1371年),在宋代所建旧闸原址处筑坝,漕船自此上下车盘过坝。当时仪征有外河和里河,都可通长江。成化十年(1474年),工部巡河郎中郭升因漕船过江车坝劳费,于里河东关至罗泗桥间建里河口、响水、通济、罗泗桥等四闸通江。潮满时开闸放船，潮退则闭闸。弘治元年（1488 年），议定闸坝并存互用，夏秋江涨则启闸纳潮，通行舟船，冬春潦尽则闭闸蓄水。至万历年间，因新洲生成阻止，漕船改行瓜洲。

清顺治年间，仪征运口淤，仅通盐船，漕船仍走瓜洲。康熙三十年（1691 年），修仪征响水、通济、罗泗、拦潮等四闸。乾隆四十年（1775 年）后，仪征运河逐渐浅涩，漕船均走瓜洲。同治年间，盐运改南瓜洲，达六濠口盐栈。不久，盐栈移至仪征十二圩，仍开仪河通江口门。

船只的长距离运行过程中，闸和坝是相辅相成的工程。

坝泛指在河流湖泊修建的挡水、拦水建筑，古代各地根据用途和形式又有多种名称，如运河上又称减水坝、车船坝、堤岸、堰、碣、遏、埭、水石（石达）等。按建筑材料区分有土坝、石坝、土石坝、草土坝、木笼装石坝、砖坝、木坝等。在水资源极缺乏的地区，为了保证河水不流失，一般的办法就是在运河上改闸建坝，虽然增加了漕粮过坝的困难和费用，但是可以保证漕运的通畅。

元代大都城中间有一条坝河，因河道上共设有拦河坝七座得名，又称阜通七坝。由于运河水源的缺乏和河道坡度过于陡峻，采用闸门控制河水仍然不能满足需求，于是在运河上修筑七座拦河坝。这样河道无法连续通航，只能在两座坝之间行船。从通州驶出的漕船每到一座坝前，都要用人工搬运粮食到下一座坝内的船只上。如此循环，最后到达大都城。

运河作为南北干流，汛期洪水对运河航运造成极大威胁。其防洪设施主要是减水坝和减河。淮扬运河由于黄河夺淮后淮河洪水汇入的压力，防洪也是运河面临的主要问题，历史上建有通海五坝、通江十坝泄水。北运河上有青龙湾、筐儿港减河，南运河上有马厂、兴济、捷地、哨马营、四女寺减河。

近年随着对大运河申请世界文化遗产进程的推动，多个部门联合开展了对大运河古代水利工程的全面保护工作。对大运河水利工程或遗产的价值挖掘和评估是开展保护工作的基础。并且，基于大运河古代水利工程的特点，建立了运河工程价值评估的指标体系。

第二节　大运河水利中的枢纽工程

关于大运河水利中的枢纽工程，介绍两个代表性工程——清口枢纽和南旺分水枢纽。

一、清口枢纽

清口枢纽位于江苏省淮安市境内，是一个水利工程遗产区。在其49平方千米的范围内分布着53处各种类型的文化遗产。清口枢纽，历史上是黄河、淮河、大运河三条河流的交汇之处，也是大运河上最具科技含量的枢纽工程之一。明清两代，中央政府投入了巨大的财力、物力和人力，对其进行不断的维护治理，在极其复杂的水系格局下兴筑不断，保证了大运河工程的运输功能和漕运的持续畅通。大运河作为线性文化遗产，其遗产的分布具有点、线、面结合的特点。这个枢纽，作为大运河最重要的遗产点，横跨里运河、中运河、黄河故道、淮北盐河、洪泽湖区（含洪泽湖大堤、张福河等7条引河、窑河等），覆盖面积数百平方千米，其中又包含很多小的遗产"点"、遗产"线"。该枢纽从明万历六年（1578年）直至清咸丰五年（1855年）黄河北徙前，一直是大运河沿线工程设施最多、遗产分布最广、国家投入最大的综合性水利枢纽，具有蓄清、刷黄、济运、保航的作用。黄河北徙以后，至1935年淮阴船闸投入运行以前，其设施的主体功能仍在发挥作用，服役的时间累计超过350年，而其中有些遗产点，甚至有宋元时期的遗存。①

2014年，中国大运河成为世界文化遗产。清口枢纽作为一处重要的遗产区，被列入了世界文化遗产名录。

清口枢纽的历史，涉及历史上非常著名的两位人物。

---

①　荀德麟.大运河清口水利枢纽遗产及其特点[J].江苏地方志，2014(4)：40-43.

第一个是潘季驯。明以前，清口一带已有一些水利工程，如高家堰、南运口等，但没有形成体系。清口水利枢纽的基本格局由明代著名治水专家潘季驯奠定。明万历年间，当时大运河与黄河、淮河在清口一带交汇，运河张秋至徐州段常受黄河北泛的影响；徐州至淮安原泗水河道，则需“借黄行运”。与此同时，明祖陵保护等问题掺杂其间，这使得明代的治黄、治运和治淮工作更为复杂和困难。此种情形下，潘季驯于万历六年（1578 年）第三次出任河道总督。潘季驯的规划思想是强调将黄、淮、运作为一个整体对待：既要看到三者间的区别和矛盾，更要重视三者间的联系。这标志着 16 世纪中国在跨流域规划方面，已具有较高的水平。潘季驯规划思想的核心是“束水攻沙”和“蓄清刷黄”，根本目标则是确保漕运的畅通，即“保漕”。为此，他设计了一套由遥堤、缕堤、月堤和格堤组成，于遥堤上修建减水坝的堤防体系，并于 1579 年在黄河两岸完成徐州至淮安长达 600 里的遥堤。自此，黄河被固定于徐州至淮安一线。在黄河和淮河交汇的清口一带，潘季驯则创行“蓄清刷黄”的方略。为此，他加高加固高家堰，并使之增至 60 余里，此举堵住了淮河向东的出路；创筑王简、张福堤，此举切断了淮水北泄的通路。自此，淮水专出清口，“蓄清刷黄”。与此同时，潘季驯创筑归仁堤 40 余里，堵住黄河、睢河入洪泽湖的通路，以保护明祖陵和泗州城，又对里运河入淮口门进行了整治。

第二个是靳辅。康熙十六年（1677 年），“淮溃于东，黄决于北，运涸于中”，清口水患已十分严重，靳辅受命于河道敝坏已极之际。在幕僚陈潢的协助下，靳辅承袭潘季驯之遗意，提出“治河之道，必当审其全局”的综合规划思想，坚持潘季驯“束水攻沙”和“蓄清刷黄”的治理措施。根据上述规划思想，靳辅将高家堰延长至 100 余里，并于高家堰上修建减水坝 6 座。六坝平时不泄水，待汛期洪泽湖水涨，清口宣泄不及时，才次第开启分洪，以防高家堰崩塌，危及里运河及下河地区，并在洪泽湖出口处开挖五道引河，以引淮外出，增强对黄河泥沙的冲刷。于归仁堤上建减水闸，使黄河南岸减下之水和睢水注入洪泽湖,以减黄助清刷黄。同时,对南运口也进行了整治。

在清口枢纽演变过程中,封建王朝的最高统治者也是格外关注。

清康熙、乾隆两帝都曾六次南巡,每次都亲临清口,他们对清口水利枢纽的演变产生了深远的影响。康、乾二帝亲临治河第一线,调查研究,现场指挥,这是此前历代帝王都不曾有过的举动。

康熙亲政不久,即将“三藩”“河务”和“漕运”作为必须解决的三件大事书而悬于宫中柱上。

乾隆对其祖父康熙非常景仰。乾隆一生也曾六次南巡,且每次也都亲临清口一带。乾隆四十九年(1784 年)的南巡,是其第六次,也是其最后一次南巡。

清口枢纽是中国大运河上最具科技含量的枢纽工程之一,被中国文化遗产研究院原院长张廷皓誉为“中国水工历史博物馆”。《京杭大运河清口水利枢纽考古报告》一书是京杭大运河清口段水利枢纽考古报告的成果。对历史上京杭大运河清口段疏浚管理的梳理以及这次考古发掘的成果,对古河道、古堤坝、古码头、渡口、闸、涵洞及其他附属水工及遗迹调查,并对运河沿线古建筑、古城址、古遗址调查成果进行了记录。附录中还将京杭大运河清口水利枢纽文献及研究成果进行汇编以供读者使用。

二、南旺分水枢纽

济宁南旺分水枢纽是整个大运河上最具科技含量的工程之一,为千里运河南北分水之咽喉。

南旺分水工程始于元代。元代开凿京杭运河,运河途径鲁西南,其汶上县南旺地段是一个制高点,俗称水脊。南旺作为大运河的“水脊”,成了运河畅通的难题。

明朝永乐九年(1411 年),工部尚书宋礼采用汶上老人白瑛的建议。首先,在汶上筑戴村坝截汶水;然后开挖小汶河,使汶水至南旺分水口；接下来导泉补源，即收集疏导汶上县东北各山泉汇入泉河至分水；最后在小汶河入运的T字形水口修石头护坡，建分水拔刺（鱼嘴），使其南北分水。经过勘察，利用大汶河上的坎河口地势高于南旺这一有利条件（坎河口高出南旺分水口三百余尺），在坎河口修筑戴村坝，截住大汶河之水，又从戴村坝至南旺分水口开挖一道八十余里长的小汶河，这样引汶河水济运，使汶水西行，从南旺入运河，七分向北流，进入漳、卫；三分向南流，进入黄、淮。此后建龙王庙于分水处，故称为“分水龙王庙”。以南旺为中心，构建了完善的分水枢纽工程，实现了“七分朝天子，三分下江南”的合理分流，确保了漕运船队顺利翻山越岭，体现了很高的航运枢纽规划水平和工程技术水平。

南旺水脊地形复杂，宋礼、白瑛为调节水量，又相地置闸，“北自临清置闸十七；南至沽头置闸二十有一”。[①] 所置水闸，值人看守，层层节水，以时蓄泄，“分水龙王庙二闸尤重要，最易斟酌，若浅于南，则当闭北闸，使分北之水亦归于南；浅于北，则闭南闸，使分南之水，亦归于北”。[②]这样一来，就保证了南北过往船只的顺利通过。由于汛期洪水来量过大，沿岸决口成灾，为削减河道流量，宋礼、白瑛利用运河两岸的洼地创诸湖、建斗门，以调节运河水量，逐渐形成了蜀山湖、马踏湖、南旺湖等湖泊，名之曰“水柜”，夏秋水盛时，通过斗门将洪水泄入湖泊，冬春运河水量不足时，再将湖水放入运河，以补运河水源之不足。这样，既减轻了小汶河下游洪涝灾害，又能使得枯水季节的运河航行不致中断。为使水源充足，挖出几百个山泉，汇集起来，流入运河。

南旺分水工程坝址选定合理，因戴村是遏汶河济运较为理想的制高点，符合水往低处流的自然规律，至南旺水脊分水，疏浚三湖。南旺分水枢纽抓住了“引、蓄、分、排”四个环节，实现了蓄泄得宜，运用方便。

---

①② 《明史·宋礼传》.

南旺分水枢纽工程建成后,使京杭大运河畅通五百余年,朝廷和民间把白瑛封为永济神,荫封后代。在南旺陆续修建了以分水龙王庙为代表的颇为壮观的建筑群。乾隆六次南巡,每次都为该建筑群留诗驻词。

第六章　漕运与运河宗教信仰

分析漕运对运河区域宗教信仰的影响，要分为两个层面：一种是直接由漕运的需要而广泛传播的信仰；一种是依托运河传教，漕运促进了该信仰的传播。具体而言，历史上的运河区域，一方面，漕运的繁忙以及为保障漕运所进行的大密度的河工，导致了水神信仰的盛行。水神信仰不但种类众多，而且分布地域广泛，祭祀各种水神的庙宇和祠堂遍布运河沿线的城镇和乡村。另一方面，唐宋起，运河贯通，运河城市兴起，唐代安史之乱导致北方经济衰落，经济中心南移；唐灭亡后直至北宋定都开封，财赋即仰仗东南；尤其进入明清后，政治中心和经济中心分居南北，漕运规模宏大，运河沿线城市工商繁荣，客商云集，促进了各式宗教的传播和杂糅。运河沿线，地形复杂、密布，闸、坝、堤、堰众多，因此，在维护运河畅通、保障漕运的过程中，运河水神信仰呈现多样化，海神兼河神、湖神、泉神等水神都在这一区域中得到崇奉。从功能角度，运河区域所有的水神包括两大系统，一是河神系统，二是与祈雨有关的水神系统。其中，河神系统又可以分为"治水神"与"保漕神"两种。运河作为人工河，至明清时期，主要功能在于运漕，因此，河神的形象即是以"保漕"为主旨的神灵，他们多数来自运河之外的其他区域，因对漕运的贡献而被列入国家祀典。

第一节　漕运与运河区域的妈祖信仰

《妈祖》这部神话剧反映的是海上女神妈祖的生平事迹。妈祖，又称天上圣母、天后、天后娘娘、天妃、天妃娘娘等。这一信仰的主体是由真人真事演变而来的。妈祖信仰起源于宋代福建莆田,空间分布上以中国东南沿海为中心,向北传播到山东、天津、辽宁的沿海区域,向东、向南逐渐盛行于台、港、澳以及东南亚等地区。

如果我们了解运河沿线地区的宗教和民间信仰,就会发现,作为航海保护神的妈祖信仰也曾经在运河沿线地区盛行。在内河区域盛行妈祖信仰,是运河沿线地区独有的现象,还是普遍的现象呢?事实上,唯有运河沿线区域曾经大规模流行妈祖信仰,而内河区域,如黄河、长江这样的大河区域,并未大规模流行过妈祖信仰。

这是为什么呢?这就要比较详细地了解运河区域的宗教信仰情况了。

从学术上讲,民间信仰与宗教信仰是有区别的。妈祖信仰就是起源于民间,妈祖在民间传说中被赋予了解救海难、除寇平患、助人济困等神能,妈祖信仰经历了从传说到庙祀、从民间到宫廷的过程。在北宋至清末这段时期,妈祖先后被 20 个皇帝加封了 40 次,其中清代同治十一年(1872 年)的封号长达 64 字,即"护国庇民、妙灵昭应、弘仁普济、福佑群生、诚感咸孚、显神赞顺、垂慈笃祜(佑)、安澜利运、泽覃海宇、恬波宣惠、导流衍庆、靖洋锡祉、恩周德溥、卫漕保泰、振武绥疆、嘉佑天后"。这一封号既概括了妈祖作为海神的主要神能与恩泽,又表明了朝廷对妈祖的敬重。妈祖是海神,她最早是何时入住运河两岸,又兼职了河神,暂未有人考证明确,但妈祖在运河两岸香火繁盛了数百年却是事实。至今,从大运河南方起点杭州到北方的终点北京通州,历史上重要的运河沿线城镇仍留有大量的妈祖信仰历史遗迹。

淮安位于京杭大运河中段,因其处于南北咽喉,遂成为漕运枢纽。光绪《淮安府志》记载了漕运兴盛时的淮安:"秋夏之交,西南数省粮艘衔尾入境,皆停泊于城西运河,以待盘验,车挽往来,百货山列,河督开府清江浦,文武厅营星罗棋布,俨然一省会。"数量众多的官员、漕军、客商、船工、水手云集淮安,在淮安黄运沿岸建起众多祭祀各种水神的庙宇和祠堂,以满足不同社会群体的祭祀要求。

同治《重修山阳县志》记载当时山阳县(今淮安市淮安区)境内的天后宫:“城西南隅,宋嘉定间安抚使贾涉建,国朝康熙中漕督施世纶重修。又一庙在察院西,一在新城大北门内。”明代淮安府城天妃庙称灵慈宫。《万历淮安府志》记载:“灵慈宫:即天妃宫……在郡城西南隅,旧名紫极宫,宫前环池植柳,名万柳池,上有升仙桥,宋嘉定间楚州安抚贾涉重建,后毁,元至正又建。本庙宣德间改今名,漕运之香火在焉。”这座灵慈宫宋代就已存在,但初始主神不是妈祖,元代以后受漕运、治河影响转而奉祀妈祖。

清江浦亦有灵慈宫,为明平江伯陈瑄所建。杨士奇的《敕赐灵慈宫碑记》中记载道:“永乐初,平江伯陈公瑄奉命率舟师道海运北京,然道险,所致无几,乃浚济宁、临清之河水达北京,以便饷运。岁发数千艘,每春冰解则首尾相衔而进,河狭且浅,一雨辄溢,雨止复竭,加以洪闸之艰且险,舟稍不戒,非覆则胶。时平江公仍奉命督饷运,慨然念曰:凡大山长川皆有主宰之神,能事神则受福。往年吾董海运,凡海道神祠,吾过之必惴惴持敬,如神之临乎前。间遇风涛及鱼龙百怪有作,辄叩神祐,靡不响应。今兹神祠未建,非关典兴。遂作祠于淮之清江浦,以祀天妃之神,盖公素所持敬者。凡淮人及四方公私之人有祈于祠下,亦皆响应。守臣以闻,赐祠额曰‘灵慈宫’,命有司岁有春秋祭祀。”①

清河县天妃庙称惠济祠。光绪《清河县志》记载惠济祠:“在运口,乾隆志云即天妃庙,在新庄闸口,明正德三年建。武宗南巡,驻跸祠下。嘉靖初年,章圣皇太后水殿渡祠,赐黄香白金,额曰惠济。雍正五年,敕赐天后圣母碧霞元君。”乾隆十六年(1751年)二月,乾隆皇帝首次南巡,视察惠济闸和高家堰(今洪泽湖大堤)石堤河工,并瞻谒惠济祠,命重加焕饰。同年六月撰写《御制重修惠济祠碑文》。由此可见,正是由于淮安清口在明清治河理漕中的重要性,才使得清口惠济祠得到统治者的高度重视。

---

① (明)杨宏,谢纯.漕运通志[M].北京:方志出版社,2006.

淮安清口地区妈祖信仰起源于元代，惠济祠是清口地区著名的妈祖宫庙，位于淮阴区码头镇北一千米处，民间又称天后宫、奶奶庙。《咸丰清河县志》中记载："惠济祠在运口……明正德三年建，武宗南巡，驻跸祠下。嘉靖初，章圣太后水殿渡河，赐黄香白金，额曰惠济。"又云："本朝即其旧宇崇祀天后，遂称天妃庙。"惠济祠由道士袁洞明所创，初为太山行祠，奉祀碧霞元君。正德十四年（1519年），正德皇帝南巡途中驻跸祠下。嘉靖初年，章圣皇太后巡幸清口，登临惠济祠，亲诣升香，并赏赐黄香白金，取给予困苦的人们以恩赐之意，赐名"惠济"。清代，惠济祠以正殿（前大殿）供奉天后，俗称大奶奶；以后大殿供奉碧霞元君，俗称齐太太。[①] 由于天后娘娘福河济运，屡著灵应，备受皇帝与朝臣的崇敬。《淮阴风土记》中记载道："清乾隆十六年，高宗南巡，建行宫于祠左，因命重修，仿内府坛庙式，火珠耀日，飞阁凌空，虽在郊原，而有皇居之美。"康熙、乾隆皇帝多次亲临祠下，虔诚致祭，嘉庆皇帝还在御园内仿建了惠济祠，以便就近瞻礼。故老相传，船过天妃三闸，一般下水三天，上水七天，由于从运口入清口水位落差大，甚为危险，驾长（舵手）、水手过闸，都去闸旁的惠济祠烧香祷告，祈求天妃娘娘保佑。惠济祠终日香客云集，烟雾缭绕，如此盛况延续了数百年。20 世纪 40 年代前，每届岁朝及农历四月八日、六月六日、九月九日，惠济祠例有庙会。惠济祠庙会起于何时已不可考，传说正月岁朝是天妃娘娘出巡之日，她要与民同乐。庙会这天，人们准备了各式文艺表演为娘娘出行助阵，它是群众自娱自乐的一种形式。据说最早娘娘出巡要整整一天，她穿戴凤冠霞帔，端坐在八抬大轿之中，前呼后拥，锣鼓喧天。巡游队伍向东北经福兴闸，再转而向南过通济闸、惠济闸，然后折而向西过五坝经码头镇回銮。每到一处，当地群众鸣放鞭炮，敲锣打鼓，以示接驾。回銮惠济祠时，各方演艺队伍随銮驾在祠前集会，形成"百艺结集"的盛况。惠济祠庙会声名远播，北到桃园（今泗阳）、

① 徐业龙.论淮安清口惠济祠的妈祖信仰及其遗产价值[J].莆田学院学报，2010，17(6)：1-5.

沭阳、宿迁，南到蒋坝、天长，东到高邮、宝应，西至盱眙、青阳（今泗洪），坐车船、骑毛驴前来看会者络绎不绝，而历年舟船经过惠济祠敬过香、许过愿的人也要在庙会期间前来拜神还愿。

迄今，淮安清口地区仍有妈祖文化相关遗址。明清时期，清口是黄、淮、运交汇之地，为运道之枢纽，河防之关键。惠济祠雄峙清口，崇祀天妃，是清口地区最大的妈祖庙，也是运河线上著名的妈祖庙之一。惠济祠附近有很多河流、堤坝乃至街巷因“天妃”而名，留下深刻的妈祖文化烙印和丰富的妈祖文化遗迹。在第三十八届世界遗产委员会会议上，中国大运河成功列入世界遗产名录，惠济祠遗址、天妃坝遗址、天妃闸遗址、御制重修惠济祠碑等作为符合世界遗产标准、能够代表运河突出价值的立即列入项目，引起各界人士的广泛关注。

天妃口在淮安市淮阴区码头镇，明永乐十三年（1415 年），陈瑄循沙河故道加以疏浚，易其名为清江浦，与古邗沟相通，合称里运河。天妃口是里运河入黄之口，为漕运咽喉之地。后为避黄水倒灌，嘉靖三十年（1551 年）改运口于三里沟河，运口外为淮河。

旧时，于此设立税关，亦名天妃口。《续纂淮关统志》记载：“天妃口，原设清河县天妃闸东界，在黄、运两河堤岸之上。只因闸旁另开越河，以致税房与运河相隔数里，碍难稽查，乃移于迤下之二井茶庵地方，距大关三十五里，住民房九间。凡北来进口货船至此查验有无北钞，并点明包捆件数、舱口浅满，令客贩自投石数，填注号帖，给发客贩赴关投钞。”

天妃闸即惠济闸，与通济闸、福兴闸亦合称天妃三闸，在三座正闸旁均建有越闸、越河，是一项艰巨复杂的水利枢纽工程。《乾隆淮安府志》记载：“闸旧在惠济祠南天妃口，名新庄闸，亦名天妃闸，明永乐中平江伯陈瑄建。嘉靖中改运口，移建于南，改名通济。万历六年又移于甘罗城南。天启四年开月河。康熙十九年又移于烂泥浅之上马头东南七里沟，改名惠济，三十四年又建永济闸于太山墩北，与惠济闸相望，四十年复移建于旧运口之头草坝，四十九年拆造。雍正十年移建七里沟，即今处。乾隆六年又拆修。”天妃闸控扼清口，是明清时期漕运锁钥。旧时，漕船沿运河北去必须经过天妃三闸，三闸水位落差很大，过闸犹如登上三级阶梯，完全靠人力拉纤，非常艰险。清人周际华《天妃闸》诗云：“六十三番闸，危哉窘客魂。河开风雨窟，人过死生门。水立虹初下，波横石暗吞。不堪停足望，日色正昏昏。”

天妃坝在惠济祠前。《乾隆淮安府志》记载：“天妃坝，黄河东岸，自惠济祠起，南接甘罗城，乃黄、淮汇流要害之处。砖石堤工共长四百八十二丈。”天妃坝是著名的险工地段，防洪形势极其险要，徐越的《分黄导淮事宜疏》记载道：“臣见此地形势，自奶奶庙至天妃闸，约三里而遥。其北岸名为天妃坝，内为运河，外为滔天之黄河，内外相距不足二三丈也。其南岸名为遥湾，即文华寺一带地方，内为运河，外为滔天之淮河，内外相距亦仅数里耳。此两处稍有疏虞，则黄、淮合而为一，无所谓天妃闸矣。无天妃闸，则无运道，并不能保有淮郡。生民荡溺，又不必言也。”明清两朝先后创筑天妃坝石工，加筑砖工、桩工、护石埽工用以保护堤岸。《乾隆淮安府志》记载：“天妃坝石工，万历七年建设，十五年加钉排桩，内外用石包砌。康熙二十九年修砌石工，三十一年添设鸡嘴坝一座。”又云：“天妃坝石工外护石埽工，雍正十年筑，乾隆十年加筑。”

官民客商为求安全通过天妃闸，都把希望寄托在惠济祠的天后娘娘身上，皆离船登岸到惠济祠烧香祷告，祈求天妃娘娘的保佑。运河上过闸的船只数量多、难度大、时间长，惠济祠常年香烟缭绕，香客如云。

此外，天妃信仰盛行，与闽商也有关联。比较著名的有泗阳闽商会馆与河下福建会馆。泗阳闽商会馆位于泗阳县众兴镇，清康熙年间，泗阳众兴镇作为漕运要冲，是官家、商人、漕帮船家行船走马的歇脚之地，四面八方的客商汇集聚拢，有福建人在骡马街西建宫供奉海神，是闽商发展商务的聚会之所，也是他们祈祷祭祀之庙堂。明清时期，河下古镇沾漕、盐之利，商务鼎盛，在淮经商、做官的外地人很多，为联络乡谊、维护同乡人在淮利益，侨居淮安的福建十闽堂商人出资建庙，内奉天后，俗称天妃宫、福建庵。福建会馆是商务会所与妈祖庙宇的结合体，顺治间始建，乾隆五十一年（1786 年）春重建圣母殿，道光八年（1828 年）立“天上圣母碑记”以记其事。该碑高 138 厘米、宽 70 厘米，现完好保存于淮安勺湖碑园内。

明清时期的徐州因黄运交汇，河工频繁，再加上福建商人在此活动，同治《徐州府志》就记载徐州下辖的沛县竟有天妃行宫十处之多；宿迁市天妃庙称天后宫。福建会馆里面奉祀天后，由此可见福建商人在明清时期天妃信仰传播中的作用。

元朝时，妈祖信仰在山东开始传播。妈祖信仰在山东的传播，共有海路（东线）和河路（西线）两条线。在东线，山东沿海的一些港湾、岛屿也是海运必经之地，航海过程中存在的巨大危险和人们的恐惧也多，加强了航海者对妈祖的崇拜，进而必定会促进妈祖信仰在沿线的传播，由此传入到山东沿海地区。在西线，妈祖信仰沿运河在山东内陆传播。妈祖信仰迅速扩展到了山东广大地区，不仅在海运港口，而且在运河闸坝都建立了一些妈祖庙。

明清时期，妈祖信仰不仅更加得到朝廷的重视，而且也是在山东地区传播最顶峰的时期。首先，明清时期继续对妈祖进行册封，明朝虽然实行海禁政策，但妈祖神能的多元化并没有使妈祖“一蹶不振”，对漕运的重视使其兼具河神、水神之职。妈祖信仰在山东内陆地区的传播，主要是沿京杭运河从南向北流经的曹县、济宁、东阿、巧平、临清和德州等，这些地方均建有妈祖庙。流经曹县的贾鲁河是连通运河漕运的支线之一，建有一座天妃庙。济宁作为“槽河之襟喉”，是京杭大运河入山东境内南端的一个重要港口，乾隆三十一年（1766 年）总河李清时在运河北岸天井闸上建天后宫，并题庙额“灵昭括顺”；另在城北关外，有一天妃阁。在漕运要冲张秋镇，弘治时期建有一座显惠神祠（显惠庙）。弘治六年（1493 年）二月，黄河在张秋运河东岸决口，夺汶水以入海，张秋上下渺弥际天，东昌、临清一带河流几乎断流，南北运道中断，造成船舟无法北上。第二年，内官监太监李兴、平江伯陈锐受命与都察院右副都御史刘大夏共治张秋河决一事，塞河决口，水患得以平息。为此改张秋镇为“安平镇”，并敕建了显惠庙，同时供奉龙王、真武、天妃、大王各神，多神合祠。

在卫河与运河交汇的临清，随着闽商在临清贸易的活跃，也出现了天妃信仰。虽在临清地方志中无明确记载，但在明书《祷机巧评》中有工部尚书朱衡在临清天妃宫宴请钦差并看戏玩乐的叙述。在运河出山东境的德州，建有两座天妃庙，且出现了山东运河区域最早的天妃庙。山东有文献记载的妈祖庙，目前发现至少有48座，主要分布在东线的沿海各州县和西线的运河沿线附近各州县。

明清时期民间商品经济的蓬勃发展，闽商出海贸易者很多，北向主要途经南北贯通的大运河，所到之处，不仅带去了南方物产，而且带去了本土的天妃信仰。闽商习惯地把天妃庙当作交际沟通、增进联系和获取利益的理想场所，他们在促使当地妈祖信仰外传的进程中发挥了不容忽视的作用。

第二节　漕运与运河区域的金龙四大王信仰

“金龙四大王”并不是无名神祇，既有名，也有姓，又有籍贯、家世、履历可考。金龙四大王，本名谢绪，弟兄四人，因在兄弟中排行第四，又隐居于金龙山，故敕封“金龙四大王”。其家族为神灵世家。其先祖为东晋太傅谢安，乃宋理宗皇后谢道清的堂侄，为爱国诗人文天祥谘议参军谢翱的堂弟。杭州钱塘安溪是传说中的金龙四大王故乡。

运河各地，从南到北，金龙四大王庙宇密布。

杭州地区是金龙四大王谢绪的桑梓之地，也成为金龙四大王信仰影响和传播的重要地区。

淮安是运河、淮河、黄河和古泗水交汇的地方，历来是漕运枢纽。这里的相关记载很多。

明清中央和地方官员的倡导和推动，漕军、水手、船工、渔民、商人等社会群体祈祷和祭祀的需求，使得金龙四大王庙宇遍布京杭运河沿线区域各州县的城镇和乡村。有学者统计，明清时期京杭运河沿线区域有金龙四大王庙宇150余处之多。淮安下属的清河县因地处黄、淮、运交汇处，水患极为严重，所以弹丸之地居然有17座金龙四大王庙。江都、宝应、泰州、东台等地也都有金龙四大王庙的分布。江都金龙四大王庙在西门外文峰塔湾；甘泉县金龙四大王庙在东门外黄金坝西岸；泰州金龙四大王庙在北门外西坝口；东台金龙四大王庙在县治西门外海道口。《铜山县志》记载，在当时的徐州铜山县境内金龙四大王庙就有三处，“一在北门外堤上，一在河东岸，一在房村”。同治《宿迁县志》记载宿迁金龙四大王庙：“在城西南，明知县宋伯华建。康熙二十四年，总河靳辅改建于城西南堤上，有敕祭文。”此外，德州、临清、东昌、兖州、嘉兴、杭州等运河沿岸城镇都各有多处金龙四大王的庙宇。

大运河沿岸的金龙四大王庙宇不仅是行人的问卜之地，而且亦是运河文化景观的组成部分。钱塘安溪金龙四大王庙自建成后，成为众多文人游览、凭吊的场所。清代学者吴焯《谒金龙四大王祠》称：“千古灵胥气未销，青霓曳曳下云翘。巫师但击灵鼍鼓，更有何人赋大招。”清人龚士荐《谒金龙四大王庙》称：“激荡中原气，灵光万古留。位非同相国，志已在春秋。封怒含沙尾，云横落远洲。丹青英爽近，极目大河流。”清代诗人陈文述《安溪吊谢绪》称：“竟以安溪作汨罗，三宫行矣事如何。陆张有志终沉海，韩岳无人孰渡河。终古金龙垂祀典，也同白马溯江波。孤山正节还祠庙，从古书生报国多。”

明清时期，江南运河区域不仅是商品经济极为发达的地区，同时也是金龙四大王信仰较为盛行的地区。每一种信仰的产生和盛行都不是偶然现象，而是有着深刻的自然和社会原因。神灵由人所创造，其职能亦由人们根据自己的现实需要而赋予。江南运河区域特殊的地理环境和文化传统是导致当地金龙四大王信仰与其他地区显著不同的主要原因。明清时期苏南运河区域河网密布，水路运输发达，商人和商帮数量众多，文人较为集中，再加上距离金龙四大王谢绪的桑梓之地较近，故其信仰较为盛行。但是相较淮安、徐州等黄、运交汇地区，江南运河区域的金龙四大王庙宇数量并不是太多，这与当地并无严重的水患、神灵种类众多有着密切关系。相比水患严重、治河活动频繁的苏北地区，江南运河区域的金龙四大王信仰更多体现出民间化、世俗化和本土化的特征，神灵更多扮演的是乡土神和地方保护神的角色。现今江南运河沿岸地区已几乎找不到金龙四大王信仰存在的痕迹。

第三节　漕运与运河区域的晏公及水利人格神信仰

一、晏公水神信仰

晏公水神信仰在运河区域也流行过。晏公原是江西地方性水神，明初因朝廷推崇而成为具有全国性影响的水神。《三教源流搜神大全》记载晏公的生平事迹："大元初以人才应选入官，为文锦局堂长，因病归，登舟即奄然而逝，从人敛具一如礼。未抵家，里人先见其扬驺导于旷野之间，衣冠如故，咸重称之。月余以死至，且骇且愕，语见之日，即其死之日也。启棺视之，一无所有，盖尸解云。父老知其为神，立庙祀之。"这一段是说，晏公归乡途中，坐船，刚上船就死了，死的那一刻，家乡人却看见他骑着马出现，后来打开棺材，棺材内是空的，就知道他已经升仙了。明人王士性在其《广志绎》中也有类似的记载。

明清时期专门从事漕粮运输的军队被称为漕军，漕军不但要从事繁重的体力劳动，有时还要面临漕船沉溺、漕粮漂没的风险。因晏公有保障行船安全的职能，故得到了众多漕运官兵的崇奉。

二、水利人格神信仰

在运河区域，诸多"水利人格神"亦不断被朝廷赐封。明洪武年间，朱元璋就曾下诏曰："圣帝明王，忠臣烈士，凡有功于国家及惠爱在民者，著入祀典，令有司岁时致祭"。之后又诏天下神祇，"常有功德于民，事迹昭著者，虽不致祭，禁人毁撤祠宇"。

"人格神"可分为两类：一是官员；二是地方人士。治河保漕的功臣在运河沿岸被人崇奉立祠。因治水或理漕有功，官方或民间通过敕加封号、修建祠庙、颁发匾额、定期祭祀等方式将其由人升格为神的人格化神灵。

《铜山县志》就记载了当时几处祭祀治水名人和名臣的祠庙，如祭祀上古治水名人大禹的禹王庙、祭祀明代永乐年间漕运名臣陈瑄的陈恭襄公祠、祭祀明代吕梁洪工部分司主事费瑄的费公祠、祭祀明代总河潘希曾的潘公祠等。在官方的敕封下，明清黄运沿岸地区还出现了众多"大王"和"将军"。这些生前多为河臣或河工，因为治水或护漕有功，在死后被官方敕封为"大王"或"将军"，其中以黄大王（河南偃师人黄守才）、朱大王（河道总督朱之锡）、栗大王（河道总督栗毓美）、宋大王（明工部尚书宋礼）、白大王（老人白瑛）、陈九龙将军、张将军、柳将军等最为有名。

明清时期，朝廷通过敕建庙宇、颁发匾额、赐予封号等形式祭祀水神，渗透着皇权至上的等级观念。祭祀中官方祈神"捍御河患、通济漕运"的心理诉求表现强烈，河工现场官民在应激和紧张心理支配下共同缔造的显圣事件成为国家祭祀的直接动因。国家祭祀推动了水神信仰的地域扩展，也使运河区域形成了庙宇密集的祭祀带。古代水神信仰是值得重视的特殊精神现象，既反映了当时在治河保漕过程中面临技术困境背景下民间信仰向官方祭祀的过渡，也成为运河区域一种特殊的文化景观，还开启了治河水神人格化的进程，反映出水神信仰新的走向。

运河区域的这种信仰，具有鲜明的功利性。传统的大河祭祀，即河渎祭祀，是对上古自然崇拜观念的继承和延续，在远古或上古时，出于对名山大川力量的敬畏和对其聚云生雨、润泽大地、降祥造福的感戴以及人们有限的自然认识，便产生了自然神崇拜现象。五岳四渎的祭祀体系确切形成的时间虽无法确定,但至迟在秦代就有了相关的祭祀记录。

对这种水神信仰现象做客观的理解,应是当治河保漕难度超越了人们的能力极限,使人从内心深处生发出对冥冥力量佑助的祈求,在某些困境中也会碰到顺畅解困的偶然情况,与人们最初的祈愿相合,则会强化他们对固有信仰的笃信,可以使人们获得某种慰藉和依仗,暂时缓解心中恐惧,增强某些信心,摆脱无助失望的被动和消极。只有从精神角度剖析这种现象,才能理解它长久存在的深层原因。

晚清时期,随着运河的淤塞和漕运的废止,盛行于运河沿线区域的各种水神信仰逐渐消亡和没落,其祠庙也大多湮废无闻。以唯物、科学的观点来看,水神信仰在现代社会也许没有太大的意义,但在当时却对明清国家的治河理漕活动和沿岸民众的生产生活产生了重要而深远的影响。随着近年来京杭大运河申请世界物质文化遗产以及社会各界对民俗文化的普遍重视,水神信仰及其祠庙作为运河民俗文化的重要组成部分,在民俗文化遗产保护和旅游资源开发中将会发挥重要作用。

第七章　漕运与运河民俗的特色

漕运形成了一部流动的中国文化史，大运河由南往北分别经过了灵活与敢为的吴越文化、机巧与重商的荆楚文化、持重与豁达的齐鲁文化、温厚善理财的秦晋文化、粗豪与守信的燕赵文化等古老地域文化交汇的区域，纵贯南北五大水系，连接京师与海洋，吸收了黄河、长江文明，交通陆海，融汇中外。漕运除了给皇家运送御用贡品之外，还大大地繁荣了商品经济，在推动南北经济发展、文化交流的同时，也促进了南北民间习俗的融合。运河上的民俗也因此具有兼收南北之风物、并蓄东西之精粹的特点，在不断发展的历史长河中逐渐形成了独具特色的运河文化，或多或少地都带有水文化的痕迹。这种独特的运河民俗文化主要表现在以下几个方面。

第一节　漕运与运河沿岸崇商风气

中国五千多年的文明始终是以农耕文明为主要表现形式，世风纯朴，特别是自汉代儒学独尊，儒家的“君子重于义，小人重于利”的义利观，成为华夏民族的主流文化价值观。但是，漕运的兴起和发展使得运河两岸商贸物流各业日益繁荣，因此，这一流域也就成为中国封建社会时期最为富裕的地区之一。这种生活状态导致民风习俗出现了一系列有悖于传统儒家价值观的急剧变化。传统社会中“重农轻商”和“重义轻利”的主流价值观受到严重挑战，在市场价值规律的作用下，运河沿线出现了浓郁的重商逐利之风，是为明清时期运河区域社会风俗变化最为突出的特征。重视财富，追逐“末利”，成为当时运河区域人民的普遍价值取向。尤其至明中期以后，运河沿岸城乡自上而下追逐“末利”已成普遍的社会风气。这种情况在明清以来的市井小说中都有明显的反映，历史文献中也有不少记载。

受此影响，运河两岸地区的社会下层人士逐末经商已蔚然成风。比如，山东微山湖北面运河旁的济宁，为“河漕要害之冲”的重镇，居然出现了“竞刀锥趋末者众”。即使是孔孟桑梓之地，其“重义轻利”与“动不违时，财不过用”的人生理念也受到了猛烈的冲击。这是运河经济繁荣、商人地位提高的必然结果。明万历《兖州府志》在记述本地风俗流变时，其民俗也被概括为“民逐末利”。

这种民风在运河两岸随处可见。山东运河沿线的聊城山陕会馆，其大殿关公塑像两旁的楹联就反映了运河两岸崇商文化对传统文化的挑战。楹联曰：“非必杀身成仁问我辈谁会节义；漫说通经致用笑书生空谈春秋”，檐廊正中木质匾额有“大义参天”四个大字的阳文。

这则对联和匾额显示出了厚重的传统文化中另露机锋的味道，对联是赞颂关羽的，但又落脚为商人自身。可以这样理解这副楹联的内容：不一定以死来成全仁义，我们这些商人有哪一位做了不仁不义之事？不要说通晓儒家经典就能经世济民，那些书生们空谈误事误国才是可笑的。这副楹联是目前看到的中国商人表露义利观念最早、最生动直接的文物和文献资料。

运河沿岸经商之风的民俗，促进了古代商品经济的繁荣，形成了中国历史上规模巨大的物资流通，同时加速了内河航运与海上交通的发展，推动了中外经济和文化的交流。运河经济带的形成，推动了全国经济的繁荣兴盛。

第二节　漕运与运河沿岸好奢风气

运河两岸南北人口由于漕运兴盛而出现大规模的流动，也使商人的财富迅速激增。富商士绅的人生价值观和豪奢的生活习气，直接影响和推动了社会崇尚奢靡之风的兴起，时人曾有“人情以放荡为快，世风以侈靡相高”的感叹。

这种现象在很多文献中都有记载：“风俗自淳而趋于薄也，犹江河之走下，而不可返也。”“衣物屋宇，穷极华靡，饮食器具，备求工巧，恒舞酣歌，宴会嬉游，殆无虚日，金钱珠贝，视为泥沙。甚至悍仆豪奴，服食起居，同于仕宦。”运河沿线的民风在衣、食、住、行上都出现过一种追求奢侈豪华的潮流。

一、服饰的奢华

古代中国是一个等级制度森严的社会，历朝历代的统治者通过对衣、食、住、行等社会生活各个方面严格的规定来树立权威，维护统治。

封建社会的等级制度在服饰上有极其显著的反映。它与礼制相结合，颁布律令，规范和管理不同阶层的穿衣戴帽，服饰的材质、色彩、图案纹样等都有详尽的规定，以服装区分君臣士庶的差别，充分体现人物的身份地位。因此，中国古代服饰文化观念与着装惯制，是古代礼制中重要的一环和核心内容。国家权力把社会成员的衣着服饰纳入“礼”的范畴而强制干预：“衣服从其仪，君子德也；衣以饰外德以备内，内修外饰，礼有制也。”“礼”的基本原则是对社会成员进行严格的身份定位，服饰着装方面的表现是“非其人不得服其服”的一系列禁令规制：“衣服之制皆有等差……士与士同，庶人与庶人同，不得自为异制”；“士人、富民、胥吏、商贾、皂隶，衣服递有等级，不敢略相陵躐。”华夏民族素有“衣冠之国”的称谓，在中华民族五千多年的文明史中，服饰承载着厚重的传统文化内涵。

明代是中国最后三个封建王朝中唯一一个汉族政权，明太祖朱元璋根据汉族的传统，重新制定了“上承周汉，下取唐宋”的服饰制度。据《明史·舆服志》记载，他在位 30 余年，竟然颁布了上百项详细的规定，从帝后将相到贩夫走卒，全都囊括在内。他亲自过问服饰式样、衣料与色彩图案，建构起了尊卑有序、贵贱分明的服饰文化氛围。

明代中后期，随着运河经济的发展与繁荣，市民阶层势力的兴起，国家政治控制力的逐渐弱化，异端思潮的兴起和市井文化的发展，人们的审美价值观呈现出多元化、功利化和实用化的特点。平民的服饰不仅呈现出式样斑斓、衣料多样、裁制精巧、服饰纹样图案更富有时代风格的特点，而且突破前期着装墨守成规的简朴风尚，竞相奢华，以标新立异、逾越礼制、追求华丽时尚为潮流，使服饰的世俗化达到了前所未有的程度。

运河南端的杭州、嘉兴、苏州、扬州等江南市镇，明清时期商品经济发展迅速。杭州民谚称西湖“日销寸金，日产寸金”，苏州盛泽镇素有“日出万绸，衣被天下”之誉。由于得天独厚的经济条件，服饰最为新潮，引起周围地区乃至全国各地的关注，遂成为时代风尚播布的策源地。

在这种服饰文化的氛围之下，女性在服饰的追求上更趋于华丽，她们往往不顾经济实力，竞相虚荣。时称“俗尚日奢，妇女尤甚，家才担石，已贸绮罗，积未锱铢，先营珠翠”。“富豪始以创起为奇，后以过前为丽，得之者不以为僭而以为荣，不得者不以为安而以为耻。或中人之产，营一饰而不足；或卒岁之资，制一裳而无余，遂成流风，殆不可复”。这种风气的感染性极强，从南到北都普遍存在。

按照明初规定，翡翠珠冠、龙凤服饰是唯皇后、王妃才能穿戴的，但到了晚明，富人家的女性已经毫不顾忌。更有甚者，只有皇帝才使用的龙纹，也开始出现在庶民服装上，团龙、立龙等成为世间百姓日常服装上的纹样图案。人们似乎完全违背了世俗生活中的种种禁令，追求绚丽多姿的风采。

在社会生活中，服饰最能体现人的财富、身份地位和意趣，因而能够最直接、最敏感地反映生活习俗的变化。明代中后期商贾庶民的穿着大都违反了明初朱元璋关于对他们服饰的规定。时人往往根据一个人的服饰来判断他的财富价值与社会地位，决定自己采取什么态度。商贾在拥有强大的经济实力之后，他们的违禁穿着具有多种目的:有人想炫富,有人追求时尚,有人是表示风神气度,或是冲淡弱化自己在某些方面的不足。各种动机或目的都能在服饰上得以充分展现。在政治力量对社会发展影响很大的封建时代,便出现了崛起的经济力量与政治力量相抗衡,并左右着社会的发展。拥有财富的商贾开始在服饰领域扮演重要角色。

二、饮食的铺张

运河商人一次宴会就要动用很多的人力、物力、财力,竭力搜求四方美味,不计费用地铺张浪费。

当时的富商在饮食之上是花样百出,扬州盐商吃个鸡蛋,都是用珍珠粉、人参做鸡的饲料。甚至以残酷为乐。譬如烤鸭,“以铁笼罩之,炙之以火,饮以椒浆,毛尽脱落,未死而肉已熟矣”。明末文人李渔在《闲情偶寄》中记载了当时一种吃鹅掌的方法:将活鹅投入热油锅,再丢入水池,任其挣扎,如是数次之后,鹅掌肥厚甘甜。这些方法,被土豪们“转相效尤,血海肉林,恬不为意”。

《武林旧事》卷六详细记载了一次盛大宴会的菜谱,仅菜肴就有200多种,其中鱼虾禽肉为41种,水果和蜜饯为42种,蔬菜20道,干鱼29道,另有17种饮料、19种糕饼和59种点心。

这种竞奢斗富的生活习惯不仅在商贾之间流行,也直接影响了社会民风。生活较为贫困的文人李渔,平生最爱食蟹,为吃一顿美味螃蟹,从蟹开始生长就存下买蟹钱。就是这样一位寒士,也在《闲情偶记》中对食物精致做法的记述不厌其烦。

与土豪斗富的奢靡之风相比,寒士这种对生活精致追求的情怀,有一定的积极与进步意义,使得人类的精神不因贫寒而丧失审美与情趣。

三、住所的豪华

同服饰、饮食一样,明初对百官士庶的住宅建制也有严格的限制。

明中期以后,商人建制大规模高档次的宅第已成风气,不仅仅是故地住宅，连经商侨居的住所也修建得气宇轩昂。《松江府志》记载："居必巧营曲房，栏楣台砲，点缀花石，几榻书画，竞事华侈。"他们有足够的财力来建造园林，彰显穷奢极欲。据统计，富甲天下的扬州商盐，在扬州城内建造的私家园林最盛时多达200多处。

明后期的松江府，违制建园更是蔚然成风，修建的数量十分庞大。据嘉庆《松江府志》记载，松江府所隶各县，明代的私家园林共有42处，建有园亭的私家住宅至少有20处。

明清两代富商、官宦的宅第，大多纵向称进，横向称落。从富商到民间多追求住宅的精美。大宅纵向多则九进，少则四进；横向多到七落，少则一落不等。富商大宅多与园林巧妙结合，既创造了居住建筑的产物——私家园林，又增添了民居本身的吸引力。如晚清江南富商胡雪岩的杭州故居，就是一座既富中国传统建筑特色，又颇具西方建筑风格的美轮美奂的豪宅，整个建筑占地面积10.8亩(7 200.36平方米)，建筑面积5 815平方米。从建筑材料是到室内家具的陈设，用料之考究，雕刻之精美，堪称清末中国巨商第一豪宅。

特别是明清两代苏州私家园林遍布古城内外。全盛时期，苏州有园林200余处，这些园林曾经影响了全国城市的建筑格调。私家园林建筑十分讲究，如苏州市吴江区同里镇的退思园，即是一处非常精致小巧，又充满浓郁诗情画意的私家园林。

四、出行的气派

出行时所用的交通工具以及相应的排场，也是突显其身份地位的重要方式。

明后期对骑马、乘车轿的政治规定虽然逐渐放宽，但是四品以下官员仍然不可以乘轿，而对于那些可以乘轿的人，对其外观装饰及抬轿人数又有着严格的限制。也就是说，乘轿、骑马是与身份等级是相对应的，不得僭越。然而，乘轿无论从舒适度还是诱惑力上来说，都要比骑马好很多，因此到明后期松江府乘轿之风开始下移，江南运河沿岸地区的乘轿之风一直盛行。

除了出行工具的豪华，连出行时的陪同人员也都有明显的越礼之风。

明初朝廷对出行的仪仗伞盖也有具体规定："伞盖之制，洪武元年，令庶民不得用罗绢凉伞，但许用油纸雨伞。"文武百官所用伞盖的质料、颜色等也按品级而有等差。而崇祯《松江府志》在论"俗变"时却有"舆盖之变"一条："士夫舆悉用闽制……初青绢伞，今俱用蓝色。黄伞则用金红黄色，其檐倍深，向乡衮出入所未曾有。至嫁娶，初时必先世仕族，间用一盖前导，或青或黄，随其官品。近庶民厮隶率用黄盖，以为美观矣。"这种"庶民厮隶率用黄盖"的现象，在明初是不可想象的。

清初的王应奎对晚明的风尚有一段评论："吾吴之俗，一登科第便非肩舆不行，甚者仆从如云，夸耀乡里，以为固然。而富人入钱得秩，不过公士簪褭之流，亦复出舆入辇，自同蹶痿。风气浇薄，有识掩口。"恪守传统儒家伦理的士子将社会生活中等级秩序的混乱视为世风日下、风气浇薄、道德沦丧的表现，而感叹、愤慨、讥讽、指斥，这也说明社会民俗确实发生了翻天覆地的变化。从历史的发展观来看，这种以下越上、贵贱混淆的现象对传统社会构成很大冲击，人们可以在一定程度上凭借自己的能力、财力去做一些被等级制度所禁止的事，也有一定的进步意义。

当然，这种崇尚豪华的社会风气也带来一些非常恶劣的影响：长幼有别、尊卑有序的伦理道德受到了猛烈冲击，"民间之卑胁尊，少凌长，后生侮前辈，奴婢叛家长之变态"等现象，波及了整个运河区域。平民百姓不惜以借贷方式与富者斗奢华，造成了许多的家庭悲剧。因此，这种生活状态也遭到一些人的抵制。比如，清光绪初年，在济宁开办玉堂酱园的孙氏后裔，因当地社会风气改变，商家子弟多不思进取，缺乏求知欲望。孙家受孟母三迁的启示，携家人移寓曲阜古城，于城东五马祠街东首置地建房，让子孙后代近圣人之家而居，以便于求师学贤，尊奉孔孟之道。

第三节　漕运与运河沿岸重教风气

京杭大运河将北京、南京、杭州等几大文化中心连为一体，极大促进了运河区域的文化发展，成为人才荟萃之地、文风兴盛之域，这种尚文的风气也极大影响了商人的人生价值观。

由于重视文化的熏陶与复杂的人生经历以及雄厚的经济实力，中国古代的商人大多具有深厚的儒学教育背景，具有与常人不同的“兼济天下”的社会责任感。他们在致富以后，对于侨居之地和家乡的教育事业倾注了极大的热情，给予了很大的支持。商人助教兴学的主要方式有立家塾、置族学、兴义学、捐资修建书院以及支持地方官学发展等。因此，自宋元以来，运河地区书院林立，山东地区在明代有书院50余所，清代发展到75所。运河两岸城市中，如天津、淮安等地还最先设立了专供商人子弟学习的“商学”。

运河两岸商人资助的学校很多。比如位于古徽州歙县的紫阳书院就是盐商鲍志道为首的徽商捐资兴建的。乾隆五十五年(1790年)，鲍志道等“先后请于运司转详盐院，动支运营项款银建设”紫阳书院。据载，在古紫阳书院建造过程中，仅鲍志道个人捐资就达白银3 000两。这类事例在古代相关史料中不胜枚举，因此，古代商人捐资助学的情况绝非个案。

商人重视教育的结果也引发了刻书和藏书业的大发展。宋代杭州刻书最为精良。明代南京、苏州府、淮安府的刻书业最为繁盛。清代的刻书局则以扬州、江宁、苏州、杭州等为最著名；更有常熟瞿氏“铁琴铜剑楼”、杭州丁氏“八千卷楼”、吴兴陆氏“皕宋楼”、聊城杨氏“海源阁”等四大私人藏书楼。聊城等地亦有发达的刻书业、印刷业、制笔业等。因此，运河两岸也是中国造就人才最重要的地区之一，诞生了无数对中国乃至世界文明做出重大贡献的科学家、文学家、艺术家，留下了许多不朽的文化杰作。据清代统计，经科举而获取功名的位于运河区域的江苏、浙江、安徽、直隶(包括顺天)、山东五省区最多，整个清代的会元、状元、榜眼、探花和传胪的人数，仅江苏就有184人，浙江有137人。

第四节　漕运与运河沿岸尚武风气

运河两岸尚武之道的形成有两个原因：一是护卫运河往来货船与人员的安全；二是抵御外侮的自卫要求。

京杭大运河全长近1 800千米，官家商船常年往来不断。为保证货物和人员的安全，要求护送人员必须具有超群的武功技艺，这就促使了镖行的兴盛，形成了运河沿途的尚武风气。

运河沿岸镖局林立，北京是当时镖局的中心，沧州是走镖的要道，“镖不喊沧州”成为南北镖行同遵的常规。北京顺源镖局的镖头、人称“大刀王五”的王正谊，就是沧州人。

沧州舞狮是全国唯一融入了武术元素的舞技。扮装狮奴的人一手持绣球，一手握明晃晃的钢刀，这是沧州尚武之风的见证。沧州目前依然是全国著名的武术之乡。

秀美的苏州是江东水运之城，是“千艘万舸远近毕集”之水上要地，达官贵人和贸易商帮在此广设镖局。不过苏州当地镖局多为外地人所开，集中在城内宝林寺前一带，其中最大的镖局“老聚成”为外省人杨季林开设。

山西省平遥县中国镖局博物馆记载玉永镖局由河北沧州人张德茂创立，其外祖父张景和是康熙年间著名的拳师。昌隆镖局由山西文水县孝子镇渠村人左昌德创立，镖局全盛时期有100余人，道光二十四年(1844年)受江苏巡抚所托，护送一趟绸缎类黄镖安全抵京，道光皇帝亲赏黄马褂一件、镖旗一面，一时声名鹊起。

运河沿岸尚武之风也并非完全是为了保镖所需，也有保境安民、抵御外敌入侵的原因。比如在山东鲁西运河区域，不断遭受北方民族的入侵；另外此地频发天灾人祸，人民被逼得走投无路，不少人做了绿林好汉。这种种因素造就了尚武之风的形成。明清两代，这一地区好汉辈出，民风剽悍，男女老幼皆有习武艺、善拳脚的风气，是大刀会、义和拳、红灯照的故乡。此地的尚武之风直到民国年间仍很兴盛，并涌现出赫赫有名的武林高手。如济宁人蔡桂勤，其拳术独步海内，抗战时期曾在上海数次击败外国拳手，国人士气为之大振。其子蔡云龙尽得父传，十四岁便在沪上登台打擂，降伏俄国拳手马克洛夫，一时大快人心。可见，历史上的鲁西既是孔孟之乡，又以尚武著称。经山东运河南来北往的富商巨宦，大多愿意在这些地方雇用镖师。当地最有名的镖行是窦家镖行。

从科举的角度来看鲁西南地区，尚武之风的倾向也显得十分突出。明清两代，山东运河区域共产生过 11 位状元，其中有半数为武状元，这样的文武状元之比在全国实属罕见；同时鲁西地区还产生了数量众多的武举人，这一带武举与文举的比例不仅高于山东省的平均数字，恐怕在全国也是名列前茅的。到了 21 世纪的今天，这一带遍地林立的武术学校，就是尚武之遗风。

第五节　漕运与运河沿岸其他风俗

一、嗜酒

运河两岸的酿酒业都很发达，而且历史悠久。因此，运河两岸饮酒之风盛行于社会的各个阶层：官员商贾，以酒作乐恣意享受；义士豪杰，以酒敬祭替天行道；文人雅士，把酒问月以酒会友；贩夫走卒，借酒消愁祛乏解困；闺阁妇人，饮酒消遣孤芳自赏……因南北地域之不同，饮酒之风也有明显的南北之别。北方尚武之人喜欢豪饮高度烈酒，江南人则好于诗情画意之中浅尝细品低度的女儿红、状元红一类的黄酒。

北方人的饮酒之俗有明显的“尚武”之风，运河流经之地的山东人，刚性侠义，喜喝烈性酒。此地有斗酒、劝酒之风，往往以饮酒量来表示尽兴与否，如果主客双方喝得都不多，大家都认为关系不密切。北方之地至今有“感情深、一口闷”的劝酒辞。

江南人的饮酒显示出“崇文”之风。江南士人喜欢营建一种趣味与文化并存的饮酒氛围，以此来彰显自己的个性与品位。江南人饮酒时一般要行酒令，这种饮酒游戏需要懂得一些典籍和典故，来为饮酒增添气氛，也是文人之间较量才情的一种方式。士人饮酒之后，借酒谈文论道、挥毫泼墨，这是日常生活中的一道风景。运河名城上的苏州人喜欢于慢饮细品中感受酒香，苏州人喝酒含蓄、文雅、理智，很少看到烂醉如泥的醉汉。他们要的不是“趣中酒”，而是“酒中趣”。很多人都以为苏州人酒量不大，其实苏州多有酒仙，他们或深藏不露，或以柔克刚，这都是苏州人认可的酒德。

二、饮食文化

从饮食上来看，运河船家长期穿行于水中，日常饮食的菜肴以鱼为主，烹鱼的方法各地都有独特的形式，像鱼丸、稣鱼、软兜长鱼、溜鱼片、烩滑鱼之类的美食都有明显的地域性。主食米面兼有，又以米饭为主。

三、育儿习俗

运河上的孩子在三岁以前，为了防止孩子落水，都使用一条一丈长的“红龙带”，从肩上绑成背心状的形式，拴在背后，系在船舱上。四五岁时给小孩背上带有响铃的红漆大丫葫芦，万一不慎掉入水中，便于发现、抢救。每逢年节，家长常挨船要点米或面，讨一些各色布头，为孩子做“百家饭”和“百家衣”，认为吃了“百家饭”、穿了“百家衣”的小孩儿，就意味着百家所养，能够长命百岁。小孩稍有点病，船家多为求神、许愿、“打醋摊”。病重时，小孩母亲在晚间为孩子喊魂。过年生的孩子，称“赶年子”，认为是有福之人。

四、语言禁忌

船家终年生活在水上，常遇险风恶浪的灾难，为讨吉利，船家语言多有避忌。比如因“老板”谐音“捞舨”，因此，船家称老板为“船老大”；“帆”与翻船的“翻”同音，便称“帆”为“篷”，船家启帆称为“挂篷”；鱼家把吃了半边的鱼翻转过来的时候，要说“转个向”“调个樯”

“正过来”“夹过来”；盛饭改叫“装饭”；姓陈的称为“掂不动”；中国人早期把“筷子”称为“箸”，船家最怕“船住”难行，而将“箸”改为“筷”；等等。

五、节日民俗

运河上的渔家船民世代傍河而居，他们在传统节日的沿袭上，既有陆地习俗，又有船家特点。像春节、元宵节、端午节等传统节日，处处可见运河印记，带有鲜明的运河色彩。

如船家元宵放花灯都是在船上举行的。运河之上的龙灯图案多为代表水符号的蓝色龙，并且龙头多为方形。舞龙之艺在数船相连的河面上举行，船依水流，龙随船行，船上花灯与龙姿交相辉映，别有风采。这种船家闹元宵的舞龙形式与陆地相比有所变革，内容上也有所增益。

清明节、中秋节前后，船家举行的网船会即为船上的庙会。

运河上端午节的赛龙舟，与他处也有所不同，如中华人民共和国成立前江苏淮安的运河赛龙舟活动是在端午节下午。船家先将渔船装饰成龙形，再到洪门外龙王庙烧香敬神，后驶往闸口大塘开始闹龙舟。这一赛事主要有“丢标”“抢标”和“捞标”三个环节。先是“丢标”人将活鸭、洋钱、鸭蛋壳等“标物”投入水中，让水手们下水争抢、捞摸，水手得“标”后，船上人员即举起彩旗示贺。同时得“标”水手必须到“丢标”人面前道喜，丢标人则奖赏得标人茶食、水果、衣物等。

农历七月十五中元节，运河中放河灯，是运河两岸从南到北流传至今的习俗。如山东德州，每逢中元节将至，人们用瓜皮、面碗、纸张制成灯具，并以街巷为单位，制作特大纸船。于中元之夜把灯具和纸船放入河内，顺流而下，河上顿时灯火通明，摇曳摆动，如点点繁星。河堤观灯的两岸百姓络绎不绝，场面十分壮观。滕州人在放河灯前，要先摆香案，请法师念佛经。法师一边念经，一边朝台下撒小馍馍，小孩子蜂拥而上，一抢而光，据说吃了能消灾。

六、地方特色节

除传统节庆外，运河地区的人们尚有因与运河密切相关之漕运的兴起而产生的一些娱乐活动，如北京通州“开漕节”。每年阳春，漕运伊始，官府都会举行隆重的开漕节。据史载，开漕节定在农历四月十五，由京城负责漕运的官员主持，通州的地方官和通州北关码头的主事人都要聚集在北门外运河码头边参与其事。是时，数以百计的官商船只从南方驶来，依次列队，绵延数十里停泊在码头上，十分壮观；运河两岸则是人山人海，异常热闹。仪式开始时，先点燃挂在岸边脚手架上的鞭炮“万头鞭”，鞭炮响后，开始“起会”。“起会”即花会表演，有高跷（分文跷、武跷）、开路狮子、花钹大鼓、中幡（分红、黄、绿）、旱船、竹马等，自北门外码头始，沿运河西岸往南至小圣庙止，在河神庙进完香，整个仪式结束。

开漕节原为由官府主持下的颇为严肃的祭祀河神的仪式，然而随着时间推移，却逐渐发展成为运河人家的民间娱乐节日。

这种习俗代代相传，绵延不绝，既保留了运河沿岸纯朴的原生态文化风貌，又展示了渔民船民水信仰的独特传统文化和深厚的民俗内涵。

南北运河在生活习俗上有和陆地农耕文明相同的地方，也有明显的水域文化特点。

第八章　漕运与运河区域文学发展和繁荣

尽管隋朝国祚只有30多年，但是对中国历史却产生过重要而深远的影响。隋炀帝开凿的京杭大运河，与当时社会各阶层人们的生活密切相关。在唐宋之后，运河一直与中国的经济与政治中心紧密相连，并进一步成为整个国家的交通大动脉，在现实社会中发挥着重要的作用。在这种社会政治经济氛围之中，运河两岸也迎来了文学的大发展。

隋朝之后，中国文学发展史上诗词创作进入高峰期，元明清时期的小说、戏曲的创作也进入收获期。受运河的开凿与通航影响，运河沿岸的诗歌、小说、戏曲三大文学艺术形式的发展取得了影响深远的巨大成就。

第一节　漕运兴盛背景下的运河与诗歌

现在仅就围绕运河本身创作的诗歌来谈些个人的看法。这些诗歌内容丰富多彩，艺术成就很高，有的诗篇流传至今而不衰，成为千古名作。

一、咏史诗

所谓咏史诗，就是咏叹古人古事以明诗人胸怀的诗歌。咏史诗发端于秦汉，成熟于唐代。诗人以历史客体抒写主体情志，多借国家兴亡寄托个人胸襟抱负，可谓借题发挥，咏古讽今，以诗明志。而隋炀帝身死国亡正与运河有一定关联，所以很容易成为咏史诗创作的一种客体。直接以“运河”命名、历数隋炀帝开凿运河罪过的诗就不在少数。

河南境内的汴河西通河洛，南达江淮，南方的物资和商旅从水路到洛阳和长安都要经过此河，成为当时大运河中最主要的河段。因此，诗人便“以偏概全”，将“汴河”视为整条运河，纳入了他们诗歌创作的一个意象。

据统计，《全唐诗》中有 31 首诗有汴河、汴水的意象，也有直接以“汴河”为题目的。如李益的《汴河曲》：“汴水东流无限春，隋家宫阙已成尘。行人莫上长堤望，风起杨花愁杀人。”诗歌以见证隋亡历史的汴河起兴，直斥大运河“耗尽民脂民膏”，吊古伤今，反映了历史的沧桑。

晚唐时，王朝走向衰败，出现了 16 首吟咏“汴（隋）堤柳”的诗歌。诗人通过对历史遗迹的叙述来记录历史事件，以对历史人物的品评来表达自己对现实社会的关注，以对历史人物的反思和人生的感悟来抒写胸襟抱负。“汴河”及“汴堤柳”的意象便因之而出现在这一时期的咏史诗中。

较早出现的是白居易的《隋堤柳》（因篇幅较长而不能全部引用）。这首诗完全否定隋炀帝开凿运河的举措，认为他的目的就是“南幸江都恣佚游”，因此才导致“海内财力此时竭”“上荒下困势不久”，最终落得个丧身亡国于江都（扬州）。

张祜的《隋堤怀古》说：“隋季穷兵复浚川，自为猛虎可周旋。锦帆东去不归日，汴水西来无尽年。本欲山河传百二，谁知钟鼎已三千。那堪重问江都事，回望空悲绿树烟。”这首诗也是否定倾尽一国之财力、人力开凿大运河，把隋亡的原因直接归结为隋炀帝开凿运河之事。

许浑的《汴河亭》云：“广陵花盛帝东游，先劈昆仑一派流。百二禁兵辞象阙，三千宫女下龙舟。凝云鼓震星辰动，拂浪旗开日月浮。四海义师归有道，迷楼还似景阳楼。”这首凭吊古迹的七律，前三联追忆隋炀帝游幸江都时的豪奢盛况；尾联以义师蜂起、天下归唐、隋炀帝的“迷楼”恰如陈后主的“景阳楼”作结，在鞭挞亡国之君的叙述中，委婉讽喻了晚唐政治腐败、统治者生活奢靡的社会现实。

李商隐的《隋宫》云:“紫泉宫殿锁烟霞,欲取芜城作帝家。玉玺不缘归日角,锦帆应是到天涯。于今腐草无萤火,终古垂杨有暮鸦。地下若逢陈后主,岂宜重问后庭花。”这首诗虽是歌咏隋宫,实是借陈后主的故事,讽刺隋炀帝荒淫亡国的行为,以告诫晚唐的那些荒淫腐朽、醉生梦死的统治者。

咏史诗还有杜牧的《汴河怀古》,汪遵、罗隐的同题诗歌《汴河》,胡曾的《汴水》等。这些作品及以上诗作的内容大致相同,在此不一一列举。

在咏史诗中,也有很多对开凿运河客观描述,乃至肯定的作品。

随着运河对唐人生活的影响越来越重要,人们对运河的开凿认识也越来越客观,诗人也愈来愈能辩证地对此进行思考。如皮日休的《汴河怀古・其二》:“尽道隋亡为此河,至今千里赖通波。若无水殿龙舟事,共禹论功不较多。”这首诗大力赞颂隋炀帝的开河之功。认为人们所说隋亡就是因为开凿了这条汴河(运河),但实际上运河的开通极大地改善了南北交通,由此也加强了整个国家经济的联系与政治的统一。如不是隋炀帝搞“水殿龙舟”的奢靡与荒唐,仅就开通运河而言,他的功绩并不在大禹之下。这种是一分为二的观点:汴河(运河)开凿没有错,放荡荒淫才是罪。

晚唐李敬方的《汴河直进船》一诗,更为别致地讨论了运河开通的是非功过:“汴水通淮利最多,生人为害亦相和。东南四十三州地,取尽脂膏是此河。”作者认为汴河(运河)开通对经济社会的发展带来很多利益和机遇,但也存在明显弊端:对朝廷是利,对百姓有害——东南地区的“民脂民膏”都是通过这条河被搜刮走的。这一类的诗对运河功过利弊的分析更加辩证,基本接近今人的观点。

咏史诗的创作一直延续到五代至北宋。如五代时期朱存的《金陵览古・直渎》:“昼役人功夜鬼功,阳开阴阖几时终。不闻掷土江中语,争得盈流一水通。”再如宋人易士达的《汴水》:“千里通渠竟达河,万民力役怨声多。锦帆不送龙舟返,并覆亡隋入巨波。”这类作品基本上沿袭的还是唐风,大多也是对隋炀帝开凿运河进行的否定与批判，甚至只讲非不说是，没有一些新的认识与见解。

除了对运河开通的批判与赞颂的咏史诗之外，宋人还有一种政论诗歌，曾讨论过是否继续漕运或是禁止漕运。由于这些诗歌数量庞大，不再一一列举。

二、抒情诗

中原地区以洛阳、开封为交通枢纽的运河水系，连接了唐宋时期的政治和经济中心，并辐射到更遥远的地域，和当时人们的日常生活产生了紧密联系。从某种意义上说，运河是唐宋时期的一条生命之河，它不断展示着时人为生计、为前程、为理想而奔波和奋斗的心理脉动。人们的仕宦、游历、商贸等活动都离不开这条水系。唐宋时代，人们在出行时哪怕多绕路，也要选择这条既是天成又是人工的河流。运河之舟上有荣归故里的官员，有思乡的游子，更有哀怨失意的迁客骚人。他们面对大运河，往往思绪万千，触景生情，诗兴大发，以自己的诗作表达行进在运河之上的情怀与心绪。这就产生了大量的抒情诗。

盛唐诗人崔颢，今开封人氏，少时离乡去往长安参加科举考试，中进士后有 20 年各地漫游的经历。他于回乡之时写有一首乡愁诗《晚入汴水》："昨晚南行楚，今朝北溯河。客愁能几日？乡路渐无多。晴景摇津树，春风起棹歌。长淮亦已尽，宁复畏潮波。"离乡越来越近，诗人的情绪变得欢快起来，漫长的淮水似乎也要走到尽头，起伏的波涛也让旅人不再感到畏惧。

运河不仅送回了归乡的游子，还留有迁客的惆怅。如王安石的《汴水》："汴水无情日夜流，不肯为我少淹留。相逢故人昨夜去，不知今日到何州。州州人物不相似，处处蝉鸣令客愁。可怜南北意不就，二十起家今白头。"相同主题的还有欧阳修的《自河北贬滁州初入汴河闻雁》："阳城淀里新来雁，趁伴南飞逐越船。野岸柳黄霜正白，五更惊破客愁眠。"这些诗歌都反映了迁客的孤寂失意。

数百年来，不计其数的人从这条河上漂过，其中许多人应是多次往返。无论是中唐的白居易，晚唐的杜牧，还是宋代的王安石，他们往往会有相似的感觉，那就是“客愁”和“孤独”。这种客愁是离开亲友、离开熟悉的人事环境的异乡之愁，是居无定所的漂泊不安之愁，是孤独失意之愁。

总之，这是无数中国人只要离开家乡、离开熟悉的环境，都可能会涌动出的一种心情。这类诗词在唐宋两代蔚为大观，此处不赘述。

三、《全唐诗》与扬州城

运河岸边的扬州与诗有着不解之缘。除有大量吟咏扬州的诗歌外，更是唐诗总集《全唐诗》的刊刻之地。在这部总集的编纂刊刻与出版史上，最重要的就是康熙年间扬州诗局刊印的清编《全唐诗》。这部大型总集虽因成书仓促，有诸多粗陋之处，却是300年来研究唐诗最为权威的版本。

时任两淮漕盐监察御史曹寅承刻钦颁《全唐诗》。他组织了一批江浙籍的翰林学士彭定求、沈三曾、杨中讷、汪士鋐、汪绎、俞梅、徐树本、车鼎晋、潘从律、查嗣瑮等负责编校，于康熙四十四年(1705年)五月初一日，在扬州八大古刹之首的天宁禅寺开局。康熙帝曾于南巡时驾临于此，对此寺非常看好。天宁禅寺寺宇宏阔，便于大规模开展编校刻印工作。

扬州诗局是清初官刻机构，所刻之《全唐诗》声名卓著，秀雅精美，书成献给康熙帝时，帝亲为朱批“刻的书甚好”。这部总集为清刻代表性作品，素有“康版”之誉。

“康版”《全唐诗》所依据的校刊底本是清代著名的藏书家季振宜整理的《唐诗》稿本。季振宜是泰兴县季家市人，今属靖江市季市镇，当时属扬州府治。

《全唐诗》收录了唐代158位诗人吟咏扬州的435首诗歌。其中有10位是扬州本土诗人：来济、上官仪、上官婉儿、李邕、张若虚、邢巨、灵一、朱昼、王播、王起。诗名与贺知章、张旭、包融并重，被称为“吴中四士”的张若虚所作之《春江花月夜》，更堪称唐诗中的冠顶明珠。

扬州城，见证了中国诗歌史上创作与刊刻最为辉煌的时代。运河水也化作唐宋诗篇，长相厮守在古城身边。

第二节　漕运兴盛背景下的运河与小说

一、运河与中国的四大名著

运河的贯通与漕运还促进了小说创作的极度繁荣。无论是创作还是出版、评论及后续影响，都有着突出的运河元素。从中国小说四大名著来看，其作者及其作品内容，都与运河流域有着千丝万缕的联系。有学者认为这种观点太过牵强，但不全为无稽之谈。

1. 运河与《水浒传》

《水浒传》成书历经数百年，宋元至明清，水浒故事一直在运河沿岸的民间广为流传，民间艺人对其进行了多方面的整理加工。因此，全书带有浓郁的北宋运河文化以及沿岸的风土人情。水浒与运河的渊源主要表现在以下几点：

(1) 水浒英雄主要活动与故事流传地大都在运河沿岸。好汉们集聚的山东水泊梁山，正是大运河所经之地。《水浒传》中的战役，如打祝家庄，打高唐州，打青州，打华州，打曾头市，打大名府，以及芒砀山降魔等故事都发生在梁山附近的村镇、县、州、府内。宋江奉诏率梁山人马征讨方腊，其行军路线基本也是沿汴河下淮扬运河，然后沿运河南下，依次攻城，克润州，入杭州，都在大运河沿线地区。正因为水浒故事在这一带流传甚广，这里还有大量的“水浒戏”演出。王志民先生曾对山东与水浒故事的渊源进行了论述：“宋江、李逵等好汉在山东梁山泊啸聚，于是许多有关水浒的杂剧，便以东平为背景；曾经在东平生活的作家，也写了众多的水浒剧目，东平便成了杂剧水浒戏的发祥地。”

(2)《水浒传》中的英雄其生死都与运河有关。梁山好汉有很多是运河两岸人，一百零八将中仅山东人就有38位，占35%；其主要头领晁盖、宋江、吴用都是山东郓城人。三十六天罡星中有12人与运河起始地杭州有关，其中11人死于杭州，占了三分之一；七十二地煞星中有10人死于杭州。可以说，水浒人物的结局基本上都是在杭州完成的。如鲁智深、武松在杭州六和寺出家为僧；林冲风瘫，又不能痊，就留在六和寺中；张横、穆弘、朱富等六人也死于杭州；浪里白条张顺死于杭州涌金门……总之，《水浒传》里的人物大都与大运河有着生死相依的关系，他们的故事也大都在此地域演绎和流传。

(3) 水浒语言多来自运河沿岸的方言。从《水浒传》中的土语就可感受到两者之间的渊源。该书中的方言土语大多出自运河沿岸的鲁西南一带。在第二十一回，宋江对阎婆惜说："端的忙些个，明日准来"，"端的"即"真的"，"准来"即"一定来"，是标准的郓城一带方言。再如唐牛儿所说："我正没钱使，喉急了。""喉急了"即"急得很"或"逼急了"，是生活窘迫的意思。还有像那婆子"张家长，李家短，说白道绿"，以及"口里七十三、八十四，只顾嘈"等等，都是纯粹的鲁西南方言。可以说，《水浒传》中的土语方言大都来自运河两岸。这里不再一一举例。

(4) 施耐庵写《水浒传》的主要时间、地点都在运河沿岸。施耐庵曾在钱塘(今杭州)为官三年，因不适应官场的恶劣环境，不愿逢迎权贵而弃官回乡。这段在杭州为官的经历为他创作《水浒传》打下了坚实的基础。

杭州是运河上的名城，曾是南宋都城。自南宋始，大量的水浒故事便在这里流传，大量的水浒戏也在这里演出，杭州的方言、民俗、地理、建筑等，都为他创作《水浒传》打下了坚实的基础，积累了重要素材，丰富了创作元素。

江苏淮安是施耐庵生活的又一个重要地方。施耐庵曾参加过元末农民军起义，做过张士诚的幕僚，大部分时间都在运河的长江两岸一带活动。后因不满张士诚的所作所为而绝意仕途，浪迹江湖。先教馆于江阴，再避隐于淮安，住在城内友人家中。在淮安隐居期间，他开始把民间流传的水浒故事加以整理、演绎、加工，创作出了旷世奇书《水浒传》，使之成为中国文学史上一部伟大的小说。书成未久，明洪武三年(1370 年)，享年 74 岁的施耐庵病故于淮安。

《水浒传》的版本非常复杂，通行本有七十回本、一百回本、一百二十回本。另有一百一十四回本、一百一十回本、一百二十四回本、七十一回本等稀有版本。今存百回本的最早版本，是明代万历末年杭州容与堂刻本(今藏北京图书馆)。中华人民共和国成立后出版的《水浒传》，即根据容与堂刻本进行了句读排印出版，初版于 1975 年，1983 年重印时删去了初版前言，订正了若干初版排校错误。从一百回本的版刻来看，杭州是此书流传版本形成与刊刻的重地。可以说《水浒传》是一部典型的“运河小说”。

2. 运河与《三国演义》

首先，《三国演义》的作者与运河有着密不可分的关系。《三国演义》作者罗贯中的籍贯有两种说法，一说是太原人，一说是杭州人。明《录鬼簿续编》中说：“罗贯中，太原人，号湖海散人。”明代郎瑛则云：“《三国》《宋江》二书，乃杭人罗本贯中所编。”明代王元翰亦云：“《水浒传》，罗贯著。贯字本中，杭州人。”而学界较为一致的观点是：罗贯中是太原人，但长期生活在运河城市杭州。

罗贯中幼读诸子百家。父亲是山西太原商人，罗贯中成人后随父亲在苏州、杭州一带学做丝绸生意。但他对经商不感兴趣，曾沿浙东运河到慈溪随学者赵宝丰学习，后又回到杭州。元末，天下大乱，胸有文韬武略、“有志图王”的罗贯中，于 1356 年投奔农民义军首领张士诚做幕僚，在此认识了施耐庵并拜其为师。施耐庵死于淮安，葬于淮安，而后迁柩南去。施耐庵去世后，是罗贯中在淮安完成了《水浒传》的最后修订；明洪武初年，罗贯中在淮安又完成了《三国演义》的创作。

在现有文献中，《三国演义》和《水浒传》作者的生平资料甚少，各种文献的记述还有一定的差异，但施耐庵、罗贯中在淮安写作并完成这两大名著却是公认的史实。

其次，运河人提高了《三国演义》的质量。《三国演义》在明清时期极受士大夫和普通老百姓欢迎，以刊刻小说为生的书坊主看到了商机，认为有利可图，便大量刊刻。为了提高书坊所刊刻《三国演义》的知名度和影响力，各书坊主高薪聘请当时闻名全国的文化界巨人——运河沿岸的金圣叹、李渔、李贽等大家来为《三国演义》作序，借此抬高《三国演义》在本书坊刊刻的身价。这也是明清时期刊刻界的一种惯例。

《三国演义》的版本比《水浒传》还要复杂。最早的刊刻本是明嘉靖壬午本，全书分为二十四卷，每卷十则，共二百四十则，单句回目，这是最接近于罗贯中原稿面貌的版本。而300多年来，通行本的《三国演义》都是双句回目，一百二十回本。这个一百二十回本是清初毛纶、毛宗岗父子的评本（毛纶后来双目失明，主要工作由毛宗岗完成），后世称为"毛评本"或"毛批本"。毛宗岗父子是长洲（今苏州）人，毛宗岗生于明崇祯五年（1632年），卒年大致推定在1709年以后。

《三国演义》虽然还有其他的一些评点本，但传世的不多，最有价值的就是这部完成于清康熙十八年（1679年）的毛评本，著名评论家李渔为其题序。李渔是浙江兰溪人，初寄寓杭州，又迁居金陵。他高度评价罗氏原著"文不甚深，言不甚俗"的写作风格，同时，对毛氏父子"布其锦心，出其绣口"的整理和点评大加赞赏。

毛评本具有较高的艺术价值。它有很多透辟的见解、细腻的分析、精彩的评论，对中国的文学批评做出了巨大的、不可磨灭的贡献。毛氏父子和他们的前辈金圣叹（苏州人）、后辈脂砚斋一样，在中国小说批评史上占据着难以替代、不可动摇的地位。

毛评本的刊刻与发行，在《三国演义》的传播史与接受史上具有重大意义。著名学者郑振铎先生说："自毛本行，罗本原本便也废弃，而不为人所知。"毛评本《三国演义》不仅在情节上有所增删，还整顿回目，修正文辞，改换诗文。与原著比较，尊刘抑曹的正统观念和天命思想有了明显的加强。毛本一出，罗贯中的《三国演义》原貌尽失。

毛评本的刊刻还使版本得以固定下来，中华人民共和国成立后的第一个排印本就是毛评本，王扶林导演的电视连续剧所依据的底本也是该本。

再次，运河区域的繁荣推动了《三国演义》的传播与普及。毛评本问世后，立即成为风靡大江南北的畅销书。但《三国演义》既是文化产品，也是商业产品，其发行销售必须有便捷的运输、庞大的读者群体、一定的购买能力，漕运的兴盛促进运河流域城镇的发展，促进运河两岸很多城镇的经济繁荣，也推动运河流域文化发展，所以毛评本《三国演义》刊刻后，很快便在运河流域广泛流传，影响深远。

除了请大家对《三国演义》做点评外，各地书坊主为了提高《三国演义》的销售量，还想尽其他办法吸引读者。比如，他们千方百计为提高小说插图的艺术创作水平，还不惜重金引进当时刚兴起的先进印刷设备来印刷，使插图色泽鲜艳，有明显的立体感，更具审美价值，大大增强了观赏性。

3. 运河与《西游记》

明清时期运河的咽喉要道淮安，是《西游记》的作者吴承恩的故乡。他曾住在淮安河下镇打铜巷。淮安，是位于大运河中段的历史文化古城，地处淮河南岸，历来为兵家必争之地和南北交通要道。在吴承恩生活的明代，淮安为江北一带的政治、经济、军事、文化中心。当时淮安城内庵、观、寺、庙很多，有的供佛，有的奉道，有的祭水神，有的祀灵怪，名目繁多。特别是明中期以后，佛道大兴，修建了大批的庙宇。据说仅城内从土地祠到东岳庙一条街上就有十多座寺庙。吴承恩就生长在这样浓郁的宗教环境之中，耳濡目染，获得了大量佛道故事，逐步领悟了儒释道三教合一的思想，为他后来创作《西游记》打下了思想基础。

少年时代的吴承恩，喜欢听老人们讲述淮河水神和僧伽大圣的故事。淮安地处淮河下游，淮河水神传说中有一只名叫无支祈的神猴力大无比，因为在淮河兴风作浪，阻挠大禹治水，被大禹压在洪泽（今淮安境内）龟山下。根据鲁迅先生的考证，神猴无支祈正是《西游记》中孙悟空的原型。至今，洪泽仍有支祈井等遗迹。吴承恩将这些素材以及神魔故事、淮安地方传说糅合起来，创作了百回本《西游记》。

吴承恩开始创作《西游记》时，一直居住在淮安。书中有较为明显的淮安地名、方言等地域元素。如第六十六回，唐僧师徒途经小雷音寺被黄眉怪捉住。孙悟空从金铙中逃脱后，请来二十八宿、武当山荡魔天尊的龟蛇二将以及五大神龙相助，但均被妖怪战败。于是，孙悟空又到“南赡部洲盱眙山蠙城”请高人相助。蠙城，即今泗州。盱眙、泗州，时属淮安治下。书中甚至具体写到了第一山、八仙台、玻璃泉等淮安的当地景点。

《西游记》的语言，特别是方言，很多都来自淮安。如第五十三回写猪八戒饮子母河水后，“……用手摸时，似有血团肉块，不住的骨冗骨冗乱动……”。“骨冗骨冗”就是淮安方言蠕动、向前拱的意思。第四十六回中，讲到唐僧坐禅，受到鹿力大仙暗算时，“……他缩着头，就着衣襟擦痒……”。“擦痒”就是淮安挠痒的方言。第五十四回中，讲到猪八戒狂吃之时，“……那八戒哪管好歹……一骨辣噇了个罄尽……”。这一句是“一口气吃了个干干净净”的意思。

吴承恩是位通才，他从小便在家乡接受了文学与儒释道精神的滋养，将神魔志怪小说的创作推向高峰，并将淮安的历史传闻、地方掌故，融入到《西游记》的故事情节当中，使全书具有鲜明的淮安地方特色。

4. 运河与《红楼梦》

《红楼梦》与大运河的关系更加密切。可以说作者曹雪芹就是运河之子。曹雪芹的曾祖、祖父、父辈三代有四人相继担任江宁织造或苏州织造达65年之久，曹氏家族与大运河有着说不尽的渊源，大运河见证了这个华丽家族的荣辱兴衰。

《红楼梦》所写主要是作者在南、北两京以及运河名城苏州、扬州等地的经历见闻，书中有很多姑苏城的民俗、人文、语言等运河元素。全书自运河而起，至运河而终。从某种意义上说，是大运河成就了《红楼梦》。

《红楼梦》开篇所写甄士隐一段小荣枯的故事，就发生在“地陷东南”之际的苏州阊门外，阊门正是位于大运河畔的一个重要码头。

姑苏女子林黛玉之母于第二回“仙逝扬州城”，有红学家考证，第三回写林黛玉遵外祖母之命“抛父进京都”，是由贾雨村陪同从扬州启程，沿着大运河到达目的地后，“弃舟登岸”进入贾府。第十四回，黛玉的父“林如海捐馆扬州城”。黛玉的父母都是在运河之畔而亡的，黛玉死后的灵柩也是沿运河送回姑苏故里的。

《红楼梦》全书结束于宝玉“中乡魁”之后的“却尘缘”，月黑风高的雪夜，光头赤脚的宝玉身穿一件大红猩猩毡斗篷，在船上拜别父亲贾政，其地点就在常州老西门古运河北岸的毗陵驿。宝玉在常州向父亲道别，离常州不远的苏州城就有他生死相系的林妹妹。此时的林妹妹已魂归故里，完成了她在人世的“还泪”之行。如果按“真事隐去，假语存焉”的写作模式，是否也暗示了宝哥哥是去苏州祭望林妹妹的？

二、运河与明清市井小说

由于漕运兴盛推动运河两岸的经济繁荣，交通便利，商贸物流业发达，生活相对富裕，故人们趋之若鹜，非常向往。所以明清时期的小说，除了英雄战歌（如水浒、三国、西游等）之外，其题材也观照到商人生活及其他社会基层的小人物。作家们开始乐意与商人、名工巧匠、出色艺人等交游，许多文人还以此为荣。反映这一领域现实生活的作品被称之为市井小说。这种题材的代表作，短篇小说就是冯梦龙的“三言”（《喻世明言》《警世通言》和《醒世恒言》）与凌濛初“二拍”(《初刻拍案惊奇》和《二刻拍案惊奇》)。这两部书的编撰者长期生活在运河沿岸的城市，十分熟悉市井生活。

冯梦龙，籍贯在紧靠京杭大运河的长洲(今苏州)，此地明代隶属苏州府，是一个工商业极为发达的地区。作为一个屡屡失利于科场、长期生活在社会下层(主要是市民中)的文人，他充分接触并且熟悉当时的商人生活。因此，他的“三言”虽主要是对一些宋元话本的再加工，但已非简单改编，而是融合了时代文化、经济、政治以及审美观念和价值取向的再创造。“三言”120篇小说中，写到商人生活和以商人为主人公的有50多篇。这些作品在一定程度上反映了明中后期城市商业的繁荣，以及城市市民阶层的意识形态和价值观念，有些甚至具体写到一个商人的发家史和经营的全过程。

凌濛初，籍贯乌程(今浙江湖州)，亦属于运河流域苏杭经济圈范围之内。他本人还有长期在苏州与南京的生活经历。更重要的是，从其父起，凌家就经营出版业，是一个亦商亦宦的家庭。因此，商人题材在其作品“二拍”中占的比重超过了“三言”。凌濛初对当时社会的观察是“以商贾为第一等生业，科第反在次着”。“二拍”写了80个故事，其中40多个故事都发生在运河沿岸城市(主要是杭州、苏州、常州、镇江，以及南京、松江府等地)。

反映市井生活的长篇小说代表作是《金瓶梅》。这部书展现了西门庆由发迹到暴亡的全过程，既反映了当时繁荣的商业状况，又展现了西门庆的商业发达史以及具体的商业经营信息。作者把书中故事放在以临清为主的运河岸边的城市中而展开。临清，位于山东西北部，居会通河与卫河交界处，交通极为便利，是当时运河南北水路上的一大重镇，时称“临清码头甲天下”。

三、运河与明清小说的刊刻

运河沿岸城市印刷业的发达和民间书坊业的兴盛，也是对明清小说的繁荣推波助澜的重要动力之一。大量民间日常生活中所需要的通俗作品的刊刻印行，有赖于这一带的民间书坊。

明清两代，民间书坊主要集中在运河流域，运河的起点杭州与终点北京始终是民间书坊的集中地，沿岸的苏州、扬州以及离运河不远的南京更是民间书坊聚集的地方。这一交通大动脉上的刻书业十分繁荣，因此，能够刻印大量的通俗畅销小说。

明代嘉靖、万历两朝，南京成为大量刻印刊行小说、戏曲和彩色套印的中心。一些著名的书坊，如富春堂、文林阁、广庆堂、世德堂、继志斋、万卷楼、长春堂、汇锦堂等，全都以刻印杂剧、传奇、小说相标榜。

清代道光以后，北京著名的书坊也多了起来，如老二酉堂、聚珍堂、文宝堂、泰山堂、文锦斋等，都刻印了大量精美的明清小说。

清后期东昌府最大书坊书业德，刻印的一大门类就是被称为“闲书”的小说类，该书坊还专门设有“小说版库”。在其 1 000 多种书版中，仅小说类书版就有 200 余种，占其所拥有书版的五分之一。一些著名小说的出版，和书坊有着很深的渊源。“三言”一经出版，苏州、南京地区的书商就竞相传刻，广泛印行，导致“三言”在当时就有多种版本。而从凌濛初为《初刻拍案惊奇》所写的序中可以看出，“二拍”更是直接应书商的邀请而创作的。

综之，大运河在通俗小说的刊刻与传播上起到了举足轻重的作用，运河城市的书坊业与通俗小说的发展，繁荣了商品经济，壮大了市民阶层。同时，大运河便利的水陆运输与广阔的市场等得天独厚的条件，也保证了其沿岸城市的书坊业在市场竞争中能够立于不败之地。

第三节　漕运兴盛背景下的运河与戏曲

中国戏曲发展向来有“立足本地，走出家门”之传统。一种戏曲形式如有能力走出本地，就有可能获得更大发展空间与发展机遇，甚至会成为在全国有影响的剧种。问题是戏曲要“走出家门”向哪里走，走向哪里。笔者认为戏曲发展有三个重要的戏剧艺术的外部因素:一是经济的繁荣;二是便利的交通;三是城镇的形成。自宋元始戏曲流动就有“商路即戏路”“水路即戏路”之说。而运河两岸正具备这些条件和要求。这里有较为集中、富庶的城镇百姓,对戏曲文化有旺盛的需求,这为戏曲繁荣提供了必要的物质基础;戏班在一个城镇演出后,即可乘船赶到另一个城镇,便利的交通成为戏班“跑码头”的最佳选择。因此,运河对于中国戏曲发展的贡献也是突出的。

一、运河促进了元杂剧南迁的繁荣

元杂剧兴起于北方,繁盛于以大都为主的中原城市。但由于运河两岸交通便利、经济繁荣,元统一后,北方杂剧作家纷纷漫游或迁居南方,很多南方籍的文人也纷纷投身杂剧的创作。元大德前,主要著名剧作家和作品都出自北方,而大德后的主要作家和作品都出自南方。杂剧南迁后,虽然作家阵容、作品数量明显不如前期,但作家群体、创作倾向、思想艺术、演出形式、观众群体等方面开始具有新的时代意义和地域特色,显示了杂剧艺术发展的新方向。同时,大批杂剧演员、音韵、格律及戏曲理论著作的出现,进一步提高了杂剧的质量和地位。在杂剧与南戏并行流播的杭州,二者不断交流融合,孕育了中国古典戏曲新的动向。

脱胎于北方中原文化环境中的元杂剧,能够迅速在江南的杭州落地生根,达到了“一时靡然向风”的局面,有诸多政治、经济、文化、地理等方面的客观原因。

首先,南宋虽偏安一隅,但南方原有富庶的自然条件并未受到破坏,其经济仍有一定程度的发展。元统一后,以运河的源头杭州为中心的江浙行省还是全国经济、文化水平最高的地区。这为杂剧的南迁提供了有利的外部环境。

其次,出于杂剧自身发展的内在要求。元统一全国后,随着经济的恢复与好转,人口的相对集中,元杂剧的演出与创作开始走向商业化、市场化。因此,寻找市场和适宜生存的环境就成为其内在要求。

元统一后，长江南北的运河两岸以其富庶的经济、繁荣的文化、宜人的景色以及沟通南北水路交通的运河之便利，吸引了大量北方人南下。元初的元曲四大家“关马郑白”等剧作家及很多著名杂剧演员随即漫游至苏杭地区。这些南下的作家、演员与当地的作家、演员的交流、融汇，很快促进了杂剧在南方的繁荣。正如王国维在《宋元戏曲史》中指出的那样：“元初除大都外，此（“此”指今浙江省温州市辖县平阳）为文化最盛之地，宜杂剧家之多也。至中叶以后，则剧家悉为杭州人。中如宫天挺、郑光祖、曾瑞、乔吉、秦简夫、钟嗣成等，虽为北籍，亦均久居浙江。盖杂剧之根本地，已移而至南方，岂非以南宋旧都、文化颇盛之故欤。”

二、运河与戏曲花雅之争的融合

明清时期有多家戏班沿运河“跑码头”。有资料显示，仅苏州就有上千家剧社，剧种包括昆山腔、弋阳腔、海盐腔、余姚腔四大声腔，“南昆、北弋、东柳（柳子戏）、西梆”俱全。众多剧种在一地演出虽然会有矛盾、碰撞，但相互也有借鉴、吸收。因此，运河沿岸的城市就成了当时各种剧种相互交流学习、交汇融合之地，促进了戏曲艺术的“百花齐放”。

在京剧没有形成以前，清廷首推称之为“雅戏”的昆曲。昆曲是源于江苏昆山的剧种。其雅致优美、婉转清柔、极具南国之风的昆腔，深得清代帝妃和王公大臣的喜爱。而昆曲之外所有的戏曲都被贬称为“花戏”，或称“花部”，极受轻视与排挤。朝廷垄断、官府推崇昆曲，但普通百姓则对秦腔等地方戏热爱不已。这就是中国戏曲史上有名的“花部”与“雅部”之争，简称花雅之争。

朝廷全力支持昆曲，乾隆五十年（1785 年）颁布禁戏令：“嗣后城外戏班，除昆弋两腔仍听其演唱外，其秦腔戏班，着步军统领五城出示禁止。现在本班戏子，概令改归昆弋两腔。如不愿者，听其另谋生理。倘于怙恶不遵者，交该衙门查拿惩治，递解回籍。”开始以法律的形式禁演秦腔。

嘉庆三年(1798年)、嘉庆四年(1799年),又两次颁旨重申了上述禁令:“近日倡有乱弹、梆子、弦索、秦腔等戏,声音既属淫靡,其所扮演者,非侠邪媟亵,即怪诞悖乱之事,于风俗人心殊有关系。此等腔调,虽起自秦、皖,而各处辗转流传竞相仿效。即苏州、扬州向习昆腔,近有厌旧喜新,皆以乱弹等腔为新奇可喜,转将素习昆腔抛弃。流风日下,不可不严行禁止。嗣后除昆弋两腔仍照旧准其演唱,其外乱弹、梆子、弦索、秦腔等戏,概不准再行唱演。所有京城地方,着交和珅严查饬禁,并着传谕江苏、安徽巡抚、苏州织造、两淮盐政一体严行查禁。如再有仍前唱演者,惟该巡抚、盐政、织造是问。钦此。”这份圣旨已将花雅之争上升到政治的高度了。钦命的高雅艺术受到了起自民间通俗艺术的挑战,统治者绝不能容忍这种不守“规矩”的舞台艺术兴盛与传播,甚至不惜动用王权来干预。

但是禁戏令颁布几年以后,朝野上下发现很难彻底禁止。其中一些著名的戏班,为迎合观众,不顾禁令,或移花接木,或改头换面,朝廷的禁令还在,却在社会上没有产生多大的约束力,特别是在运河流域的长江两岸已形成了昆曲、皮黄、梆子三足鼎立的局面。到清代中叶,“花部”已十分繁盛。

千万不要小看当时的花雅之争。这是一场戏曲“革命”,但是“革命”的发源地却不在北京,而是在运河岸边的苏州、扬州,并由南向北推进。至此可以说,中国南北剧种、花部雅部艺术是在运河区域完成融合性发展的。戏曲艺术由朝廷、官府垄断,最终走向民间百姓家,官民共同分享其艺术之美,这是历史的进步!

三、运河与戏曲作家

运河戏曲的发展与繁荣得力于两岸出现的大批知名剧作家。运河两岸戏曲大家很多,这里只说最著名的。

元初杂剧四大家的关汉卿、王实甫、马致远都是运河终点的大都(今北京)人。

白朴虽祖籍山西后迁真定(今河北正定),但他漂流大江南北15年之久,55岁时定居金陵(今南京),也与运河相联系。元代后期的杂剧大家秦简夫,大都人,后流寓杭州。

到明代中期,昆山派的首领、《浣纱记》的作者梁辰鱼乃昆山(今苏州所辖)人;明万历年间,运河岸边吴江县的沈璟不仅著有17种传奇,而且是曲学名家,学术观点与汤显祖不同,以他为首还形成了一个"吴江派";另一位著名剧作家高濂也是万历年间杭州人,留有传世之作《玉簪记》。

到清代,以苏州人李玉为核心形成了一个苏州剧作家群体。李玉创作四种曲,即《一捧雪》《人兽关》《永团圆》《占花魁》,合称"一人永占"。康熙年间,杭州人洪昇作《长生殿》,与10年后孔尚任的《桃花扇》齐名,影响很大,史称"南洪北孔"。杭州人李渔,是清代前期的最为著名的剧作家和戏剧理论家。他不仅有《笠翁十种曲》,更有戏剧理论著作《闲情偶寄》,至今影响还很大。创造昆山腔的魏良辅,虽是江西人,但长期生活在运河岸的江苏太仓南关。

运河两岸戏曲大家云集的状况一直延续到现当代。号称通天教主的京剧大家王瑶卿,淮安人;四大名旦之首的梅兰芳,泰州人;海派京剧创始人周信芳,淮安人;中华人民共和国成立后京剧荀派名家宋长荣,淮安人。

这些戏曲名家、大家,是运河哺育、造就了他们。

四、运河与戏曲的发展

中国戏曲自宋元至明清在运河两岸之所以获得如上所述的发展成就,可能有两个主要的原因。

其一,长江两岸的运河区域,如扬州、苏州等地工商业发达,工商巨富云集,资金充裕,因而各种地方戏汇集于此,互相交流与竞争,并促使进一步发展。这也是运河两岸各种文学艺术能够繁荣发展的重要原因之一,上文多有论述,故不再多说。

其二,明清两代皇帝南巡刺激了运河两岸戏曲的发展。史料记载，明武宗帝南巡一次，清康熙、乾隆各南巡六次。这几位皇帝沿京杭大运河的南巡，都和戏曲有着紧密的联系，在中国戏曲发展史上具有不容忽视的影响。

如明武宗南巡，不仅使各地官府将各种戏曲剧种向运河沿岸城镇聚集，他一路巡查，一路看戏，而且北返时，还将南京教坊大批乐工带到北京学习北方戏曲。这些人返回后，即将北戏传授给南方艺人。如乐工顿仁回南方"尽传北方遗音，独步东南"。这在客观上促进了南北戏曲的交流，这种情况在乾隆南巡时表现得更加充分。

康熙六次南巡，虽号称节俭，却十分喜欢观戏。据《圣祖五幸江南恭录》记载，康熙第五次南巡一进扬州境内，几乎天天有戏相伴。据统计，从扬州，到苏州、常州、杭州，再折返回到苏州、镇江、扬州、淮安，60 天内，康熙帝观戏达 28 场之多，这段时间最常见的日程安排就是"进宴演戏"。

相比康熙，乾隆对戏曲更加嗜好。文献记载，乾隆一出京，沿途各地都有戏曲进演。对此，乾隆圣谕中虽多次提出批评："朕省方所至，戏台、彩棚、龙舟、灯舫，俱可不必。""此次巡跸所经山东、直隶两省，每日俱有戏台承应，甚或间以排当，殊属无谓。"

该批评批评，该看戏还是看戏。从他的批评中也可以看到，各地以戏迎驾并未改观。一次南巡至扬州，两淮盐商巨富收集各种戏曲，两淮盐务，例蓄花、雅两部，以备大戏。雅部，即昆山腔。花部为京腔、秦腔、弋阳腔、梆子腔、罗罗腔、二黄调，统谓之乱弹。运河两岸数十里，分为 32 个阶段，用戏船导引，一座座戏台、一个个戏班、一群群演员，演唱着各种声腔的剧种迎驾。这种戏曲艺术盛况，想说乾隆对戏曲艺术的发展与融合没有促进作用也很难。

第九章　漕运与运河民间音乐及戏曲

大运河的开凿、修浚和漕运的勃兴，促进运河地区民间众多音乐曲种的发展，运河地区经济的发展、交通的便利又为音乐戏曲交流提供了优越条件，良好的音乐文化氛围吸引了众多外地艺人，推动地方音乐及戏曲的发展，运河沿岸城市的经济发展，带动吸引了众多外地商人、艺人的聚集，会馆、茶楼等成为娱乐场所也成为了运河地区民间音乐曲种发展所需要的物质支撑。

第一节　漕运与运河民间音乐

从种类到风格，漕运对运河民间音乐的影响是多方面的。

一、因漕运而兴盛的民间音乐——“楚州十番锣鼓”

十番锣鼓是流行于江苏、浙江、湖北、安徽、福建等地的汉族民间鼓乐，主要用于宗教的超度、醮事与汉族民间的各种风俗礼仪活动。十番锣鼓，俗称“锣鼓”“十番”。它以锣鼓段、锣鼓牌子与丝竹乐段交替或重叠进行为主要特点。根据其所用乐器的不同，可分为“清锣鼓”和“丝竹锣鼓”两大类。只用打击乐器演奏的为“清锣鼓”；兼用丝竹乐器演奏者称“丝竹锣鼓”。据明代沈德符所著《万历野获编》所载：“又今有所谓《十样景》者，鼓、笛、锣、板、大小钲、钹之属，齐声振响。然不知亦沿正德之旧。武宗南巡，自造《靖边乐》，有笙、有笛、有鼓、有歇落、吹打诸杂乐，传授南教坊。”正德十四年(1519年)，明武宗到南方讨伐宁王时，已利用南方乐工演奏《锣鼓》，作为军乐。清初曹雪芹《红楼梦》的十一回中，亦有“一班小戏儿并一挡子打《十番》的”记载。从《粤逆纪略》一书中，还可以了解到太平天国政府亦重视并应用民间的十番锣鼓。因此，十番锣鼓至少在16世纪以前已在我国南方流传。其中的典型代表有楚州十番锣鼓、祁门十番锣鼓、池州十番锣鼓。

2007年，“楚州十番锣鼓”被江苏省政府批准为江苏首批非物质文化遗产重点保护项目。

2008年，“楚州十番锣鼓”被国务院批准列入第一批全国非物质文化遗产保护项目。楚州(今淮安市淮安区)历史上民间流传一句俗语“十番十调”，即是“十番锣鼓”在民间俚语中的引申。

淮安的“楚州十番锣鼓”盛行，与漕运有很大关系。明清时期，漕运总督署设在楚州，漕运总督署按照今天的行政级别，是正部(省)级，其官员来自中央政府。给淮安带来繁华同时，也促进孕育了“楚州十番锣鼓”。

清道光年间，淮安民间曲家孙育卿，将乾隆十六年(1751年)首次南巡为奉献皇上欣赏的音乐(昆曲宫廷音乐)加上地方风俗的唱词及打击乐(锣鼓点子)改创成为雅俗共赏的楚州十番锣鼓(又称武昆)。“楚州十番锣鼓”在淮安兴盛200多年。

一定的文化意识形态总是形成在一定的有形文化之上，楚州“十番锣鼓”也不例外，它的有形文化遗产根源就是漕运总督府(署)。清朝年间的楚州城内，凡府署官员家中贺寿、庆典、祭祀等重大活动，都要演奏“十番锣鼓”，一时间“十番锣鼓”成了不入寻常百姓家的上乘音乐。同时“楚州十番锣鼓”也丰富了那个年代人们的艺术生活。清朝末年，清朝颁布停漕改折的命令，漕运总督府的职能也随之撤销，“楚州十番锣鼓”随后逐渐式微。抗日战争爆发，淮安已经没有一支团体能演奏“十番锣鼓”。1939年正月初七，十番锣鼓进行最后一次公开演奏，其后几成绝唱。

目前，作为全国非物质文化遗产保护项目，“楚州十番锣鼓”传承人周宝洪，搜集了两本保存完整的工尺谱手抄本，一本传于清道光十六年(1836年)，另一本原手抄本据有关专家考证约为明末清初，并翻译成现代乐谱。

历史上,“楚州十番锣鼓”在淮安流传十分广泛。演奏者多为民间职业性鼓乐班“堂名”中的乐手和寺院中的道士。不少民间艺人分散在农村亦农亦艺,他们随时可被“堂名”班主或寺院当家道士招聘去参加民间婚、丧、喜、庆等活动的演奏(道士不参加民间婚礼的演奏活动)。每逢春节、中秋以及庙会、赛龙船等节日,民间则广泛地组织自娱性演奏,在群众中有着深厚的基础。淮安曾有十几支演奏“十番”的民间团体(当时叫堂子),如粮安堂、敬安堂、行安堂、建安堂、善安堂等。最有名的是粮安堂,他们的人员大部分是由淮安粮行的老板和一些布行商人组成的,他们的演技最好。其次是敬安堂,他们是由河下一带做小买卖的生意人及一些手工艺人组成。每逢农历四月二十八的“都天会”和五月初一的“东岳庙会”,各个堂子会召集所有的艺人结队,汇集到东岳庙打擂台,场面十分壮观,十里八乡的农村老幼和城里民众拥向街头,常常是挤得街道水泄不通。

“楚州十番锣鼓”在继承宫廷音乐的基础上,不断吸取各种流派的音乐素养。如果说它不同于任何其他形式和地方民族民间的音乐,追溯它的源头,那就是昆曲。但是它在昆曲音乐的旋律上加上锣鼓点子及地方特色的唱词,曲牌也有所变化,演奏所用打击乐的种类和数目也多于昆曲,昆曲中通常最多使用6件打击乐,而“楚州十番锣鼓”则用到10件。打击点子的方式也远比昆曲中的丰富。

“楚州十番锣鼓”不同于普通的民间音乐,它受淮安地理、气候、环境和语言形象所制约,源于宫廷的昆曲音乐,加上了10件打击乐的渗入,强调了演唱演奏的音效,蕴涵着古老江淮一带的生活风俗,节奏以中慢板行板较多,锣鼓曲牌、音效、语气感有着浓厚的地方特色,韵味十足,给人以美感,锣鼓点子的节奏平稳舒缓;唱词贴近生活,寓意深刻明确。其中的《咏花》和《咏蝶》反映了古城园林般的春季美景,《金盆捞月》则是劝导男子要正直、勤学,不要去烟花之地。“十番锣鼓”中的点子舒缓平稳,渐进有序,听来高雅致至。因此说“楚州十番锣鼓”不是昆曲,仅仅能发现它有昆曲的味道。

“楚州十番锣鼓”分为只用打击乐器的“素锣鼓”和兼用管弦乐

器的“荤锣鼓”两类。荤锣鼓根据主奏乐器和演奏形式的不同，又分为笛吹锣鼓、笙吹锣鼓、粗细丝竹锣鼓、粗吹锣鼓等多种。素锣鼓分“粗锣鼓”与“细锣鼓”两类。粗锣鼓用云锣、拍板、小木鱼、双磬、同鼓、板鼓、大锣、喜锣、七钹；细锣鼓除上列乐器外，加用小钹、中锣、春锣、内锣、汤锣、大钹。

“楚州十番锣鼓”音乐共分三个声部：第一声部是器乐曲，第二声部是唱腔，第三声部是打击乐。器乐曲旋律优美、古曲韵味很浓。唱腔的唱词文学性较高，大部分是健康向上、人们追求美好生活的词句。打击乐的锣鼓点子不同于现代戏曲、民间的打击乐节奏，它的特点是节奏稳健，轻重分明，各件乐器交替打出各种点子，具有独特性，大部分是行板。三个声部可分为器乐和唱腔为一体加上打击乐，唱一段后再由打击乐单独出现打出各种锣鼓点子。“楚州十番锣鼓”以唱、奏、敲打三个声部为一体。曲中时而加入锣鼓曲牌，乐曲结尾大部分以锣鼓曲牌为主。也有器乐曲，器乐曲高潮处为衬托气氛时而加入锣鼓与器乐合奏以增加渲染力。

“楚州十番锣鼓”的另一个特点是，文场有两支曲笛（为领奏乐器，一人左手，一人右手，笛尾都坠有丝穗，给人以美感）、两支萧、两支竹管、两盘笙、两面琵琶、两把三弦、两把硬弓、两把软弓，共16件；武场有班鼓、板、堂鼓、大锣、小锣、皮叉、木鱼、碰铃、糖锣、号筒，共10件。“楚州十番锣鼓”演奏者不仅可以坐堂演出，而且可走街串巷，艺人们身穿长袍、戴礼帽，再加上一个较大的轿子，由8人抬着边走边演奏，其声势浩大，再伴有踩高跷、打莲枪等，热闹非凡，百姓十分喜爱。“十番”的牌子（曲目）有：“金盆捞月”“咏花”“咏蝶”“前探营”“后探营”“红楼敝子”“仙园”“吊打”等。锣鼓牌子有：“冒失鬼”“出墙头”“闹菩提”“金钱花”“五勒十四记”“穿风花”“混江龙”“双飞蝶”“绕花乐”“闹群花”“心汤牌”“四边静”“芦飞片”“四片玉”等，各个牌子是用不同的打击乐和不同的节奏进行演奏。其曲牌的文学性较高，如“金盆捞月”，全曲演奏约30分钟，可谓古代民间交响乐。

"楚州十番锣鼓"不同于其他地区和民族的音乐和锣鼓敲打法。它的音乐旋律、唱词、锣鼓点子与其他音乐没有相同之处，所用打击乐点子、演奏方式独特，古老的宫廷音乐韵味很浓，音乐给人以美感。锣鼓点子的节奏平稳，唱词贴近生活，表达了劳动人民对生活的热爱与向往，文学性较强。

以上的例子已经说明，漕运对运河沿线地区民间音乐的产生和发展有着深远的影响。

二、漕运与船工号子

在漕运兴盛时期，运河沿线各地都流行船工号子，经过长时间的演变，融入了各地的风俗人情，成了一种原生态的民间音乐形式。

运河船工号子，是运河漕运船工的民间音乐，船工号子与漕运船工的劳作紧密伴随。其相关器具众多，包括漕运船及船上桅杆、篷布、橹、篙、铁锚、纤绳、定船石等。船工号子是纤夫们为了在拉纤中步调一致、提高劳动效率而自然创作的一种民歌。除起锚号子是大家齐声唱外，其余的号子都是一人领唱众人唱和。船工号子一般节奏急促，领、和呼应紧凑，为呼喊性音调，声调高亢、激昂。

船工号子的种类很多，现已搜集整理出几十种，包括：起锚号、揽头冲船号、摇橹号、出仓号、立桅号、跑篷号、闯滩号、拉纤号、绞关号、闲号等。其演唱形式除起锚号为齐唱外，均为一领众和。北京通州、河北省、山东省、江苏等沿线地区都将其作为非物质文化遗产挖掘、整理。

三、漕运与其他运河沿线地区民间音乐

漕运所带来的影响还表现在对民间乐器和器乐曲的传播，以及运河沿线地区的民歌曲调上。如山东聊城八角鼓、临清时调、高唐丝调、运河秧歌、东昌木板大鼓等；天津的梅花大鼓、乐亭大鼓、西河大鼓等曲艺音乐，多根据运河流域方言音律构成唱腔，其唱腔形成一套与本地语言相一致的旋律，虽然是"唱"，但仍保持着许多"说"的成分，有着极富当地特色的审美情趣。比如山东琴书，早在清乾

隆年间，民间就有小曲联唱体，因主要伴奏乐器为扬琴，人们习惯称为“打扬琴的”或“唱扬琴的”。它是一种曲调优美、生活气息浓郁的说唱艺术形式。“扬琴”受河南、江苏、安徽等地的影响较大，除了在地域上相邻外，主要是这些省份的商人跟随漕运及运河交通在山东运河城镇经商、聚集有关。

比如济宁的唢呐音乐。唢呐原名“苏尔奈”，原流传于波斯阿拉伯一带，元时传入我国，明代随运河流入济宁。流入济宁后，经过吸收、改良，便形成了济宁唢呐。唢呐在旧社会也入官乐，明代王磐所作《喇叭》的曲子有词唱道：“喇叭、唢呐，曲儿小，腔大；官船往来乱如麻，全仗你抬身价。”旧时唢呐艺人地位十分低下，属下九流之一。唢呐音乐常用于民间婚丧庆典，并且渗透于鲁西南戏曲之中。

再比如扬州和天津，都是曲艺之乡。运河经济的繁华，河工河民的需要，作为码头的特殊位置，刺激着岸边这两座城市成为说唱艺术的荟萃之地。以清代形成全国说书中心的扬州评话为代表，扬州形成了扬州弹词、扬州道情、扬州鼓书、扬州香火、唱梨膏糖、唱麒麟组合的曲艺方阵；而在天津，以源自运河船夫哼唱的歌谣小调发展而成的天津时调挂帅，加上相声、单弦、京韵大鼓、连珠快书、铁片大鼓、西城板、雷琴拉戏，也是摇曳多姿、门类齐全，给世代社会底层的民众带来精神快乐。

第二节　漕运兴盛与运河都市的戏曲繁荣

大运河的贯通，漕运的兴盛，文化艺术的交融、渗透、碰撞，有力地推动了运河地区戏曲的兴盛与繁荣。

北宋时，大运河促成了洛阳的繁荣，汴京杂剧向洛阳传播。605年，隋炀帝将都城由长安迁往洛阳，调民工百万开凿大运河。洛阳由此成为中转南方财粮的枢纽。隋之后，唐宋两朝都通过永济渠漕运东南之粟，所以至宋代，汴洛沿途已经十分热闹。这种丰厚的经济文化基础为汴京杂剧在其中的传播提供了适宜的土壤。

元初，元杂剧创作中心南移。元世祖至元十三年（1276 年），元军挥师南下，占领南宋都城临安，在杭州设立了两浙都督府，至元二十一年（1284 年）设立江浙行省，以杭州为省治。元统一后，为便于江南财物运送至北方的大都，于 1289 年开凿会通河，1291 年开通惠河，使江南的财富由杭州转漕运可直抵大都，元代运河的开凿使得宋金以来淤积而阻隔的南北航道重新沟通，北方杂剧的南移在这一背景下完成。杂剧的南移，对中国戏曲艺术产生了重要影响。从作家角度来看，大量的北方作家来到杭州，使得江南地区成为当时中国文化艺术的中心区域。元中叶以后作家以杭州人居多，其他皆北方流寓浙江者。从艺人角度来看，许多北方著名的女艺人此时也迁居到南方，如元代夏庭芝的《青楼集》里记载："姝孙氏，京师名妓也，尝至松江……有招饮者，酒酣则自起舞，唱《青天歌》，女童亦舞而和之，真仙音也。"《青楼集》是专门记录北方艺人的著作，但是在此书中所记录的天锡秀、赵偏惜、张玉莲、李娇儿、翠荷秀、顾山山等人都是南方艺人，其活动区域也主要在江南一带，可见当时南方演艺之盛。作家、艺人由北及南，得益于大运河所带来的南北交通的便利，同时也惠及了运河沿岸城市，开创了运河沿岸百花齐放的戏曲局面。运河沿岸城市是戏曲种类最为密集的区域之一，也是戏曲演出最繁荣的区域之一，呈现出两大特征：一是，戏曲发展重镇密集，济宁、扬州、南京、苏州、杭州在历史上都是戏曲繁荣发展的重要城市；二是，戏曲艺术交流融汇频繁，京腔、梆子腔、柳子腔、昆山腔以及一些地方小戏都在这里交流融合，乃至形成新的种类。这些都离不开运河的便利交通以及漕运兴盛带来的富裕经济保障。

中国戏曲传播向来有"水路传播"一说，一方面，唐宋以来运河漕运的兴盛与商品经济的发展，带动了沿河城镇、码头市民文艺的发展，进而促使了戏曲的最终形成；另一方面，运河因其交通便利、人口流动频繁，不仅是戏曲艺人南来北往的主要通道，也为戏曲的广泛传播、不断发展并走向繁荣创造了优越条件。

一、运河之都淮安的戏曲繁荣

漕运的兴盛对促进运河沿岸城市音乐戏曲的繁荣兴盛、南北方戏曲文化的交流与传播起到了不可忽视的作用。明隆庆、万历以后，因全国的水患主要集中在黄、淮、运数水交汇区域，故到了清康熙年间，将河道总督署也驻节到了清江浦（今淮安市清江浦区），河督下设淮扬、淮徐、淮海、河库四道，里河、中河、外河等二十四厅，同时，总督还统驭二十四营河兵，故又称河帅。因有河督（河帅）驻节，故清江浦又成为全国治理和管理河道的中心都会。

在繁华城市里的三教九流、七十二行之中，要数饮食和娱乐业最为兴盛，娱乐业之中又以戏曲活动最为普遍、最受大众喜闻乐见。在当时，敬神要戏曲，娱民要戏曲，自己享乐要戏曲，巴结奉迎上司和应酬交往都要戏曲，开业庆典、行船过坝、逢年过节、逢集遇会、婚丧嫁娶、寿诞生辰等等都要有戏曲活动。当然，那时在各个地方的戏曲活动都很频繁，但在运河之都的淮安，因有河、漕、盐、榷所特有的雄厚财力和权力作恃仗，这里的戏曲活动则更为繁荣昌盛。河、漕、盐、榷中的各方，都能依仗着自己的财力、权力，不仅在当地招揽优秀的戏曲人才，还纷纷到外地去采买名角和学童；而外地的戏曲艺人们为了求生存、求发展，也不断地涌到这里来献艺、来竞争。特别是徽商们招引来徽班，晋商们招引来梆子和弋阳，当官者又多数喜爱昆腔，再到后来又兴起了皮黄。所以，从总体上来说，在明清两朝四五百年的历史进程中，由于淮安得到特有的巨额财富的滋养，以及达官、显贵们所追求的豪奢享乐的激赏，雅部昆曲在这里成就了辉煌，新兴的皮黄在这里发育逞强，花部弋、梆在这里斗奇争艳，连带本土的地方戏曲也在这时得以催化成长。

永乐十四年（1416 年），又设户部钞关于两淮之间的板闸，后发展为运河上最重要的货物流转税的征收大关，并统辖着北面的宿迁与南面的庙口两个分关。张鸿烈在《山阳县志·序》中记述道："天下榷关，独山阳之关凡三"，即可见淮关在全国税收之中的地位。嘉靖年间，淮北盐运分司署由涟水迁到了河下，数以百计的山西、河南、安徽等地的盐商们争先恐后地涌来，盐业的经营运销，盐商们的衣食住行，使得原为造船业材料加工集散地的河下镇更加繁华起来。

戏曲活动在封建社会的正史之中被记载下来的很少，但在淮安的地方志书中，以及有关的著述中却能见到许多，从这些记述中即可以看出，淮安当时的戏曲活动的确是非同凡响。康熙十七年（1678 年），朝廷在清江浦设置了规模庞大的“江南河道总督衙门”，下辖四道、二十四厅、二十四营。当时用于“南河”的白银每年达四百万两，约占全国财政收入的六分之一。而总督及各道厅营的文武官员们，无不藉河工以自肥。他们耽于声色歌舞，各道厅都蓄养“梨园”，无一天不演戏。

关于榷关的戏曲活动虽没查到直接记述，但从一事例中也可窥见一斑：河下有一民间艺人孙毓卿自幼酷爱音乐，善于吹弹敲打，深得当时的淮关关长的赏识，关长把他长时期地收留在身边，并命关属的昆班乐人教授其昆曲，到后来，孙毓卿即将学到的昆曲音乐与民间锣鼓结合起来，编创了俗中蕴雅的锣鼓昆曲，俗称武昆。因其清新独特，故盛极一时。先献奏于官衙厅堂，后流入各种庙会，继而广传民间——这即是淮安的“十番锣鼓”的由来。如从客观而论，榷关关长的享乐追求，倒成就了淮安民间音乐的一桩好事！也为研究昆曲音乐的发展提供了一份难得的史料。

历史发展到清咸丰五年（1855 年），黄河北徙，清江浦以北的河道也常梗塞，漕粮多改海运。到了咸丰十一年（1861 年），清廷正式裁撤了南河河道总署。自此之后，淮安的经济就每况愈下了，常年在这里的戏班有的流向外地，还有的留在这里或走向农村。留在这里或走向农村的这一部分艺人中，又有一批因各种原因而与地方戏曲结合了，这样一来，昆、徽、京的专业技能就大大地影响和带动了地方戏曲水平的提高。在这里土生土长的淮剧，便在此时发展到了“徽夹可”阶段（因当时的淮剧主要流传于上河、里河、下河地区，故被戏称为“三河子”或“三可子”)。淮剧向徽剧学习扎靠、打把子,对移植演出的历史故事戏,则称为“靠把戏”,而对演出中新创出来的淮调与徽调相糅合的唱腔,也称之为“靠把调”或是“老徽调”。

这一时期的淮海小戏(三括子)也常和徽、京搭班演出,三括艺人也多拜徽、京艺人为师,学习技艺,学演和移植徽、京剧目。正是由于徽、京艺人们的传授和影响,才使得这里的地方戏曲开始走向了成熟。

流向外地的艺人之中,就有后来在京城很有影响的老徽班。而最有影响,也最具有代表性的,要数王绚云和后来创立麒派的京剧大师周信芳。

王绚云,清江浦人,艺名采琳,是本地同庆园昆曲同庆班的著名男旦,后随同庆班北上演出,传授戏艺。其长子王瑶卿亦工乾旦,曾与工武生、老生的胞弟王凤卿一起,被选为清宫的“内廷供奉”。后来的四大名旦梅兰芳、尚小云、程砚秋、荀慧生等人都受到过王瑶卿的指教。梅兰芳第一次到上海演出时,也是在王凤卿的带领和帮助下,才打开局面的。现在淮安市清江浦区的仁和巷里修建有王瑶卿故居。

周信芳的父亲周慰堂,浙江宁波慈溪人,家境殷实,为当地名望大族,因其客串演戏违反族规被逐,遂改名金琴仙随戏班“下海”,于清光绪十六年(1890 年)前后,从运河北上而来,到了清江浦演出时,年纪 20 来岁,饰演青衣,名噪两淮,深受戏迷们喜爱。后娶妻定居于清江浦虹桥旁,1895 年 1 月 14 日生得一子,取名士楚,字信芳。因周慰堂嗓音失润,经济窘迫,所以周信芳童年的生活是很艰难的,4 岁时跟从清江浦的名票、开茶馆的林步云学戏,6 岁时,也是在林师傅的陪同下,随同父母去上海求师深造。淮安市清江浦区东大街南侧的周信芳故居亦已修复开放。

二、苏州与昆曲

苏州位于江南运河与娄江交汇处,濒太湖,依长江,素称江南水陆交通枢纽。自吴王阖闾筑城起,就为东南重镇。唐宋以降,随着经济重心的南移,苏州经济快速发展。至明清,苏州发展成为全国的棉织、丝织业中心和刻板印刷业中心,全国最大的粮食市场和丝棉织品贸易中心之一。明代时,称“苏州江南首郡,财赋奥区。商贩之所走集,货物之所辐辏,游手游食之辈,异言异服之徒,无不托足而潜处焉。名为府,其实一大都会也。”作为粮食、丝棉织品贸易中心,苏州被称为“天下四聚”之一。市场上不仅有全国各地的各种名优特产,而且还有大量的外国商品。

作为全国丝织、棉织业中心,苏州手工业堪称发达。清乾隆年间,苏州东半城的丝织工“专其业者不啻万家”,织机约 12 万台。苏州的棉布染织业也很兴盛,康熙年间苏州有染坊 64 家,苏州加染的布称“苏布”,印花称“苏印”。其他手工业,如刺绣、裱背、窑作、铜作、印书、漆作、造酒、织席、玉雕、食品加工等也相当著名。苏州的丝织业、成衣业和珠宝玉器制作业,由于制作工艺水平高,因此产品在全国市场上有广阔的销路。苏州是明清时期工商业最发达的城市之一,其发展规模仅次于北京,到鸦片战争前夕,城市人口将近百万,成为当时世界上最大的城市之一。①

江南地区是巨量且丰富多样的漕运物资主要供给地和起运地,苏州的经济繁荣为漕运的兴盛奠定了强大的物质基础。因运河的贯通,明代苏州成为“浮江达淮,倚湖控海”的四达之地,苏州地区附近市镇林立。

地区的富庶与人口的集中,导致文化生活的丰富与文化市场的发达,促进了苏州的戏曲繁荣。其中最具代表性的莫过于昆曲的繁荣和发展。

昆曲早在元朝末期(14 世纪中叶)即产生于苏州昆山一带,它与起源于浙江的海盐腔、余姚腔和起源于江西的弋阳腔,被称为明代四大声腔,同属南戏系统。

---

① 何一民.中国城市史纲[M].成都:四川大学出版社,1994.

昆山腔开始只是民间的清曲、小唱。其流布区域，开始只限于苏州一带，到了明代万历年间，便以苏州为中心扩展到长江以南和钱塘江以北各地，万历末年还流入北京。这样昆山腔便成为明代中叶至清代中叶影响最大的声腔剧种。

昆曲是明朝中叶至清代中叶戏曲中影响最大的声腔剧种，很多剧种都是在昆剧的基础上发展起来的，被称为“百戏之祖”“百戏之师”，有“中国戏曲之母”的雅称。

昆剧是中国戏曲史上具有最完整表演体系的剧种，它的基础深厚，遗产丰富，是中国传统文化艺术高度发展的成果，在中国文学史、戏曲史、音乐史、舞蹈史上占有重要的地位。昆曲的表演，也有它独特的体系、风格，它最大的特点是抒情性强、动作细腻，歌唱与舞蹈的身段结合得巧妙而和谐。在语言上，该剧种原先分南曲和北曲：南昆以苏州白话为主，北昆以大都以韵白和京白为主。

昆曲中的许多剧本，如《牡丹亭》《长生殿》《桃花扇》等，都是古代戏曲文学中的不朽之作。昆曲曲文秉承了唐诗、宋词、元曲的文学传统，曲牌则有许多与宋词元曲相同。这为昆曲的发展打下了良好的文化基础，同时也造就了一大批昆曲作家和音乐家，这其中梁辰鱼、汤显祖、洪昇、孔尚任、李玉、李渔、叶崖等都是中国戏曲和文学史上的杰出代表。

明代晚期，昆曲演出进入宫廷，成为供皇帝娱乐的新形式。与此同时，昆曲突破区域限制，在北方也得到广泛的传播，真正彻底地为全社会所共同接受。

从清代初年到清代中叶，昆曲演出继续保持了较为旺盛的势头，各种家庭剧团和职业剧团也仍是演出的主要力量。宫廷昆曲演出也有所发展，清代初年主要是演出各种经典剧目的选场。乾隆时期，一些文化官员奉命创作了部分篇幅较长的大戏，将昆曲演出完全纳入了宫廷文化的范畴。来自民间的昆曲曾以优美清新的风格超越了其他简单粗率的戏剧样式而登上时代艺术的巅峰。到了清代中叶，昆曲经过长时间的繁盛之后，日渐失去原有的活力，开始走向衰微。

在艺术上，细腻幽雅的昆曲也开始显露出远离大众欣赏趣味的一面，过分雕琢的歌词、过分悠长的演唱、过分缓慢的节奏让普通观众难以接受。清政府颁布的包括禁止官员拥有家庭戏班的禁令，使家庭昆曲剧团不复存在，文人和绅士阶层与昆曲的密切联系遭到了致命的破坏，昆曲失去了最后也是最重要的社会基础，最终衰落下去。

而就全国来讲，在那时以运河上四大都市的戏曲活动为代表的中国戏曲，出现了这一历史阶段的鼎盛和辉煌。

三、扬州与昆曲

明成祖迁都北京后，东南鱼米之乡成为北方的粮仓。1395～1600 年，前后 200 余年，大运河成为明政府最重要的漕运通道，各地船只可直接从扬州驶入各大城市，有“百万漕粮输帝京”之说。临运河、近长江、地连淮南盐场，扬州成为漕商巨贾汇集之处。其中以“新安(徽商)最盛，山、陕次之”。商贸经营以盐、木为主。

清朝，漕运达到空前的繁荣，每年通过扬州运出的粮食占全国粮运的 81%。因为盐引政策的实行，扬州也成为全国盐运中心。盐业为扬州积累了惊人的财富，用富甲天下形容盐商，是一点也不为过的。举个简单的例子，乾隆三十七年(1772 年)，扬州盐商年赚白银为 1 500 万两以上，上交盐税 600 万两以上，占全国盐课的 60%左右，而这一年，中国经济总量是世界的 32%，扬州盐商提供的盐税占了世界 8%的经济总量。扬州成为全国最集中、最发达的盐业集散地与中转地。管理盐务的机构设于此，专营盐业的商人集于此，所谓“维扬盐铁天下都”。

扬州盐商其实是官商，他们利用了清朝政府给予的特权——盐引制，通过垄断经营、贱买贵卖等手段获得巨额财富。两淮盐税直接关涉到清政权的经济命脉，从皇帝到臣僚，都和扬州盐商形成了微妙的关系。

扬州的盐商大多来自徽州,和踏实勤俭的晋商相比,徽商的行事风格有些夸耀,他们大把大把地挣钱,也大把大把地花钱。一个盐商一顿早餐,可能就是一个普通家庭一年的收入。扬州盐商纸醉金迷的另一个表现就是"养瘦马"。生意人先从各地穷人家里买来一些漂亮的女孩子,从小教给她们琴棋书画等各种技能,然后介绍她们到富家大户中充当姬妾,这些女子就被人们称为"扬州瘦马"。

集聚了巨额资本的盐商们,追求"俳优伎乐,恒歌酣舞",他们的经济支持与文化消费需求推动着戏曲走向兴盛。

昆曲从苏州传入扬州约在明万历年间,那时扬州已有专业昆班演出。

从大量的文献中可以发现,扬州在昆曲的流传和发展中有着至关重要的作用。

昆曲在它渐渐走向全国、由昆山腔演唱的南戏衍变成一个剧种的过程中,扬州曾起了关键性的作用。因而研究昆曲艺术,不能不研究昆曲艺术在扬州地区流传演变的历史。

在剧团班社方面,当时有两种类型的戏班,一种是专靠营业收入——为广大观众演出的民间班社,一种是供少数人观赏的家乐家班。从昆剧艺术演变形成的整体来看,前者为主流。但是,家班的情况,在文人的诗文中尚有所记述,而由民间艺人组成的江湖昆班,文献资料中记载很少。只是到了清代乾嘉年间,由于扬州成了全国戏曲活动的中心,与扬州盐商的家庭昆班并驾齐驱的扬州民间职业昆班,才有幸在文献资料中出现。然与家班相比,其记载仍少得可怜。

由于扬州社会经济的繁荣,昆曲的演唱活动极盛。郑板桥《扬州》诗也说"千家养女先教曲"。在扬州林立的昆班中,家班为全国之冠,著名的约有20家。

明末清初时期的扬州昆曲家班,李渔不能回避。李渔原名仙侣,字谪凡,和冒襄既是同年,又是同乡——万历三十九年(1611年),出生于扬州府泰州的雉皋(今南通如皋)。顺治十四年(1657

年)始,他流寓金陵,在城南周处读书台附近营建了芥子园。文名大起以后,他结交了不少社会名流,畜家姬,教歌舞,组戏班,游四方,做清客,打抽丰,沿袭明中后期“山人”(即清客)的风气过日子。有人依祖籍,把他说成是“浙江兰溪人”;甚至有人因为他在金陵的时间长,把他说成是南京人;而李渔在他第一部以自己家庭生活为蓝本的才子佳人的剧作《怜香伴》中,却承认自己是扬州秀才。所以,按照他的出生地,把他算作扬州府泰州如皋县人。

雍正二年(1724 年),雍正帝为了整饬纲纪,发布了禁止外官私养戏班的命令;乾隆三十四年(1769 年)又重申禁令,全国各地的家班从此凋零,渐趋消失。然而,由于乾隆的多次南巡,扬州盐商蓄养的昆曲家班却在乾隆年间发展到鼎盛时期,出现了著名的七大内班,居于全国的首位。他们既非政府官员,又不是求取功名的文人士大夫,正可以超越于禁例之外,凭自家的财力而取代了士大夫家乐,蔚为风尚。它们整齐的阵容、一流的表演、灵活多样的演出方式,在扬州舞台上活跃了数十年,促进了不同剧种之间的竞争与流传,推动了戏曲艺术的全面发展;同时,也为文人剧作提供了排演登场的机会,故其时为昆曲最盛时代,陆萼亭才发出“这时扬州几乎成了昆剧的第二故乡”的感叹。

风气所及,昆曲清唱活动更是在扬州民间盛行。其时,昆曲清唱已成为扬州的风俗。不仅扬州的妓女歌演昆曲,一些寻常百姓也乐于观赏、习唱昆曲,每一市会,多在熙春台、关帝庙等处斗曲,比赛技艺的高低,以画舫停篙就听者多少为胜负。与苏州虎邱千人石、山塘、荷花荡的斗曲情景无多大区别。

而扬州的清唱曲集和串班,在乾隆年间也达到了极盛的局面。据《扬州画舫录》记载,一些民间演唱家既唱扬州小唱,又唱昆曲。这一切,不仅有助于昆曲的普及,也必然促使了两者之间的互相影响。扬州小唱艺人吸收融合了昆腔的一些曲牌、学习了昆腔的咬字吐音、以字行腔和赠板,以及故事情节和组成套曲的方法,并直接参加昆班演出。

戏曲是以表演为中心的艺术,表演需要场所。民间班社是广场演出,说白了,也就是选择一块空地演出。后来看的人多了,就有了露台——艺人在堆砌或搭建的高台上演。再后来,给露台加上顶盖,成了戏台——《扬州画舫录》中又叫"歌台"。最典型的戏台是山门戏台,一般在道教庙宇的山门位置,为二层建筑:下层过人,上层演出;外看是巍峨高耸的山门,内看是宽敞气派的戏台;山门朝南,迎接虔诚的善男信女,戏台朝北,借娱神而娱人。

扬州以厅堂作为演戏场所,至迟始于汉代(见扬州博物馆藏的出土文物)。尽管唐宋时期,剧场建筑有了长足的发展,但汉代形成的"堂会"演出的传统形式并不由此而消损。因为堂会演出毕竟方便,可以配合家庭中的喜庆哀丧、酬神许愿、宴会娱宾而随意举行,连舞台都不必要。在明代中后期,勾栏剧场绝迹而新兴戏园尚未出现时,仍是戏曲演出的主要形式。特别是清代官员不准自由出入戏园,更是如此。再则,中国戏曲,素重演唱而轻宾白,重曲词而轻情节。因此,官宦人家,多在厅堂内铺上红色的"氍毹",供演员演出(防止脚下打滑);周围设桌席供宾主坐赏;另有地方供女眷观看,而用帘子隔开。

明末以后,扬州兴起借名园宴客演剧的方式。康熙三年(1664年)暮春,通州知州毕载积又把这种借名园觞客观剧的方式移到扬州北门外依园中来。

同样的戏剧演出,在不同的地区,不同的时代,或者为不同的社会群体演出,便会显现出不同的文化特征。园林之中,杨柳扶疏,月明花暗。在赏心悦目的园林中听曲,观赏者的感受与在厅堂中观剧是完全不同的。文人士大夫,在许多文化活动中,都追求精神与物质上的双重享受。所谓"良辰美景,赏心乐事","四美具,二难并"。

在明末清初之前,昆曲表演要求独立发展的趋势已经非常明显,但由于家班的演出方式必须服从家班主人及其情趣相同的文人士大夫的审美趣味,所以未能充分发展。到了明末清初,江湖班社大量出现,而扬州民间职业昆班的观众,主要是商人和市民(当时的梨园总局老郎堂，就设在盐商住宅区南河下和盐商炒卖盐引的地点引市街附近——苏唱街)，他们对于那些句句用典、词义艰深的骈俪派作品难以听懂。他们要演新戏，要演通俗的戏。而从苏州来的昆剧演员，每到扬州就能一唱而红，得到比在苏州要多得多的报酬，这就激发了昆曲艺人的潜在创造力，对文人创作中缺乏戏剧性和不考虑舞台演出需要的地方进行删改和发展，出现了昆曲表演全面发展、全面创造的局面。最初，演员只是在演出时增加大量的说白和热闹场次。于是，那些堆砌冷僻典故的曲文就与充满浅俗噱头的道白搅和在一起。

以苏州为中心时的昆剧，只是以昆山腔演唱的南戏，所以，最初的说白都是沿袭南戏——用官话。“扬州白”在昆曲中的运用，起于万历，流行于明末，而大盛于清代。因为艺人们在表演中运用了扬州白(生、旦还是用官话道白)，许多讥刺和滑稽的警句或炼语都借丑角、白净、付和一部分贴旦角色的插科打诨吐露出来，深受欢迎，所以在苏州演出的演员，也受其影响，改说吴语。因此，昆曲在它的丰富多彩的传统剧目里，除了作为骨干的韵白以外，还有丑、副以扬州方言和以苏州方言道白的戏。

昆曲上承宋、金、元的北曲和弋阳、余姚、海盐等南曲诸腔之长，正确地解决了宫调之间调高、调式上的变化，所以在其向外地发展的过程中，能对新流行地区的民间音乐兼收并蓄。当时称昆曲为大曲，称扬州民间流传的明代小曲和扬州小调为小曲。一些民间演唱家既唱小曲，又唱大曲。这一切，不仅有助于昆曲的普及，也必然促使了两者之间的相互影响与融合。

乾隆年间，扬州昆班以整齐的阵容、丰富的剧目、一流的表演活跃于舞台数十年，成为扬州戏曲活动达到全盛的重要标志之一。其整体水平已比昆曲发祥地苏州有所提高，人们谈到昆曲成就时，都是苏、扬并称。整个昆剧也因扬州昆曲注入的新的发展成就，随着地方戏曲蓬勃发展的总趋势而声誉远播，进入了“近代昆剧”这一个戏曲艺术发展的新时期。

乾隆年间，昆曲逐渐脱离大众，剧本创作再也无法出现“南洪北孔”那样的奇观，传统曲学方式的研究也结束了它的黄金时代。戏剧学家们更是把注意力集中到民间戏剧和演员艺术上：或在理论上做更深入系统的探讨，如《消寒新咏》和《梨园原》；或在材料上做更仔细全面的记录，如《审音鉴古录》《扬州画舫录》和《缀白裘》。因而，它们也就成了扬州昆曲鼎盛的有力证明。

嘉庆十六年(1811 年)至咸丰三年(1853 年)，是扬州昆曲的衰微时期。嘉庆年间，皇帝不复南巡，扬州盐商便失去乾隆年间的风头；雅部昆曲也不能和生动活泼、文辞质朴易懂、表现社会内容广阔的花部匹敌，因而花部盛行。嘉庆末、道光初，昆班演员大都只能改隶徽班演出，沦为花部乱弹的附庸。而后，徽班又皆习乱弹。

嘉庆年间花部的盛行与雅部的衰微，对昆曲传奇的创作，尤其是文人传奇的创作，无疑造成了致命的打击。此后，昆曲传奇的创作便一蹶不振了。

道光十一年(1831 年)，裁两淮盐政，其职由两江总督兼理，使陶澍得以于次年改两淮盐法。淮南“商力虽疲，然自开纲以来，尚捆运至五十余万引”，暂缓施行。道光二十九年(1849 年)，湖北武昌塘角火焚盐船，对扬州盐商经济实力的打击甚为沉重。于是，道光三十年(1850 年)，两江总督陆建瀛接受了护理运使童濂的建议，仿照陶澍在淮北推行的票盐法，在淮南废引改票。这样，家班因赖以生存的经济基础解体而四下星散。接着又改漕粮为海运，扬州地方经济更是一落千丈。咸丰三年(1853 年)，太平天国定都南京，次年扬州就遭兵燹。为了生计，扬州最后一个职业昆班聚友班、与某盐商所办的昆乱兼擅的福寿班中多数艺人，不得不沿里下河辗转演出至南通而终归沉寂。这以后，昆剧的演出中心转移至上海。各地出现了民间化、地方化，形成了“北昆”“京昆”“湘昆”“川昆”等“本土化”支流。

综观扬州昆曲的历史演进，不仅使昆曲在音乐体制上接受了民间审美趣味的冲击和陶冶，由传奇的规整划一，吸收了扬州小唱和花部的各种声腔，趋向于音乐体制的纷杂化；在表演上由偏重于唱为主，发展念白和做舞，与唱工并驾齐驱，趋向于表演艺术的复合化，日渐形成载歌载舞的表演形式；而且在体制上也从冗长到杂剧化，所表现的生活内涵也发生了相应的变化；在语言风格上，从文词派的典雅绮丽，到雅俗共赏的审美追求，最终复归为雅部昆剧的秀雅清丽；在思想文化内涵上，从晚明“主情”的类似文艺复兴的激扬，而至康乾以后又沦入彻底的理学化；在审美趣味上，从彻底的文人化，到平民趣味的泼染、渗透，最终又复归为彻底的文人化。

四、扬州与京剧渊源

清乾隆时期，北京作为中国的首都，文化生活异常发达。北京人都好看戏，从戏中得到艺术享受，从“书文戏理”中懂得中华文化传统与做人的道理。北京人还引领着全国看戏的潮流。北京人爱看戏，皇家看什么戏，他们就看什么戏。皇家看的戏也就是皇帝（比如乾隆）喜欢看的戏。乾隆在位 60 年，于 1756 年至 1784 年六下江南到扬州。在扬州，他不仅由地方政府和盐商接待，还曾经住过大盐商江春的私家花园——康山草堂。在铺张的接待中，乾隆多次欣赏了盐商家中专业戏班子的演出。

当时，扬州大的盐商家中都蓄有戏班子。清朝李斗在《扬州画舫录·新城北录下》里写道：“两淮盐务，例蓄花、雅两部，以备大戏。雅部即昆山腔；花部为京腔、秦腔、弋阳腔、梆子腔、罗罗腔、二簧调。”他说的“京腔”不是后来的“京剧”，而是北方的地方小戏；其他各腔各调皆为中国南北有名的地方小戏，笼统谓之“乱弹”。乾隆南巡时，两淮盐务为接驾准备供奉演出，将各地各种戏班和剧种都集中到扬州，其中包括了盐商的家班。为了便于管理和随时应召，将众多戏种备为两类：一是“雅部”（昆曲）；二是“花部”（乱弹）。乾隆喜欢听哪部就上演哪部。

乾隆时期的中国戏剧界正处于重大变革之中，这种变革主要体现在戏剧界的花雅之争。“花、雅”之分，沿袭了中国历代统治者分乐舞为雅、俗两部的旧例。所谓雅，就是正的意思，清朝统治者奉昆曲为正声；所谓花，就是杂的意思，指地方戏的声腔花杂不纯，多为野调俗曲。雅部为文人创作，套用曲牌；花部为梨园自演自创，创新不断。雅部多演才子佳人，花部多说民间或历史故事。雅部一唱到底，曲调婉转悠长；花部唱念做打，唱腔明快激烈，字多腔少，而且曲白皆通俗易懂，符合下层劳动人民的欣赏水平和艺术情趣。雅部为上流社会士大夫们所热爱，花部为下层民众所酷喜。焦循《花部农谭·序》中曾说："郭外各村，于二八月间，递相演唱（花部），农叟渔父聚以为欢，由来久矣。"

既然有了"花雅之别"，就会有"花雅之争"。乾隆时，"花、雅"共有过三次重大竞争，终以花部为胜。

乾隆初年，在北京出现了观众喜好京腔（即高腔），厌听吴音，甚至听到昆曲便"哄然散去"的状况。但清王朝为维护昆曲的正统地位，竟然以行政手段扶植昆曲，禁毁花部诸声腔的演出，使京腔很快被昆腔所同化，并引进宫廷，成为与昆腔一样的御用声腔。乾隆四十四年（1779 年），秦腔演员魏长生进京"大开蜀伶之风，歌楼一盛"，以致昆、弋的"六大班无人过问"。清王朝遂强行禁演秦腔，勒令秦腔艺人改学昆腔，否则"递解回籍"，从而迫使魏长生等秦腔艺人离京南下，在扬州和苏州两地继续演出。扬州盐商的家班里，花部名角云集，带动了整个江南戏剧界的变革之势，也对京城形成了包围和影响。可是直到 1790 年，清王朝还下令"除昆、弋两腔仍照旧准其演唱，其外乱弹、梆子、弦索、秦腔等戏，概不准再行唱演"，并传谕京城和各地官员"一体严行查禁"。

然而，阳春白雪，曲高和寡；下里巴人，和者甚众。守旧终究敌不过创新，行政命令扼杀不了艺术的蓬勃生长。乾隆在扬州听戏，自然听过不少花部戏，逐渐对花部从排斥到接受再到喜欢。从雍正二年（1724 年）起，雍正帝为了整饬纲纪，发布了禁止外官私养戏班的令谕，乾隆三十四年（1769 年）又重申了这个禁令，这让全国各地的戏班有力没处使，"时不利兮骓不逝"，只得眼睁睁地凋零殆尽；但扬州却是唯一的例外，财富充盈的盐商巨贾是这种奇特的现象的关键，足够的金钱资本还在其次，最为讨巧的是，这些盐商既不是政府官员，又不是求取功名的文人士大夫，所以算不上外官，刚好从禁例的夹缝里超越出来，全凭自家的财力组班献演，争奇斗胜。那时的扬州名角纷出、班社林立，但却有着良好的演出氛围，没有出现什么一山二虎的纷争。因为那时还出现了戏班艺人的行会组织和管理机构，而这个机构就坐落在扬州城区的苏唱街上。这条街上按照苏州的传统在街上建造老郎庙，设立了梨园总局，以便于就近管理。

扬州的盐商多为徽人，他们尤钟徽戏、偏爱徽班是人之常情。徽班，是以安徽籍（特别是安庆地区）艺人为主，兼唱二簧、昆曲、梆子、啰啰等腔的戏曲班社，在扬州是花部的台柱。徽戏开始多活动于皖、赣、江、浙诸省，尤其在扬州地区，更以“安庆色艺最优”。乾隆五十五年（1790 年），为给乾隆祝寿，从扬州征调了以著名戏曲艺人高朗亭为骨干的“三庆”徽班入京，成为徽班进京的开始。时年仅 17 岁的高朗亭，祖籍是扬州宝应人，他妆扮花旦，艺名“月官”，颦笑传情，眉眼溢波，充满女性的娇媚。在为乾隆祝寿演出时，他那略带安庆腔的徽调，唱腔甜润，身段柔美，表演惟妙惟肖，使人“忘其为假妇人”，感染了 80 高龄的乾隆帝，也感染了挑剔出名的八旗子弟。因此，三庆班因此成为京城最受欢迎的戏班之一。后来又有“四喜、和春、春台”三大徽班从扬州进京，与三庆班一起形成名震京城的四大徽班。

徽班进京后，并与京腔、秦腔等地方戏在皇城根下打下了坚固的基础，再经过徽、汉合流，又与昆、弋同台演出，为后来居上的京剧的孕育和产生创造了条件。到晚清时，甚至王宫内的庆典演出也是以京剧为主体，昆、梆为辅的局面，连慈禧太后都亲自命人将旧有的宫廷大戏《昭代箫韶》等改为京剧演唱本。光绪皇帝和许多王爷、贝勒、大臣及八旗子弟亦是嗜戏如命，以致粉墨登场或司鼓伴奏。

在《定军山·溯源》中，北京联合大学周传家教授说："当时全国两大戏剧中心，北方是北京，南方则是扬州。"中国戏曲学院傅谨教授表示："扬州是中国最重要的商业城市，也聚集了很多有强烈娱乐欲望的人口。"当时中国主要声腔有京腔、秦腔、徽调、昆腔、二簧调等，这些主要声腔都聚集在扬州，操着各地口音的地方腔调飘荡在扬州的大街小巷。扬州盐商的家班从江春的家班开始，这都是盐商想通过戏曲的方式取悦当朝皇帝，让皇帝开心之余，也让清朝最高统治者看到了来自民间的戏曲艺术。进京献礼的三庆班扎根北京演出，此后几年内，扬州徽班进京的势头有增无减，到了嘉庆年间，其中的三庆、四喜、和春、春台四大徽班声名鹊起，多年后，徽班进京也被公认为京剧发展的最初源头。梅兰芳说过："四大徽班奠定京剧百年基础的功绩，不可磨灭。"因此说，扬州是京剧摇篮。

经过百多年的演变，花部终于击败雅部，京剧终于催生，成了中国的国粹和第一大剧种。可以毫不夸张地说，没有扬州盐商，就没有花部的胜利，也就没有京剧的诞生。

五、其他运河都市的戏曲

天津为河、海漕运的交通枢纽，元代重开大运河和开展海运，使天津一跃成为京师门户。漕运、海运相汇集，使其呈现出"晓日三岔口，连樯集万艘"的壮观景象。到明代中期，天津的商品经济出现飞跃发展，并由漕粮转运枢纽发展成为北方的商业重镇。天津是京剧的第二故乡，"三鼎甲"程长庚、余三胜、张二奎在天津汲取营养，"新三鼎甲"之一的孙菊仙在天津生长，四大名旦梅兰芳、尚小云、荀慧生、程砚秋是在天津立万，四大坤旦胡碧兰、雪艳琴、章遏云、孟丽君产生，四小名旦李世芳、张君秋、毛世来、宋德珠出道，四大须生马、谭、杨、奚确立。扬州宝应人、三庆班台柱高朗亭和天津人、名丑刘赶三都担任过清廷梨园行会——相当于今中国戏剧家协会的"精忠庙"庙首。刘赶三还与扬州籍名伶、梅兰芳的祖父梅巧玲、杨鸣云同在清末京剧明星榜“同光十三绝”中共占三席。

徐州地方戏曲“丁丁腔”，是徐州特有的戏曲种类，它的形成与传播和漕运密切相关。明末清初，地处大运河、微山湖一带的铜山、利国、季堡、厉湾等经常停泊由南方往京城漕运粮食的船只，船上有很多会唱南方小调的人。当地农民耳濡目染渐渐地学会哼唱，久而久之形成这一样式。后在发展中不断完善，由独唱而对唱、合唱，发展为戏剧形式。该戏曲的主要伴奏乐器为月琴，其声“叮叮咚咚”清脆悦耳，遂以“丁丁腔”名之。漕运在徐州地方戏曲的形成、发展与传播过程中起到了非常重要的作用，研究运河沿岸的地方戏曲也成为当今运河历史文化研究的重要组成部分。

山东临清位于会通河与卫河交汇处，为南北交通第一要津。明代大运河通畅后日趋繁盛，四方物资必集于此，人口急剧增长，集市繁荣，手工业发达，临清一跃成为区域性商业贸易中心。临清是《金瓶梅》故事的发源地，明清时期，依靠大运河的漕运迅速崛起，《金瓶梅词话》中，出现了西门庆让两个年轻戏子演唱昆山腔的记载，可见至少在当时，昆山腔已经传入山东临清。

济宁地处济州河与中运河的交汇处，明末被称为地当“南北咽喉、子午要冲”。因为有了运河，济宁成为商业繁盛的城市。清朝时期，京剧在济宁开始兴盛，拥有众多京剧班底和业余票友，流传着“济宁内行多，皮黄戏难演”的说法。可见，济宁观众对京剧的欣赏水平之高。

山东梆子是流行于山东省鲁西南及鲁中地区的传统地方戏曲剧种，又名“高调梆子”，简称“高调”或“高梆”。又因其高昂激越的特点，被人称为“舍命梆子腔”。主要流行于山东西南部的菏泽、济宁、泰安等地的大部分县市，以及聊城、临沂等地区的广大城镇乡村。因流行区域的不同，群众对其称呼亦有别。如以菏泽为中心的，习称“曹州梆子”；以济宁、汶上为中心的，称为“汶上梆子”或“下路调”，总称“高调”，以区别于流行在鲁西南、冀南的“平调”。1952年，定名统称为“山东梆子”。2008 年 6 月 7 日，山东梆子经国务院批准列入第二批国家级非物质文化遗产名录。大运河开凿以后,漕运兴盛,山西商人来此经商较早。明代,济宁已有规模宏大的山西会馆。这些山西商人,多经营典当、钱庄等行业,有较雄厚的经济实力。在这种情况下,山西的戏曲流入济宁等地后,受到当地方言及其他戏曲形式的影响,也就顺其自然地演变为山东梆子这一派系。

第十章　漕运与运河地区教育

运河沿岸凭借着便利的交通，繁荣的经济，社会各个阶层对文化事业的倾慕与热心资助，在运河流域的文化教育事业上形成了自己独具的地域特色。运河区域的教育发展从隋唐到明清，都呈现出浓郁的重视文化教育之风。

第一节　运河区域的书院与举业

书院的兴盛是运河沿岸教育的一个重要特点。唐宋时期书院的产生，使中国的教育发展到一个新的高度。书院是民间教育制度化、正规化的教育形式。鸿儒巨卿多以书院讲学的方式，传播自己的学术思想。江南地区的书院非常发达。随着书院在市镇中普遍设立，市镇越来越成为基层乡村社会的文化教育中心。如乌镇分水书院“岁延师课生徒”，出现“以一镇而聚三邑之士”的盛况。书院生徒“教而成之可为卿大夫之选，不教则将入于莠民”。意思是说，书院的教育上可为国家选士之用，下可为乡村教化服务。

比如，山东是儒家文化的起源地，也是古代文化教育事业最发达的区域，历代书院兴盛便是明证之一。元代以后，山东境内书院数量有明显增加，好多著名书院如洙泗书院、泰山书院、尼山书院等，大都在运河流域。明朝中期以后山东书院发展更为迅速，新建书院达 87 所，修复前代书院 9 所，其中有 42 所在运河流经的区域。明朝后期，鲁西地区书院纷纷建立，正是运河交通带动文化交流和社会进步的突出表现。据统计，清代山东书院达 213 所，有 86 所分布在沿运河地区。书院数量多，既是运河区域经济文化发展的结果，也是文化兴盛的表现。

一、两淮盐商捐资助学蔚然成风

明清两代，经济出现了长期的繁荣，商人的财力空前增强，社会地位也比前朝有所提升。由于社会和自身需要的原因，商人们对文化事业的关注空前高涨起来，捐资助学逐渐形成了一种社会风尚。

以徽州盐商为例，徽商除了在家乡投入巨资兴办各种义学、私塾，也在侨寓之地不遗余力地投资学校，书院的投资运作是两淮盐商在文教事业领域做出的重要贡献之一。

两淮盐商以徽商为主，因此在徽州，不仅宗族创办的书院经费来源于两淮徽州盐商，就连府设、县设书院经费，主要也是靠盐商的资助。徽州在历史上就是一个重视教育的地方，“虽十家村落，亦有讽诵之声”，故向称为“东南邹鲁”。而这种良好风气的形成，与盐商的贡献是分不开的。

徽州人氏文化底蕴丰厚，“富而教不可缓”是徽商笃信的信条。徽州盐商在经商致富后都十分重视对人才的培养，重视教育事业，在“振兴文教”上他们总是毫不吝惜地出资捐助。明清时期，天下书院最盛者，无过东林、江右、关中、徽州。在清初时，徽州书院多达54所。

明清两代的扬州是我国封建社会两淮盐业主要的生产和经营基地，也是徽州盐商侨居最集中的地方。因徽商“谙于盐法，利弊周知”，基本上垄断了两淮盐业，形成了庞大的商业集团。除了因资产丰富热心教育事业的义举，徽商倾心助学的行为也有自己的私利。明清两代的科举制度规定如无“商籍”或当地户籍的学士不能就近“附学”，徽商子弟就无法获得侨寓之地官学的学籍名额，士子们也就无法在侨寓地获得参加科举考试的资格，必须回原籍才有参加科举考试的资格，这种制度对侨寓异乡的盐商子弟来说是非常不方便的。曾独立兴建梅花书院的扬州大盐商马曰琯就曾在康熙四十九年(1710年)“归试祁门”。因此，“商籍”之设或入籍当地就成了事关侨寓徽商子弟教育科举的首要问题。

为了方便子弟就近参考科考，徽商就在侨居之地捐资助学，为方便子弟的就学和科举，徽商在其侨寓集中之地创建或参与兴建了大量专门的书院和义学。虽说徽商的初衷有为本乡子弟提供良好的教学环境，客观上也为当时侨居之地的教育事业做出了重要的贡献。

以扬州为例，明清两代的地方志对盐商捐资支持地方书院的建设多有记载。书院是我国封建社会为国家培养人才的教育机构，与今天的教育机构一样，一般情况下，由地方政府聘任掌院，经费也由地方财政拨付。但在两淮盐商的聚集地扬州则出现了一个例外，该地书院在管理体制和经费来源上异于别的地方："皆隶于盐官，藉其财赋之余以为养育人才之地，故饩廪之给视他郡为优。"也就是说，扬州书院与盐商有着密不可分的联系。

除了徽州盐商捐巨资修建书院，有的甚至是由盐务直接管理，梅花书院的创始人是由刘重选"亲为校士"，自他之后归入官学，再到乾隆四十二年（1777 年），徽商马曰琯的儿子马振伯呈请将梅花书院归盐官管理得到批准后，自此梅花的运作"均归盐务延师掌院"。

贾而好儒的徽商，为了让更多的子弟习儒就学，积极捐资广建书院。其中大部分书院的运转，也得益于盐商的资助。这方面的材料，在徽州的方志、谱牒中俯拾皆是。

扬州主要有三所书院。即府城的安定书院、梅花书院和仪征的乐仪书院。这三所书院经费来源非常充足，除正常开支由地方盐政拨付外，富裕的盐商个人也时有资助，生员经费因此而非常优厚。

安定书院系巡盐御史胡文学创办于明崇祯十五年（1642 年），雍正十一年（1733 年）巡盐御史高斌、运使尹会一，"以广陵名郡，人文渊薮，亟宜振兴，议即旧址重建，谕商公捐"，盐商和士人也希望仿照省会的书院规制办好书院。众商乃捐银 7 400 两修葺一新。所收学生人数先后有所不同，初期定额 60 名，亦分正课、附课、随课三等，给膏火费同于梅花书院，住院学习的，于常额外日增膏火三分，此外参加乡试，资送路费，中举者，则予树旗杆，送匾额的荣誉。据李斗《扬州画舫录》所说，“皆知名有道之士”。翰林院编修储大文，国子监司业陈祖范，光禄寺卿沈起元，国子监祭酒吴锡麒，内阁学士茅元铭等，都曾在这两所书院讲过学。这些人中，有的是诗坛领袖，有的是史学大家，有的是桐城派古文集大成者，都是当时的社会名流。书院有名师，又给膏火费，尤其是发放岁科两试及乡试路费，颇能吸引学子就学，所谓“来学者，四远麇至”。

创办于明中期的梅花书院由地方官和盐官主持。先后名甘泉山书馆、崇亚书院，明末废。雍正十二年（1734 年），徽州籍盐商马曰琯出资重建该书院，筑讲堂 5 间、号社 64 间，所谓“独任其事，减衣节食，鸠材命工……不期月而落成”，定名梅花书院。后两淮总商汪应庚又于乾隆元年（1736 年）捐资 5 万金重修学舍，并以 113 万金购得学田，岁入归学官。江春也“加意于书院、养老院、育婴堂诸事，每发一言，画一本，群商拱手称诺而已”。学田，是指地方书院和官办学校所有的田地，是封建时期地方教育的经济支柱。设学田以赡学的制度，创始于宋代，此后一直延续到清朝，对地方教育起到了举足轻重的作用。

两淮总商汪应庚对侨居之地扬州的教育事业也有过倾囊相助的义举。他捐资 5 万两重建歙县的古紫阳书院，也是徽州盐商于乾隆五十五年（1790 年）“先后请于运司转详盐院，动支运营项款银建设”的。同时，他们又于“淮南杂项活支款下”每年拨给银 3 720 两作为延请山长及诸生膏火、书院岁修之费。在古紫阳书院建造过程中，因经费缺额，仅两淮总商鲍志道个人捐资就达 3 000 两“以助成工”。他不仅在书院建造过程中给予资金上的大力支持，为了维持古紫阳书院的正常运转，鲍氏同样不惜重金资助。由于两淮盐商的捐助和支持，不仅是这些学校建设的基础，同时也是这些学校赖以生存和发展的一个重要的经济支柱。

汪应庚是扬州重要的捐资助教代表人物，也以慈善著称。雍正九年(1731年),海啸成灾,汪应庚开济粥棚三个月,雍正十年(1732年)、十一年(1733年)又遇水灾,百姓流离失所。汪应庚先是捐出数千石的大米,又设立药局,以安济灾民。雍正十二年(1734年)青黄不接时,再捐数万石谷物,以待麦熟。此义举使当地九万余人得以存活,当地官员"大吏上其事,特授光禄少卿",汪应庚辞谢不受。

在书院经费出现捉襟见肘时,盐商及其家眷们都能慷慨解囊,《清稗类抄》记录一则盐商之妻助学的义举:"汪太太者,为汪石公妻。石公乃两淮八大盐商之一也。扬州有安定、梅花两书院,绌于经费,太太独捐资数万,以为之倡。"

这是文献记载的盐商对安定、梅花书院的捐助情况,盐政衙门的支持对该书院的发展也同样功不可没。乾隆四年(1739年),盐政衙门就曾支给该书院60名学生膏火费一千多两。其中正课生每年给膏火银36两,附课生12两。当时府学教官俸银仅31两多,书院奖学之举,确实给有志之士提供了难得的机遇。

徽商除了对扬州书院鼎力相助之外,对扬州官学等的建设也是尽心尽力,如仪征文庙的修缮,就出现了侨寓扬州的徽商及其后代"五世建学"的壮举:康熙十四年(1675年),徽商许承远修缮大成殿及两庑,后病卒,临终前命其子许松龄续建明伦堂;康熙二十三年(1684年),松龄与其舅重修明伦堂;康熙二十八年(1689年),松龄及知县马章玉、原徽籍乡绅郑为旭和许桓龄等捐银1 550两,徽商捐银1 600两,重建大成殿;康熙四十七年(1708年),松龄建堂成,并葺居仁、由义二斋;康熙五十三年(1714年),松龄之子许彪重建尊经阁,制藏书之构数十,购经贮之;雍正十三年(1735年),松龄孙华夫重修学宫;同年,华夫子天球又增葺之。[①]

二、名师云集、高徒辈出

在盐商的捐助之下,扬州书院经费充裕,师徒待遇优厚,更为其他书院所莫及。知名学者纷纷前来讲学。王步青、姚鼐、厉鹗、赵

---

① (清)王鸣盛.《仪征县许氏五世建学记》.

翼、杭世骏、全祖望、蒋士铨、王乔林等当时一大批的知名学者，先后任各书院掌院。名师执教，高徒辈出。

《扬州画舫录》中对名师掌院、生徒兴盛的局面有着清晰的记载："皆知名有道之士"。"安定书院自王步青始，梅花书院自姚鼐始"，"安定掌院二十有三人"，据冯尔康先生统计，扬州书院所延聘的掌院都是当时的知名学者。储大文，翰林院编修；陈祖范，国子监司业；沈起元，光禄卿；杭世骏，编修；蒋士铨，编修；赵翼，探花，道员；吴锡麒，国监祭酒；姚鼐，刑部郎中；茅元铭，内阁学士；等等。这些人中，有的是诗坛领袖，有的是史学大家，有的是桐城派古文集大成者，几乎在《清史列传》和《清史稿》中都有传记，文章被收在《清经世文编》。这些掌院与盐商往往私交甚厚，盐运官员的幕府更是汇聚了很多著名的学者。他们以书院为平台，将扬州书院建设成为一个教育、学术、文化、科举的基地，极大地提高了扬州的文化地位，并且促进了学术史上著名的扬州学派的诞生。

安定书院和梅花书院聘请的这些掌院名家，据刘诒徵先生统计，曾任梅花书院掌院的共有五人，其中曾任四库馆纂修官、桐城学派的重要人物姚鼐，就是安徽桐城人，乾隆癸未进士。其人"风规雅峻，奖诱后学，赖以成名者甚多"。在姚鼐执掌梅花时，桐城派的文学理论赖各位生徒的大量研习、接受、传播推广，而更加系统化，并加大了该派文学主张的影响力。

两淮盐运史朱孝纯亦任教于此，嘉庆年间著名皖派学者洪桐也是掌院人之一。一些有学问的高级官员退任之后，也有兴趣到书院来执掌教席。如曾任两广总督的晏端书，同治五年(1866 年)开始主讲梅花书院，先后长达 18 年。

书院有名师掌教，生徒们助学经费丰厚，尤其是发放岁科两试及乡试路费，都为其他书院所不及。因此，颇能吸引学子就学，所谓"来学者，四远麇至"。扬州著名书院的众生徒也不负众望，出现了高徒辈出、科举事业鼎盛的局面。在学术和文学创作上也取得了极大成就，有很多成为清代学术史上的重要人物。

三、书院与举业的兴盛

明清两淮盐商对书院教育事业的投入，结出丰硕成果。侨寓的徽商子弟也取得了骄人的成绩：在两浙及两淮中进士者就有 200 名之多，且仕途状况及学术成就颇为突出。据宋元强的统计，清代共有的 112 名状元中，徽州本籍和寄籍考中的有 19 名，其中寄籍状元 15 人，是本籍的 3.25 倍。以府计算，清代苏州府状元最多（不包括太仓州），有 24 人，但如果去掉其中 6 名具有徽州籍的状元，苏州府实有状元 18 人，比徽州府还少 1 人。

徽州在这种重视教育、重视人才培养的风气下，出现了大量人才。清代各省状元人数，安徽居第三位，共有 9 人。安徽八府五州中徽州一府便占 4 人。这是徽州异于其他商帮之处，也是徽商迅速发展的重要原因。由于包括盐商在内的徽商掌握了一定的文化知识，能够做到冷静地分析市场形势，分析自然和社会诸因素对供求关系的影响.从而在进退取舍之间不失时机地做出准确的判断。例如清代的盐场以两淮盐场产盐最多，盐利最厚。因此淮盐的专卖权便成为许多商帮竞相逐利的对象。而清政府在考察任命两淮总商时，规定堪当其任者必备两个条件：其一，“于商人中择家道殷实，品行素为商贾所信服者”的富商；其二，“于各商中择明白晓事者”，即“推淮商之干敏者以录有司之事”。也就是说，任命官员要人品忠厚、家族殷实，并且有一定的文化知识、能力和办事干练的人。徽商之所以能够垄断两淮盐业，与其中不乏“谙于盐法，利弊周知”的人是分不开的。

另据扬州地方志统计，清代扬州府科举十分发达，涌现出 361 位进士和 1 469 位举人，是隋唐以来扬州科举最为繁盛的时期。以梅花书院为例，明清两代梅花书院先后考中状元 4 人，这个比例已经相当高了。梅花书院的碑记上至今还记有：清嘉庆十四年（1809 年），梅花书院一次送考就有 4 人被选中，其中洪莹以殿试第一的成绩得中状元。

除扬州科举兴盛之外，整个运河流域的江南自宋迄清，科举及第者众多，号称“文雅最盛”，明朝还一改宋元之风，多数学院转向科举，私学与科举并为一途。自嘉靖至万历三朝，江南地区就新建34所书院，为明初130年来的3倍。扬州的梅花、安定书院，无锡的东林书院，苏州的紫阳书院，杭州的敷文书院等名重一时。这些书院的教育者多是博学贯通、称雄当时的大师，又是科考的行家里手。他们在传道授学、担任缙绅巨室的塾师之际，也将他们投身科场的经验教训、酸甜苦辣传播给了江南士子，江南士子知识即博，方法又多，因此科考屡操胜券。出现家族式举业兴盛，如著名的常州庄氏宗族在顺治至道光的200年中，出了90名举人，中进士者多达29人。学校众多的江南沿运河地区出现了进士辈出、科名仕宦相继不绝、人文巨匠蜂拥的盛况。

根据明清进士题名录统计，明清两代自明洪武四年（1371年）首科至清光绪三十年（1904年）末科，共录取进士51 681人，其中明代为24 866人，清代26 815人，江南共考取进士7 877人，占全国15.24%。其中明代为3 864人，占全国的15.54%，清代为4 013人，占全国的14.95%。总体而言，明清两代每7个进士中，就有1个以上出自江南，这么高的比重，实在令人惊叹。

江南进士不但在数量上在全国独占鳌头，而且其科试名次在全国也十分显赫，以状元人数为例，明代89人，江南占近四分之一；清代共举行112科，产生114（包括2名满籍）科状元，而江苏就有49名状元，占总数的43%，浙江省状元20名，占总数的18%，江浙两省的状元人员占半数以上。

明清两代江南进士虽然在数量上居于全国榜首，举世瞩目，是与江南地区社会好学勤奋、重教重考、擅长科考大有关系，但江南各府之间进士分布极不平衡，主要集中在运河沿岸的苏、常、杭、嘉地区。由此可以看出明清两代东南地区文化的兴盛。

运河沿岸发达的教育事业，对整个国家社会的教育事业的发展起到了巨大的推动作用，积极地加强了对各种文化的交融、消化及吸收。在中国教育史上,甚至是国家制度的运行都具有不低估的作用。

这里我们只以徽州籍的两淮盐商为例加以证明,但实际上不仅仅是徽州商人如此,在运河两岸的其他外地商人、本地商人,也大都愿意为当地教育事业的发展贡献力量。明代长江南北运河两岸市镇中的世家大族不管是以农耕起家,还是以经商致富的大姓家族,都想通过设立家塾或族塾等措施以教育自己的子弟。因此,许多官僚士绅、商人民众等各种社会力量也纷纷投资兴学,大力支持教育事业的发展,运河两岸的大部分书院都运转良好,这就是其中的原因之一。而各种形式的私塾、族塾、义学、社学等教育机构,也在江南的运河沿岸广泛兴办起来。民间教育事业在明清时期得到了长足的发展,在很大程度上支撑了更高一级的书院教育。这一现象在下面的文章中还有所涉及,此处不再赘言。

两淮盐商不仅是侨寓之地扬州各书院的积极捐资者,同时也是家乡教育事业的有力支持者。从汗牛充栋的史料中我们看到,清代两淮盐商致富以后,大多数都能慷慨解囊,不惜花巨资捐助家乡的文教事业,捐建、倡修书院即是其一。

四、山东运河沿线的书院

除了江南地区书院的兴盛值得大书一笔,在沿运书院的发展史上,山东境内沿运河流域的书院也是个重要的地方。这些书院大多创建于明嘉靖、万历年间。这一时期,正是明政府两次大规模整治闸河、山东运河畅通无阻的时期,也是运河沿岸经济发展的鼎盛和南北物资文化交流的黄金时期,这一切都为书院的兴建和发展提供了极为有利的条件。明朝中期,随着社会经济的发展和文化繁荣,书院发展更为迅速。

明朝后期,鲁西地区书院的纷纷建立,正是运河通达带动文化交流和社会进步的突出表现。同时,嘉靖年间,王阳明的心学学说迅速传播,山东运河流域得地利之便,在北方省区中最先受到心学思想的冲击，鲁西的张后觉（茌平人）、孟秋（茌平人）、王道（武城人）、穆孔晖（堂邑人）等大力倡扬王学，使这一区域出现了浓重的学术气氛，北方王学的传播者纷纷以书院讲学的形式宣传自己的学术主张与政治主张，大大刺激了山东运河区域书院的发展。

明代山东共计有书院 96 所，其中有 42 所在运河流经州县及辐射地区。其中洙泗书院、泰山书院、尼山书院等在当时都闻名于世。

到了清朝，随着满人统治经验的不断丰富和汉族文化影响的加深，为了拉拢汉族士大夫，到了雍正年间，清廷改变了以往限制书院发展的政策，开始鼓励创设书院，从此清代的书院迅速发展。乾、嘉以后达到鼎盛繁荣，全国各府、州、县几乎都有书院之设。据《学案小识》《国朝先正事略》《碑传集》《续碑传集》以及各地方志书所记载书院名统计，清代书院总数约达 4 365 所；山东为 213 所，其中有 86 所分布在沿运地区。

明清两代山东运河区域的书院有一个明显的官学化特点，几乎所有的书院创办者或主持者，都是州县官吏。这些书院以考课为主，绝大多数是为明清时期高度发达的科举制度培养后备人才的基地。因此，明清时期山东运河区域才出现了科举盛行、文风昌郁的局面。

同时还应注意的是，以上这些书院绝大多数是各级地方官吏所创建的，这说明，私学教育发达的山东，到明朝时，已逐渐转向官学化，官方已控制了山东的教育格局，这与该时期中央专制集权制度高度强化是一致的。明末清初，由于集中在书院的士大夫们在号召、组织、发动反清活动中发挥了重要作用，引起了统治者对书院讲学的疑忌和压抑，因而，顺治九年（1652 年）曾严令天下“不许别创书院”，以强化政治统治，防止汉民族反清斗争，致使书院发展一度沉寂。

在山东运河畅通时期的明朝至清朝中期，沿运各州县及辐射州县，书院遍布，科举兴盛，文风馥郁，硕卿联蹁。举人数量占全省的半数以上，尤其在运河管理最称完善的明朝后期，该区域的举人数占到了全省近70%，这又与这一时期该区域创建的书院的比例相吻合。明清两代山东籍状元共26人，鲁西就占了13人。而考中的进士、举人更不计其数。这些数据足以说明运河通达对沿运文化事业的促进是极为有成效的。山东运河区域涌现出的众多才俊，以其不凡的宦绩和著述，极大地促进了这一区域学术文化的发展和繁荣。

第二节　徽商与地方基础教育

自古以来形成的重视教育的风气不仅造就了一大批缙绅官僚，也为徽州造就了大量具有相当文化基础的商业人才，从而提高了徽州盐商集团的文化品位和徽州人的整体素质，而有了一定文化品位的徽州盐商，又更自觉地去重视教育，从而形成了徽州教育的良性循环。徽州盐商重视教育，自古至今已成为习俗，纳入其生命的一部分，成为根深蒂固的观念。

一、基础教育的目标定位准确

古代基础教育是针对6至15岁学龄儿童的“蒙养教育”，除培养少年子弟日常生活中“洒扫、应对、进退”等礼仪的规范外，还教授识字、计算、作文三个方面的基础知识。这种内容设置是针对求学者不同层次的需求而设计的教学内容，体现了教育者实事求是的精神。因此，用今人的话语说，就是收到了很好的社会效果。

运河两岸对于基础教育有什么不同层次的需求呢？

第一个层次，为将来参加科举打下坚实基础，意图通过科举入仕做官，光宗耀祖，出人头地。这种目的说不上有多么高尚，但在封建社会里却是被普遍接受、大肆宣扬的教育理念。

从隋唐科举制度形成以后，无论是贫富贵贱的子弟要提高自己的社会地位，跻身上流社会，或实现修身齐家治国平天下的远大抱负，科举是唯一的一条途径。一个家族也是这样，其社会地位高低以及家族利益能否长久维护下去，其中最重要的因素就是家族中是否“代有闻人”。科举及第的有无、多少，直接关系到一个家族未来的前途和命运。这一点在比较富足的运河两岸人民中间有足够的认识。特别是在江南一带运河沿岸的城市，如应天、镇江、常州、苏州、松江、杭州、嘉兴、湖州八府，清雍正二年（1724年）太仓州升为直隶州，为八府一州，巨商富豪、官宦人家更是如此。

第二个层次，读书明理，学会做人。无论多么发达的教育，在封建社会里，读书人不可能都通过科举及第、入仕做官，名落孙山者什么时候都是绝大多数，甚至由于种种原因有很多人根本就无能力参加科考。为什么在孩子四五岁时还要送他们去求学呢？因为基础教育首先教授的是孩子们日常生活中的伦理道德与行为规范，比如仁义廉耻、孝亲敬祖、尊卑有礼、长幼有序、刻苦认真、勤劳节俭等为人做事的道理。这种教育培养的目标使受教育者不一定能做大事业，但基本上能够做大好人。这对于增进人们和睦相处、维护社会大局稳定、促进经济社会发展，奠定了良好的人文基础。因此这种教育理念，在经济比较富裕的运河两岸受到社会各个阶层的重视。

第三个层次，学习生存与发展的技能和本领。运河沿岸特殊的自然环境和社会环境，使其交通物流、经商贸易、人员往来与其他地区相比都显得相当活跃。因此，人们的日常生活、社会活动、经济活动、人际交流等，即使是一般人也需要有一定的书写、计算与沟通的技能和本领。这不仅是一个人的处世之道，也是适应社会需要的立身之要。这对于一般的家庭来说更为重要。一个人即使没有大学问，造福不了社会，更不能治国平天下，但有一技之长就可以养家糊口，上能孝父母，下能养妻儿，不成为社会的累赘、国家的负担。这也是一种贡献，按现在的话语说，也是一种正能量，可能显得更为重要。因此，这种教育对于全社会，尤其是对于家庭贫困的人来说更具有吸引力。

正是由于基础教育的目标科学定位，实事求是，满足了社会各阶层不同层次的需求，使基础教育在运河两岸具有了普及的性质，故很容易形成重教之风。“人皆知教子读书”，不仅官宦富家子弟重视熟读经书，“敏秀好文”，“科第不绝”，即便是那些“田野小民，生理裁足，皆知以教子读书为事”。如松江府青浦县金泽镇，“男子生五岁至十岁，上学识字，贫者多出就外傅……或别有生理，亦不废幼学焉”。由此可见，向学之风已深入到一般民众之中。

二、办学形式多种多样

运河两岸的办学形式多措并举是其教育发展的又一特色。由于运河文化的特点兼具农耕文明与商业文明，因此在民间基础教育上，呈现出多元化的特色。主要的办学形式就有家塾、族塾、义学、社学、书院等。所谓家塾，是指一些官宦之家或巨商富豪在自己的家庭开办的一种教育形式；而族学，是一个同姓大族共同举办的一种教育形式；而所谓义学、社学，是政府投资或私人援建的办学机构，专门为入不了家塾、族塾的寒门子弟举办的一种办学形式。各地书院基本上还是属于基础教育层次。不过全国著名的一些书院也具备高等教育资格。这里我们着重介绍一下族学与书院的大体情况。

族学，大都是人口较多、居住相对集中、较大的同姓家族共同举办的。家族，又称宗族，这种宗法制度在我国绵延数千年。在宗法社会制度下，每个成员都隶属于某个宗族，为自己的家庭和宗族尽义务，以“显亲扬名”和“光宗耀祖”。唐宋以来经济文化重心南移，南方家族制度也开始流行。如苏州府“兄弟析姻，亦不远徙，祖宗庐墓，永以为依。故一村之中，同姓至数十家或数百家，往往以姓名其村巷焉”。江南各大家族多按一村一族的方式建村设寨，随着人口繁衍，有的分居迁移，另建村寨，但也以共修家谱、合祭祖先、共奉祠堂等形式保持稳定的联系。与北方各家族相比，江南绝大多数大家族在重视文化、重视教育的宗族观念更加突出。尽管各宗族子弟能够科举出仕、光耀门户为最高教育目标，但这并不是设立族学的唯一目的。设置族学就是要使“不肖者渐化为淳良，不致流于污下，有能奋志攻读者，竟至青云得路，腾达飞皇，他日光荣门第，辉耀宗祠”。族学的教育主要包含两方面内容，首先是儒家伦理道德教育，十分强调宗族子弟的礼教。其次才是文化教育,包括蒙学与举业两部分。这些宗族教育,借族田之力开办族学,为家族教育提供经济支持。

不论运河沿岸举世是多么的兴盛,大多数的学子并不能榜上有名,因此有些宗族教育较为务实,如常州屠氏规定:"生徒如质地平常,粗能识字记账,即须学习生理,藉以养母成家。拟于长夏饭后,请熟于算法者一人赴塾教孤子算法……年在十一岁以上者,方令学习"。

族田,是家族的公共财产,是族学赖以生存的经济基础。一般包括祭田、祠田、学田等。族田收入,除用于祭祀祖先、迎神赛会、赈济族众外,还有一项开办兴办公益事业族学的重要事项,即所谓"族必有田以赡孤寡,有塾以训子弟"。族田是宗族内部重要的资产,属于宗族教育的附属田产,作为私家宗族教育的重要基础,在宗族发展史中具有很高的地位。族田因其特有的稳定性备受宗族成员重视,被视为宗族教育的固定经费来源。族田的作用基本上具有三个方面的影响:第一是成就宗族内部贫困子弟的教育;二是有力地保障了宗族的兴旺发达,增强宗族内部成员对宗族的认可度与凝聚力;三是提升宗族地位,维持社会安定。在政府投入教育资金非常薄弱的封建社会,一个地区教育水准的高低,很大程度上只能依赖民间的力量。这种情况下,遍布江南的家族组织对族塾在经济上的支持,就显得格外难能可贵。

明清时期,曾有相当长的一段时间全国政治安定有序,重视发展教育事业,运河两岸有很多知识分子自觉地把个人的发展融入到这种社会氛围中。他们热衷教育,积极投身教育,以广招子弟传授知识为其终身的人生追求,展现出一种振兴文化教育强烈的社会责任感。所以,各种办学形式从不缺乏师资力量。

书院,唐宋时期兴起,使中国的教育发展到一个新的高度。书院是民间教育制度化、正规化的教育形式。鸿儒巨卿多以书院讲学的方式,传播自己的学术思想。江南地区运河两岸的书院在市镇中普遍设立，市镇越来越成为基层乡村社会的文化教育中心。自嘉靖至万历三朝，江南地区就新建34所书院，为明初130年来的3倍。扬州的梅花、安定书院，无锡的东林书院，苏州的紫阳书院，杭州的敷文书院等名重一时。书院的作用就在于上可为国家选士贡献人才，下可为乡村教化服务。

三、教育成果誉满全国

两淮盐商对教育事业的大力支持，基础教育的有力实施，各地士人的积极投入，明代还一改宋元之风，大多数书院转向科举为主，将私学与科举并为一途，为科举应试打下了坚实的基础。同时，这些书院的教育者不仅大多是博学多才、贯通古今、称雄当时的大师，更是应试科考的行家里手。他们在传道授业、担任缙绅巨室的塾师之际，也将他们投身科场的经验教训、酸甜苦辣传播给了莘莘学子，不仅使学子们知识渊博，而且也让他们懂得了各种应试方法。因此，运河沿岸地区科举及第者众多，号称"文雅最盛"。比如扬州府，清代科举涌现出361位进士和1 469位举人，是隋唐以来扬州科举最为繁盛的时期。

关于举业的兴盛在本章第一节中有所提及，此不再赘述。除科举的录取率与排名远远高于其他地区外，运河沿岸基础教育的普及率也遥遥领先于其他地区。这些地区的识字率竟高达近30%，即使在整个封建社会也可能是首屈一指的成就。

辛亥革命前后，迫于当时国内外不可阻挡的形势，书院的教育到了不得不改制的地步。多是一种无可奈何的政治选择，未必就是书院自身发展的必然原因，属于国家救亡图存的非常举动。人为地制造了中国制度史上罕见的落幕于辉煌的悲剧。

改制后的书院要求除科举的任务之外，还要增加西学与科学的教育。"由是参考时务，兼习算，凡天文、地舆、农务、兵事，与夫一切有用之学，统归格致之中，分门探讨务臻其奥。此外，水师、武备、船炮、器械及工技制造等类，尽可另立学堂，交资互益。"这些要求是中国传统书院向现代学堂转变过程中增设的重要的教育内容，尽管这种改革是被迫的，但客观上也为运河两岸培养了多种人才。

运河沿岸发达的教育事业，在中国教育史上，实现了对于各种文化的交融、消化及吸收的过程，对整个国家与全社会教育文化事业的发展都起到过巨大的推动作用，甚至对于国家制度与经济社会的运行在当时都具有重大意义和深远影响。这种作用近 100 多年来不但没有消失，而且仍然不时地发出熠熠光辉，至今还存在着其历史的印记。曾经的共产党领袖陈独秀、瞿秋白，新文化运动的旗手鲁迅先生，梁启超、梁思成父子，中科院院士何祚庥以及中国两弹一星元勋的“三钱”等等，这些大革命家、大文学家、大科学家也都是运河流域的人士！

第十一章　漕运与运河城市的园林文化

园林作为城市兴荣的一个指标，见证了城市的兴衰。明清是运河沿线城市园林的盛期，王臣贵族、各路官僚和漕盐富商等强势群体寓居运河城市的同时，兴建了大批的园林；在梳理漕运历史的同时，对扬州的盐商私宅园林、淮安的衙署园林等各个园林的风格特点、材料来源、文化理念进行整理，可以揭示中国大运河沿岸汇聚沉淀的一批极其珍贵的园林文化遗产。

第一节　漕盐商贾与扬州园林

《扬州画舫录》称“杭州以湖山胜，苏州以市肆胜，扬州以园亭胜，三者鼎峙，不分轩轾”。扬州盐商富甲天下，有足够的财力来建造园林，据统计，扬州城内私家园林最盛时达 200 多处。

一、漕运与盐商以及盐商与扬州的关系

盐、铁等物在中国历史上一直就是国家实行垄断经营，这种做法始于春秋时的齐国。宋代之后逐渐形成了“盐引制”，即商人花钱购买盐引。到了明代，朝廷把食盐的垄断经营权交给了商人们，这就是后来赫赫有名的盐商。

盐引，封建王朝财政的重要来源之一。盐引又称“盐钞”，是取盐凭证，“引”是有价证券，还可以作为“代币”流通。据《宋史·食货志》，“盐引每张，领盐 116.5 斤，价 6 贯。”

商人们根据这个盐引去盐场取盐，最后到各地买卖。

扬州盐商兴起昌盛于清朝康乾年间。清初，两淮一带“其煮盐之场较多，食盐之口较重，销盐之界较广，故曰利最多也”。

清朝当时在全国划分十一个盐区，两淮盐场是其中最大的一个，利润高、销售范围广，使扬州盐商牟利特别丰厚。

两淮盐政、两淮盐场，这“两淮”是哪“两淮”呢？

“两淮”中的“淮”，是指淮河，淮河东流入黄海，入海口的南北都是盐场，在淮河入海口以南的称淮南盐场，在淮河入海口以北的叫淮北盐场，故名两淮盐场。两淮盐场，又称苏北盐场。

其中，以淮南盐场开发历史最古老，淮北盐场生产规模最大。素有“自古煮盐之利，重于东南，而两淮为最”，“两淮盐税甲天下”之说。西汉时，“吴王濞封广陵（今扬州），煮海为盐”，这是两淮盐业见于史籍记载之始。

在北宋以前，淮南盐场的生产规模最大，当时“南兖州的盐城县有盐亭123所，工私商运，每年常有船千艘往来”。当时，涟水县扼淮河入海口，中转运盐最为便捷。

盐税收入是国家的重要经济来源，据不同史料记述，盐税约占同期国家赋税总额的40%～50%，如此高额的“国家财政收入”来源，中央政府当然非常重视，委派最信任的官员担任盐运使。即便如此，还不放心，又设立监督机构，这就是所谓的盐政院。盐政院的首脑是巡盐御史，简称盐政，监督盐务官员、盐商，以及所有涉盐的管理机构。

在扬州，清政府设立了两淮巡盐御史、两淮盐运史，盐商在官府督办下才能经营盐业。两淮盐运使司在扬州，下辖淮安分司、泰州分司。

《红楼梦》中，林黛玉父亲林如海被皇上“今钦点出为巡盐御史”，是相当显赫的朝廷命官。现实中，康熙时期，曾经轮流担任两淮盐政的是曹雪芹的祖父曹寅和曹雪芹祖母的哥哥李煦。

漕运与两淮的盐政及盐商，关系密切，主要体现在两个方面。

一是，运河、漕运、两淮盐政，它们互为倚重，休戚与共。

河道、盐政、漕运为明清政府的三大政务。大运河沟通南北，是漕运畅通的前提。两淮盐运，之所以“销售范围广”，与漕运通道的通达息息相关。淮扬盐商的销盐区是安徽、河南、湖南、湖北、江西等省份，我们可以看到，这正是漕运物资的主要供应地。

两淮盐商的盐，销售渠道通畅，销售区域广，带来的利润自然就高。加之，垄断盐源的两淮盐商可以左右盐价，到清代，海水制盐的成本很低，但由于垄断，到消费者这里，价格翻了几十番，利润惊人。清政府治理大运河的经费不足时，扬州盐商"集众输银三百万两以佐工需"。这只是其中一例。

此外，漕运、河务、盐政，机构和人员常有勾连。例如，著名的河道总督高斌，他的儿子高恒就曾是盐政的最高长官。其父官任淮安、驻节淮安，其子官任扬州、驻节扬州，同是地位显赫，嘉庆朝，爆发震惊朝野的"两淮提引案"，即是盐政与盐运使上下沆瀣一气，在每引盐中额外提取留成，供地方贪污挪用，肆意挥霍。事发后，历任盐官都遭到严厉处分，盐政高恒、普福等人伏法，已年迈退休回德州的前盐运使卢雅雨获严谴，捉拿归案后死于扬州狱中。

二是，私盐贩卖严重。而私盐贩卖又与漕运脱不开干系。

私盐是指违反政府有关禁令而私自生产、运输、销售的食盐。

私盐问题的产生很大程度上是政府不合理的食盐专卖制度的直接产物，有盐业专卖就必然有私盐，盐业专卖越严，私盐越好卖，利润越高。这是一个客观规律。

明清时期，政府规定，运粮的漕船，"准予旗丁、水手等带载一定数额的土宜"，尤其是返程时的空船可以装运一定数量的地方特产，沿途贩卖。但是，承担漕运工作的漕船夹带私盐也是禁而不止，明代成化时"回还船只广载私盐，阻坏盐法"。明末"北来各船动多夹带私盐，而回空粮船为甚，船舻百千，扬帆冲关……"漕运总督、河道总督、各地督抚、巡盐御史、府州县官均兼有查拿缉私之责。

二、盐商与扬州的园林

扬州盐商是18世纪中国商业资本的典范，他们的经营范围扩及华东与华中的大部分，扬州盐商就个人财富与累积资本之雄大，超越国家内任何个别的工商群体。淮扬盐商的销盐区是安徽、河南、湖南、湖北、江西等省份,这里是清朝当时在全国划分 11 个盐区中最大的一个,利润高、销售范围广,使扬州盐商牟利甚厚。他们富可敌国,让平民百姓瞠目结舌。“富者以千万计”,“百万以下者皆谓之小商”。到“乾隆盛世”时,扬州商业经济已冠全国。在乾隆年间,瘦西湖曾一度极盛。在乾隆君临天下 60 年,六下江南巡视,每次都到扬州,乐乎这里的山与水,而瘦西湖又是“重中之重”,便促使了扬州园林迅速兴起。乾隆每来一次,湖上就添几处新景,十多年下来,就有了 20 多处了,有些园林还是乾隆的赐额。扬州园林极盛时,湖两岸园林连成片,无一寸隙地,其奇思妙构,点缀天然或亭或台,或墙或石,或竹或树,半隐半露间使人不觉其中,“绿杨城郭是扬州”绝非虚名。

富起来的盐商,为了攀附官府,为了争取自己的社会地位,便寻求走“贾而儒”的途径,兼商人与士子于一身,融厚利与富名于一炉。他们仿效文人主持风雅活动,广交文友,与士子、书画家密切往来,并以雄厚的资财给他们在经济上给予资助,活跃了扬州文化气氛,吸引了广大诗文书画家,“扬州八怪”就是这时与盐商相互依存,生活上得以安定,艺术上得以发展的。

清代康乾时期,垄断两淮盐业的八大商总全部聚集扬州,将大量资金消耗在扬州及其附近,把扬州造成了一个商业繁荣、文化发达、人文荟萃的园林城市,也使之达到了当时中国城市经济与文化的巅峰。风雅、奢华的“盐商”及“扬气”的生活方式,对于当时的社会风尚、思维方式、生活习俗都产生了极大的影响。从这个意义上来说,扬州城的盐商住宅是这座城市建筑文化的典型代表。扬州盐商那种寄生性、依附性和消费性的本质,决定了他们不可能把财富用于扩大再生产,从他们身上根本找不到同一时期西方资产阶级那种锐意进取的朝气蓬勃。一个颇具讽刺意味的对比是,乾隆二十二年(1757 年),正当东方最富有的集团用大量白银建造瘦西湖上豪华的五亭桥时,英国的瓦特正致力于改进热效率较低的牛考曼蒸汽机,不久,西方掀起了工业革命的狂飙。[①]

扬州盐商的巨富是利用清朝政府给予他们的特权——盐引制,通过垄断经营、贱买贵卖等手段取得的。他们兴盛于此,也败落于此。有特权庇护,他们是不折不扣的官商。盐商们的大量财富成了清政府特殊用项的来源,两淮的盐税直接关涉到清政权的经济命脉,“损益盈虚,动关国计”。于是形成了上至皇帝,下至臣僚,和扬州盐商在政治上、经济上的微妙关系。扬州盐商也无形中承担了许多封建义务。遇大灾大难时,大力支持清政府是他们报效朝廷的最好机遇。然好景不长,到乾隆中叶已出现衰败迹象。嘉庆道光年间,清政府频繁地查收勒索,使扬州盐商无利可图,一蹶不振,于是纷纷走散。[②]

乾隆的几次南巡,盐商们都是巧思妙想,广造园林,争奇斗艳,以奉宸游,有“一路楼台直到山”之称。无怪乎乾隆惊叹说:“扬州盐商,拥有厚资,其居室园囿,无不华丽崇焕。”

扬州盐商,与同时代的其他区域的商人相比,气质儒雅,这与江浙地区深厚的文化底蕴有关。盐商们从小浸染在诗词书画的氛围中,再者,与盐商经常打交道的,不是那些奋勇趋利的商贾们,而是自命清高的封建士大夫。自古以来,士大夫就以“君子喻于义,小人喻于利”作为人生哲学。如红顶商人胡雪岩在攀附左宗棠时,其身上的儒雅气质就帮了他的忙。左宗棠身为朝廷命官,最痛恨江浙富商,胡雪岩初次拜访就被左宗棠拒千里之外。但谈吐风雅且讲义气的胡雪岩逐渐改变了左宗棠的“偏见”,最终两人成为莫逆之交。胡雪岩也依靠左宗棠爬上了中国历史上第一位红顶子商人的位置。盐商的儒雅也得到了乾隆皇帝的赞赏,曾多次赐名给盐商的居家园林。

朱自清在散文《扬州的夏日》中说:“特别是没去过扬州而念过

---

① 邹逸麟,韦明铧.两淮盐商[M].福州:福建人民出版社,1999.

② 王振忠.明清徽商与淮扬社会变迁(修订版)[M].北京:生活·读书·新知三联书店,2014.

些唐诗的人,在他心里,扬州真像蜃楼海市一般美丽;他如念过《扬州画舫录》一类书,那更了不得了。”扬州园林多数是盐商营造的。扬州最出名的画舫最初也是一种运盐的驳船改装而成,船舱内仿照厅房,彩绘人物故事,故名“画舫”,成为瘦西湖的亮丽景观。

扬州负有盛名的园林,最具代表性的是瘦西湖、个园、何园。

瘦西湖是由隋、唐、宋、元、明、清等不同时代的城濠连缀而成的带状景观,与大运河始终保持着水源相通互动。瘦西湖由于年长日久,湖心淤塞,清乾隆年间,扬州的盐业兴盛,盐商便出资疏浚,并在东西岸兴建起许多亭台楼阁。瘦西湖在清代康乾时期已形成基本格局。瘦西湖主要分为 14 大景点,包括五亭桥、二十四桥、荷花池、钓鱼台等。

乾隆极盛时期沿湖有二十四景,誉为“两堤花柳全依水,一路楼台直到山”。康熙和乾隆两位皇帝均六次南巡来此,对这里的景色赞赏有加。五亭桥是扬州的城徽,是仿造北京北海的五龙亭和北海大桥而建,将二者合二为一,然而“青出于蓝胜于蓝”。桥建于 1757 年乾隆皇帝第二次南巡期间,已有 200 多年的历史,因五亭相聚,形似一朵并蒂盛开的莲花,故又称“莲花桥”。上置五亭,飞檐翘角,悬挂风铃,突出了江南之秀,而桥基却像北方城墙,厚重工稳,体现了北方之雄。《扬州画舫录》记载道:“每当清风月满,每洞各衔一月,众月交辉,金色恍漾,莫可名状。”诗人惺庵居士《望江南百调》中赞美道:“扬州好,高跨五亭桥。面面清波涵月镜,头头空洞过云桡。夜听玉人箫。”

位于瘦西湖万花园内的石壁流淙,是清二十四景之一,原为扬州清代大盐商徐士业的别墅,是清代瘦西湖上以水石为胜的名园,曾作为《红楼梦》中怡红院的蓝本。二十四桥景区主体建筑熙春台,基本依照故宫藏本恢复。取老子“众人熙熙,如登春台”之意,熙熙有和乐之意,也称“春台祝寿”,富丽堂皇,具有十分典型的皇家风范。

个园位于扬州古城东北隅,是两淮盐业商总黄至筠于清嘉庆二十三年(1818年)在原明代"寿芝园"的基础上拓建为住宅园林。以遍植青竹而胜名。园内池馆清幽,水木明瑟,并种竹万竿,故取名个园。

黄至筠祖籍浙江杭州,他凭着卓著的经商才能,积聚起万贯家财,被嘉庆皇帝钦赐"盐运使司盐运使",曾两次进京为皇帝祝寿,入圆明园听戏,是当时有名的"红顶商人"。

个园单体建筑体量宏敞,用料考究,代表了扬州盛极一时的盐商文化。个园的四季假山,则是扬州古典园林艺术的杰出代表。

个园是以竹石取胜,除了"万竹园",最负盛名的就是花园四季假山。个园的园林部分,以四季假山为主,结合园林建筑、植物配置及理水,是个园景色的精华。春山以贴山、围山、点石等手法构成了一幅"十二生肖闹春图";夏山则用石讲究,每一块石头都体现出"瘦、皱、漏、透、秀、丑"的赏石特点;秋山用黄石叠成,用石泼辣,气势磅礴,植物以枫为最多,一经秋霜,叶尽深红;冬山,用宣石以掇山、贴山、围山三种手法垒叠,构思最为精巧、独特,最富创意的一景。1961年,著名园林专家陈从周先生对多所扬州园林做了实地测绘工作,并在《扬州园林与住宅》中说:"个园以假山堆叠的精巧而出名。在建造时,就有超出扬州其他园林之上的意图,故以石斗奇,采用分峰用石的手法,号称'四季假山',为国内唯一孤例。"

个园是盛极一时的盐商文化和民居文化的珍贵遗存,然后经过盐制改革、战争等动乱,大量的扬州园林被荒废、焚毁,或拆卖,扬州园林开始由盛而衰,江南园林建造的重心也逐渐转向了苏州。

何园,又名"寄啸山庄",被誉为"晚清第一园"。曾在何园寓居过的名人有很多。著名国画大师黄宾虹,他六次来扬州,寓居在骑马楼东一楼。

何园原名"寄啸山庄",园名取自陶渊明"归去来兮……登东皋以舒啸,临清流而赋诗"之意,辟为何宅的后花园,故而又称"何园"。光绪九年(1883年),园主何芷舠归隐扬州后,购得吴氏片石山房旧址,扩入园林。整个何园景区包括住宅、后花园和小花园几部分,是私家园林的完整形态，各个部分之间既独立成章，又环环相扣、互相渗透，形成了一个内外有别、居游两便、中西合璧的人居空间，是晚清园林的压轴之作。

虽是平地起筑，但何园却独具特色：通过嶙峋的山石、磅礴连绵的贴壁假山，把建筑群置于山麓池边，并因地势高低而点缀厅楼、山亭，错落有致，蜿蜒逶迤，山水建筑浑然一体，有城市山林之谓，也是一座典型的"住宅式园林"。

何园还有四个"天下之一"的盛誉："天下第一廊"指的是何园的复道回廊，复道回廊分上下两层，贯穿全园，全长1 500多米。复道回廊上的花窗被称为"天下第一窗"，造型阔大，气宇轩昂，绕廊赏景，步移景异，是园林花窗中罕见的极品。"天下第一亭"指的是以水池居中的西园池中央的水心亭，这也是中国仅有的一座水上戏台。位于园东南的片石山房称为"天下第一山"，在石涛大师叠石人间孤本的腹内，藏有一座石屋。漕运和盐商衰落后，何园也成了晚清时期扬州最后建造的一座大型园林。

当前，这些园林成为城市文化传承的衣钵及文化交流和展示的平台。诸如举办"竹文化节"、"丝竹雅韵"音乐会、主题画展、国际经贸旅游节，借助园林作为实地背景，举办大型演出，传承传统文化。扬州园林呈现的是一幅集官僚、盐商传奇的历史人文画卷。

扬州因为"盐"而成为清代最为富庶的城市，也因为盐政的改革和运河的壅塞，而淡出了历史。当时，扬州盐商富甲天下，他们有足够的财力来建造园林，穷奢极欲。然而经过盐制改革、鸦片战争、太平天国战争，大量的扬州园林或荒废，或焚毁，或拆卖。扬州园林的命运和他们的主人的命运紧密联系。太平天国起义镇压后，两淮盐业死而复生，官僚和盐商又开始纷纷造园，但园林建造的中心已经转向苏州，此时建造的园林已远不能与盛时相比。至民国时期，扬州园林仅剩下残破的60余处。扬州园林兼有北方皇家园林与南方私家园林风格，扬州园林既具有皇家园林金碧辉煌、高大壮丽的特色，又有大量江南园林中的建筑小品，自成一种风格。[①] 其原因：一是清帝南巡，四商杂处，交通畅通；二是南北园林匠师技术交流的结果。当时，扬州私家园林，星罗棋布于市内大街小巷。它们大多是封建官僚、盐商富豪享乐之所，文人雅士、四方游人集结之地。文人雅士以其评文书画直接或间接地影响园林建筑。特别是画家兼叠石家石涛、余继之等大师，直接参与园林假山设计。至今扬州一些名园还留有他们的手迹。如人间孤本的“片石山房”、四季景象的“个园”、玲珑雅致的“小盘谷”、布局精巧的“蔚圃”等。随着造园名家层出不穷，南北匠师计成、仇好石、戈裕良、董道士等云集扬州，通过他们的不断探索，形成秀丽中寓雄奇、幽境中含深远的独特风格。呈现“呈有人作，宛若天开”以及“绿水接柴门，宛如桃花源”的景象，逐渐使扬州园林名闻海内外。

扬州盐商住宅常常与园林相连，是一个统一的有机体，因之称为住宅园林，又称“城市山林”。一般是住宅在前，中轴对称的布局；花园居后，随形构置，不规则的布局。园主人为了寄情山水，附庸风雅，因地、因时分别设置各种建筑，构成一幅楼台参差、花树繁荫的庭园画面，起到“堂以宴，亭以憩，阁以眺”的作用，做到可赏、可居、可游。整个建筑的色彩，则以雅淡古朴为主，融花木为一体，用“咫尺山林”的手法，再现大自然风景。

三、园林促进扬州戏曲发展

明末以后，扬州兴起借名园宴客演剧的方式。康熙三年（1664年）暮春，通州知州毕载积又把这种借名园觞客观剧的方式移到扬州北门外“依园”中来。

同样的戏剧演出，在不同的地区，不同的时代，或者为不同的社会群体演出，便会显现出不同的文化特征。园林之中，杨柳扶疏，月明花暗。在赏心悦目的园林中听曲，观赏者的感受与在厅堂中观剧是完全不同的。文人士大夫，在许多文化活动中，都追求精神与物

① 殷勤.扬州盐商住宅园林的形成及特色[J].江苏地方志，2012(3)：14-16.

质上的双重享受。所谓“良辰美景，赏心乐事”，“四美具，二难并”。燕南芝菴在《唱论》中论及“歌之所”时，就曾提到“华屋兰堂、衣冠文会、小楼狭阁、月馆风亭、雨窗雪屋、柳外花前”。王骥德在《曲律》中论及曲之亨屯时，更把“华堂、青楼、名园、水亭、雪阁、画舫、花下、柳边、佳风日、清宵、皎月”这样的优美环境，和“娇喉、佳拍、美人歌、娈童唱、名优、娇旦”放在一起。昆曲和园林，一样的清幽淡雅，都表现了中华民族传统文化的精致和优美，两者的艺术意境有着“同根生”的血缘关系。因此，在养得起家班的人家，都在园林中建筑戏台、戏楼。特别是乾隆南巡时，扬州盐商争宠于皇室，竞相奢丽，扬州建名园、养戏班蔚为风气。这样，把演唱昆曲与园林的景色结合起来，更是扬州昆曲的特色。

天宁寺北，重宁寺（今为国画院）东，有江春家东园一座，中有乾隆赐名的“熙春堂”“俯鉴室”“琅玕丛”等建筑。此处和康山草堂，同为江春宴客演戏之所。在虹桥东岸，江春家还有一座江园。旱门与汪学山的别墅“西园曲水”相对，中有“荷浦熏风”和“香海慈云”二景。乾隆三十七年（1772 年），皇上赐名“净香园”。

洪征治家有两个园林，中间夹着汪学山的别墅“西园曲水”。在“西园曲水”东边的“卷石洞天”为小洪园（后门外即“西园曲水”）。大洪园在西园曲水西，跨渡春桥而为园。园门在东岸，临水大门处筑厅三间，题曰“虹桥脩禊”。渡春桥西岸有“柳湖春泛”一景（即今柳湖路）。因靠近虹桥，乾隆赐名“倚虹园”——“园倚虹桥偶问津”。东岸领芳轩后“筑歌台十余楹，台旁松、柏、杉、槠，郁然浓阴”，沿着水湾，又建看楼二十余楹，可以临水听曲，籍水扩音，乾隆写诗赞“笙歌隔水翻嫌闹”及“闹处笙歌宜远听”（现在，“虹桥脩禊”“西园曲水”和“卷石洞天”均在“扬州盆景园”内）。

在江春家净香园之北，有黄元德家黄园。园内澄碧堂，“左筑高楼，下开曲室，暗通光霁堂。堂右为面水层轩，轩后为歌台。”现在虽经修缮，但还没有完全恢复旧观。

“长堤春柳”在虹桥西岸，韩园之北，有桃花坞。今徐园只是其东北端的一部分，在其西端，有法海桥与对岸的法海寺相通（康熙赐名莲性寺）。在法海桥东岸的子云亭故址上，有歌台一座。在乾隆二十二年（1757 年）前，在莲性寺的寺门左边还有一座关帝庙，庙前即东西跨炮山河的法海桥。此关帝庙与熙春台就是李斗在《扬州画舫录》卷十一中所记载的昆腔清唱斗曲之处。程梦星于二十四桥东（熙春台附近）构“篠园”之后，画舫都是过法海桥，走炮山河故道，而抵篠园。等到乾隆二十二年（1757 年），高御史开莲花埂，浚新河通平山堂，湖上画舫，皆过莲花桥，不复过法海桥。于是，今人遂不知古炮山河故道，亦不知法海桥在何处，而把现在小金山的湖心律寺误以为昆腔斗曲的关帝庙了。

城内之园亦有数十，多在新城部分（小秦淮河上尚有旧城的大东门桥、小东门桥）。其中最旷逸者当推康山草堂。康山草堂在徐凝门东南隅。明永乐年间，平江伯陈瑄疏浚运河时，在这里堆弃淤泥形成了一座土山。著名戏曲家康海被放后，曾在此构草堂、研音律，聚女乐、宴宾客，一时称盛。后来董其昌题其门楣为“康山草堂”，遂有“康山”之名称。清乾隆年间，江春构为家园，崇楼邃室，曲槛长廊。清乾隆帝南巡时，迭次临幸此园。平时他常邀宾客，在康山家园大厅里演出戏曲。

前面提到的棣园，位于扬州市南河下街北。道光二十四年（1844 年），盐商包松溪家购得此园。道光二十九年（1849 年），拓新栋宇，改称棣园。戏台在园之西部，坐南朝北，其东侧与黄石假山之间有一石阶小道可以登台。

馀园位于今广陵区公安局内，与二分明月楼隔路相望。园仅半亩，所以又叫“馀园半亩”，始建于何时已无考。分前、后、东、西四处院落，曲折相连，颇极曲廊邃室之妙。戏台建在前院内，坐西朝东，依墙而筑，面阔五间，宽 11.9 米，明间（台面）宽 4.7 米，台高 0.9 米。

盐商的富有给古城扬州带来了豪华的住宅和精湛的园林，并推动了扬州经济和文化艺术的发展。扬州的盐商区别于其他商人的一个重要特点就是亦儒亦商，喜欢读书和养士，有着浓厚的崇儒情结,来自各地的盐商们不仅创造了经济繁华,而且创造了文化繁荣,对扬州文化艺术的发展有着重大贡献。许多盐商本身就是博学饱识之士,并有文集传世。盐商们还乐于与文人雅士交友,四方文人云集扬州,以其诗词书画在扬州名园住宅中留下了珍贵的墨宝。大盐商马氏兄弟,东关街构筑"街南书屋",厅馆内藏书百橱,有十万余卷。乾隆时编纂《四库全书》,诏征江浙藏书家秘本,马氏兄弟呈送的书籍被采用的有 776 种之多,获赏《古今图书集成》。"明月莺花翡翠楼,竹西佳处是扬州。"扬州盐商住宅园林是扬州灿烂古代文化的精华,享誉海内外,已成为我国珍贵的文化艺术遗产。

第二节 漕运与其他运河城市园林

一、淮安——衙署园林清晏园和河下私宅园林

前面我们曾经说到,要维持繁忙的漕运,必须要保持运河的畅通,因此,河道总督的职责很重要。"两督事虽异,一漕事本同。"乾隆帝这一诗句表明,漕运总督与河道总督虽事有专责,但共同目标都是为了保障漕运畅通。

清代顺治元年(1644 年)只设河道总督一人,掌管黄河、京杭大运河及永定河堤防、疏浚等事,治所在山东济宁。随着江南河工兴举日多、修守事务渐趋繁巨,康熙十六年(1677 年),河道总督衙门不得不由济宁迁至江苏清江浦(今淮安市清江浦区)。

清晏园原是明代永乐年间的户部分司公署(户部,中国古代掌管户籍财经的机关,其职能大致相当于现代的民政部和财政部)。清晏园距今已有近 600 多年的历史。清康熙十六年(1677 年),河道总督衙门迁到这里,河督靳辅在此设立行馆,"凿池种树,以为行馆",雍正七年(1729 年)奏建江南河道总督署,大修园林。

乾隆十五年(1750 年),河督高斌为迎接乾隆南巡,在清晏园园内荷池北侧兴建"荷芳书院"。从 1678 年始,清代常驻淮安的河道总督有 72 任,共 58 位,历时 183 年。高斌在江南河道总督任上,致

力于治河事宜。由于他实践知识丰富，治河成绩卓著，成为清朝继靳辅、齐苏勒、嵇曾筠之后的又一位著名的河道总督、治河专家。高斌的女儿慧贤皇贵妃，是乾隆的妃嫔之一。

荷芳书院是清晏园内最具特色的建筑之一，乾隆十五年(1750年)兴建，后屡经变故，清晏园面目全非，唯存荷芳书院。荷芳书院在苏皖边区政府时期，辟为新华图书馆，后又易名为博古图书馆，重新翻修后，复名为“荷芳书院”，门侧楹联仍为旧句：“名园别有天地，老树不知岁时。”荷芳书院周围，是当年河督游憩之所，碑亭和碑廊就建在此处。从这些御制的碑文中，可以了解到治水的艰辛和漕运的情况，是一组不可多得的水利史料和历史文物。

乾隆三十年(1765年)，河督李宏于荷池中兴建“湛亭”。亭子远处的背景就是“荷芳书院”

道光十三年(1833年)，河督麟应莅任，在任11年，精心修园，园景达历史最佳水平。

后经历任河督整修，公园渐成规模。清晏园占地120亩，其中水面50亩。

公园总体布局为：由南经北分布着环漪别墅、黄石园和荷芳书院景区，魁星阁、淮香堂和荷芳书院三个景点坐落在中轴线上。

今雨楼，淮扬菜的发源地之一，河道总督衙署招待各方来宾，菜肴从衙署厨房传送至设在今雨楼中的宴席上。东侧建有序园、总督河道部院等，2008年复建总督河道部院，陈列原河道总督治河相关史料。西侧有叶园、明代关帝庙等。

清晏园兼具南方园林之秀丽和北方园林之雄奇，为典型的古典园林景观，也是苏北地区最有代表性的古典园林。

清晏园曾先后称为西园、淮园、澹园、清宴园、留园、叶挺公园、城南公园等。1991年，公园复名为清晏园。现为国家3A级旅游景区、全国文物保护单位、国家水利风景区。

昔日淮安园林极盛。明清时期，河下古镇自明代中叶至清代道光300余年间极为繁盛，车马漕船往来不绝，商贾云集，文士辈出。

明清两代的河下古镇在有限的范围内先后兴筑了100多座私家园林,景致融合南北之长,山环水复,亭榭相接,楼台起伏,花木清幽,意境深远,达到很高的艺术水平。清代后期连续遭遇天灾人祸,河下园林渐次颓败,其原构至今竟无一留存,令人遗憾。但古镇旧有的水系环境、街巷格局和部分民宅店铺尚得以幸存。

20世纪80年代以来,先后复建了吴承恩射阳簃和吴鞠通问心堂两座名人宅园,景致亦有可观,但毕竟已非旧貌。

所幸明清以来的方志中对河下园林多有记载,历代墨客雅士留下了许多诗词文赋。

当地文人也常有笔记著作列述其盛况,如阮葵生《茶余客话》、吴玉搢《山阳志遗》、范以煦《淮壖小记》、陈丙《潜天老人笔谈》、丁晏《柘塘脞录》、程锺《淮雨丛谈》中均有若干关于河下园林的描写。咸丰年间李元庚所著的《山阳河下园亭记》集其大成,成为一部堪与北宋李格非《洛阳名园记》、清代李斗《扬州画舫录》遥相辉映的园记佳作,宣统三年(1911年)其孙李鸿年作《山阳河下园亭记续编》,20世纪四五十年代另一位文士汪继先又作《山阳河下园亭记补编》,前后相继,为河下园林留下了宝贵的文字史料。2005年,淮安当代文史专家高岱明女士出版《淮安园林史话》,其中以较大篇幅对河下园林进行记述,考证细致。

从上述记载来看,河下以弹丸之地扼守运河要冲,繁华一时,其园林数量既多,品质亦高,建筑、掇山、理水、花木、匾联各尽其妙,文化内涵丰富,具有鲜明的地方特色,在中国古典园林史上理当占有一席之地而不应湮没。河下园林的兴盛,其中一个很重要的因素就是,它曾经是盐商重镇,曾经是“两淮批验盐引所”所在地。河下镇的殷家码头、松竹草堂、汪氏大院等都与明清时期河下盐商关联密切。

二、天津——私家园林水西庄

天津古代园林,最早见于史载的是明代正德年间户部主事汪必东在户部分司所建的衙署庭园——浣俗亭；驰名最早的是清代长芦盐巨商遂闲堂张氏于康熙中期所建的问津园、一亩园；若从园林规模之大、造园艺术水准之高、鼎盛时间之长来论，则是查氏水西庄。天津城西南运河岸边的水西庄，为康熙年间天津大盐商查日乾、查为仁父子所建，后历年增建，成为天津最为著名的私家园林。

水西庄始建于雍正元年（1723 年），雍正十三年（1736 年）规模已具。此后查氏不断对水西庄进行整修与扩建。乾隆十二年（1747 年）增筑园中之园——“小水西”，乾隆二十三年（1758 年）复在园之偏扩建一“介园”。乾隆慕名曾四次留住水西庄，并挥笔赐名“芥园”。从此水西庄声誉更著。乾隆三十五年（1770 年），在芥园东侧建了河神庙，园盛之余又添庙热之况。在造园构思上，选择了“面向卫水，背枕郊”、“近村仍近郭，通衢宜骑复宜船”的地方作为园址，可谓相地合宜；“斧白木以为屋，不加丹垩”，以人为之美入之天然，可谓立意精当。营造手法上，或因高而借远，或凭水而借景，或遐想而借虚，可谓巧矣。园中有澹宜书屋、水琴山画室、古芸台、竹间楼、夜月廊、数帆台、揽翠轩、平冈、枕溪廊、花影庵、藕香榭、泊月舫、绣野簃、红板桥、一犁春雨、碧海螺亭、小水西、夕阳亭、歇山楼、屋南小筑诸景点；屋南小筑中又有晴午楼、花香石、润之堂、送青轩、小丹梯、若槎读书廊、月明笛台、萱苏径、古香小茨、苔花馆、来蝶亭、小旸谷、小憩舫等小景点，堪为津门古代园亭池馆之冠。

乾隆年间天津诗人康尧衢在《沽上竹枝词》中写道：“琵琶池上起龙台，曲曲回廊近水开。每到紫藤花发处，游人都问芥园来。”清人袁枚在《随园诗话》中，将天津“水西庄”、扬州“小玲珑山馆”、杭州“小山堂”并称为清代三大私家园林。沿运河南来北往的文人墨客，多会聚此园吟诗作赋，挥毫绘画，著名画家朱导江、石涛等都曾长期在此居住作画。乾隆皇帝下江南时曾四次驻跸于此，并亲笔将该园改名为“芥园”。水西庄繁盛时期成为当时天津文人文化的代表，在天津历史文化发展中产生过重大影响。

专家在对水西庄的考察过程当中发现，水西庄与《红楼梦》里的大观园有好多特别巧合的地方：水西庄有好多景点和《红楼梦》大观园的景点名字相同或有相似之处。比如藕香榭，这个名字水西庄有，大观园也有，根据考证，水西庄里面有很多竹子，跟红楼梦大观园里的潇香馆有很多相呼应的地方。并且，从文化方面来说，大观园给人印象最深的是举办诗会，而水西庄据文字记载，一百多年举办了千场诗会，几百个文人学士参与千场诗会，规模很大。天津水西庄，雍正元年（1723 年）修建，清末荒落。正好和曹雪芹家里遇难，曹雪芹到水西庄避难的时代背景吻合。应该说，水西庄给了他一些创作的灵感。红学大家周汝昌认为，天津水西庄是红楼梦大观园的重要原型之一。

水西庄的查氏家族多能诗善文。查家祖籍安徽，后其祖上移居浙江海宁，贩盐致富。明王朝建都北京后，海宁查家的盐务拓展至京津一带，并在商务与仕途上兼有发展，成为京城豪富，显赫一时。在清代著名的“维民所止”文字狱中，查家亦遭大祸，但案后仍营盐务，其富不减。查日乾、查为仁父子虽是商海巨富，但“贾而好儒”，均为当时天津的文化名人。被收入《四库全书》的《绝妙好词笺》和编入《清诗话》中的《莲坡诗话》等在中国文学史上占有重要地位，均出自查氏之手。

水西庄主人文化素养极高。其第一代主人查日乾“性耿介，不滥取，以行盐致富，长于持筹，为同辈所仰”。他读书不为章句，于史事尤精。津门学人高凌雯在《天津县新志》中称：“查氏园林宾客沽上著闻，风雅绵历数十年，实自日乾启之”。其第二代查为仁因事系狱数年，故隐居不仕，息意名场。他博学多闻，能诗善文，著有《莲坡诗话》《蔗塘未定稿》等，且以博大的胸襟延揽天下名士，使天津文学艺术事业以水西庄为中心进入了极盛期。学界普遍认为：清代，开津沽之风雅，查为仁功不可及。查为仁不只自己善吟诗，其家闺秀及子孙辈，也都诗文精通。每逢查为仁作出新诗，其妻女等，都能作诗咏和。查为仁的弟弟查为义、查为礼，更是著作等身；儿子也都善诗文，得续家声。

水西庄主人尚气谊，广结交，重然诺，大江南北名流学子凡道出津门者，无不款接，使水西庄宾客如云，人文荟萃。故时人有“庇人孙北海，置驿郑南阳”之颂。一些名重一时的经学家、史学家、诗坛领袖，如陈仪、英廉、陈元龙、钱陈群、杭世骏、吴廷华、万光泰、厉鹗、陈皋、汪沆、刘文煊、朱岷等，或往来于水西庄，或寄居于水西庄。宾主聚首，或吟诗会酒，或同案挥毫，或切磋学问，或共同著书立说，推进了清代雍、乾时期天津诗词、绘画的创作和研究，给天津文坛带来了勃勃生机。江苏武进诗人兼画家朱岷路过天津时受到水西庄主人的迎接，与津门结下深厚的文缘。他在《初到津门》诗中写道：“潞河交流入海平，丁沽风物久闻名。京南花月无双地，蓟北繁华第一城。柳外楼台明雨后，水边鱼蟹逐潮轻。分明小幅吴江画，我欲移家过此生。”朱岷还绘有《秋庄夜雨读书图》描绘水西庄的美景，此画和另一位画家田雪峰所绘《水西庄修禊图》的真迹，现均珍藏在天津历史博物馆中。

水西庄作为文化交流的窗口，最典型的一例则是查为仁与厉鹗的交往以及他们共同笺注南宋人周密选编的词集《绝妙好词笺》一事。厉鹗是清代著名文学家，博学工词，为浙西词派的重要作家。水西庄主人查为仁与厉氏神交已久。早在乾隆六年（1741 年），为仁、为礼兄弟在水西庄编辑《沽上题襟集》时，向厉鹗索序，厉欣然而就。两年后，为仁拟将其《蔗塘未定稿》付梓，再次求序于厉，厉在序中盛称查为仁“以诗名寓内久矣”。乾隆十三年（1748 年），厉特意乘舟来水西庄，得到查为仁的热情款待。二人“觞咏数月”，其间一起完成了《绝妙好词笺》这一传世之作。关于《绝妙好词笺》的成书经过，《四库全书总目提要》做了如下记述：“初为仁采摭诸书，以为之笺，各详其里居出处，或因词而考证其本事，或因人而附载其佚闻，以及诸家评论之语，与其人之名篇秀句，不见于此集者，咸附录之。会鹗亦方笺此集，尚未脱稿，适游天津，见为仁所笺遂举以付之，删复补漏，合为一书。今简端并题二人之名，不没其助成之力也。”《绝妙好词笺》刊刻于乾隆十五年（1750 年），因其“疏通证明之功，亦有不可泯者”，故被收入《四库全书》。

随着水西庄逐渐荒落废弃，许多名人游此故地时触景伤情，写下了不少诗文。20世纪40年代，红学家周汝昌勾画了水西庄的凋零，“茫茫何处寻诗酒？西庄市声喧乱。藤架正香，竹轩揽翠，华屋山丘都换。漫凭指点，叹豆叶瓜苗，是曾开宴。绿到河门，垂扬不见信安远。东南一派曼衍，沧波放眼，但云气三山，年华一箭。断瓦同销，斜阳耕废畎。”[①]

水西庄在造园艺术上追求天然情趣，从总体构思、景点取名到植物栽植均有匠心。从现存各种史料记载及当时人们对水西庄的诗歌吟咏中可以看出，作为一个私家园林，其规模在当时已属罕见。盐商建造的私家园林，由于注入了文化意识，就为促进文化事业的发展提供了有利的客观条件。水西庄主人查氏父子风雅好客，广交四海名士，会聚庄园，吟诗作画，切磋学问，据记载“名流宴咏，殆无虚日”，可以想象当年那种文人荟萃的盛况。古典园林水西庄曾是清代中晚期天津的文化中心，虽然遗迹已荡然无存，但作为天津文化史上的一个传奇，在天津园林史上占据了独特的地位。

三、济宁——棋布于运河之滨的私家园林

大运河重要节点城市济宁因运河而兴，明代济宁流域经济在漕运的带动下逐步走向繁荣，经济的发展推动本地区建筑风格的改变，使得观赏实用并重的私家园林逐渐在济宁建筑中拥有了一席之地，遂使有着与苏州相似的千姿百态的私家园林。若按照园林构建的要素进行统计，济宁符合这些构建要素的私家园林多达53座。这些私家园林大多创建于明朝中后期，这一时期，正是明政府两次大规模整治闸河，运河济宁段畅通无阻的时期，更是济宁经济发展的鼎盛和南北物质文化交流的黄金时期，为济宁私家园林的兴建和发展提供了极为有利的条件。这些私家园林多集中在运河沿岸，尤其是济宁州任城县。这些私家园林营建者多为官员，其余人群所营

① 周汝昌.《台城路・过水西庄吊津词人查莲坡先生故园》.

建相对较少。

繁荣的城市经济是这一时期济宁州大规模出现私家园林的必要因素，这是明代以前的济宁所不具备的。济宁州历来是军事要地，“洸、泗二水萦抱，东北疃里诸山盘绕，西南地形高亢，关津险阻。”也正是因而济宁经济屡受战乱所累，以至“盛时舟车，衰时兵革。”尤其是宋元之际，此地战争连绵不断，元初的济宁州呈现一幅破败落寞景象。

至元十八年（1281 年），济州河的开通使得处于济州河南端的济宁州经济开始复苏。至元二十六年（1289 年），会通河的开通使得京杭大运河中段成为“南通江淮，北达幽燕”的大通道，济宁州因“其地南控徐沛，北接汶泗，为河渠要害”，成为“南引吴楚闽粤之饶，北壮畿辅咽喉之势”的重要城市，为济宁州的经济发展提供了极大的地利条件。“元都于燕，去江南极远，而百司庶府之繁，卫士编民之众，无不仰给于江南。”这使得运河漕运在国家经济中的作用愈加重要。

永乐九年（1411 年），工部尚书宋礼领命总理河道，建“总督河道都御史衙门”于济宁州，“发兵丁十六万五千人”重修济州河和会通河，并在白瑛的协助下最终使得“漕运大通”。永乐十三年（1415 年），由于明政府常年对运河的修治，运河的营运能力大超以往，同时为了减少倭乱为南北运输的影响，明政府决定罢海运而专任河运。由此，济宁州遂发展为“东临四达之衢，商贾集五都之市”，成为当时名噪一时的漕粮转运大码头。为了保障北方统治的核心区域的物质供给，提高漕运的积极性，明代政府规定运送粮食的同时，漕船可以捎带“随船土宜”，并且其中的一部分是可以免征税钞。这在直接调动漕运积极性的同时，也间接地促进了南北物质的流通，使得商业意识在济宁州逐步觉醒，商业行为也逐步为众人所推崇。由此，济宁封闭、自给自足的自然经济被开放、互利互惠的商贸经济所替代，当地传统的文化观念与外来的多元化观念相交融，这些都在无形中促进了济宁城区及沿线城镇的发展与繁荣。

明代中后期运河济宁段已经成为沟通南北经济的主要通道，吸引了全国各地的客商来此驻足。通过运河，“燕赵、秦晋、齐梁、江淮之货，日夜商贩而南；蛮海、闽广、豫章、南楚、瓯越、新安之货，日夜商贩而北”。南北两地的经济交流日益频繁，商品的流通呈现空前的活跃。“贸易于两淮于三吴者，联樯大舶，必驻济宁。”[1]至明中期，济宁已是一座“江淮百货走集，多贾贩，民竞刀锥，趋末者众”的商业都会，是鲁西南地区最大的商货集散地。“江南之材，从河入漕，山西之材，从沁东下，由济濮故渠入漕……服食器用，鬻自江南者十之六七。”[2]供当时兖州府所属27个州县所用的商品货物，皆由济宁转输。鲁西南出产的煤炭、棉花、梨枣、毛皮、药材、粮食等，也都运集济宁，而后通过运河转输江南、京津等地。“济当南北咽喉，子午要冲，我国家四百万漕艘皆经其地。仕绅文舆舟如织，闽广吴越之商持资贸易者，又鳞萃而猥集。即负贩之夫，牙侩之侣，亦莫不希余润以充口实。冠盖之往来，担荷之拥挤，无隙晷也。”[3]济宁由原来单纯的漕运码头逐步发展为山东西南部重要的漕运码头和繁荣的商业中心。

繁荣的城市经济是济宁园林出现的必要条件，但是园林城市的形成还需要一定的地理人文环境等因素的综合作用，这些因素在明代中期都是具备的。

明代的济宁地处南四湖（南阳湖、昭阳湖、独山湖、微山湖）的北端，处北五湖（马扬湖、蜀山湖、南旺湖、马踏湖、平山湖）的南端。“汶泗洸府诸川，南旺、蜀山、马场、南阳、昭阳皆在所辖之内。”[4]城内有金线泉、蛇眼泉、浣笔泉、砚泉、太和桥泉等诸泉，城区内外有泉河、牛头河、赵王河、越河等，另有王母阁坑、冰窖坑、马家大坑、翰林坑、莲花坑等大小不一池塘十余个，具有典型的河港密布的水乡

① 《篁墩程先生文集》卷二十五.

② 《万历兖州府志》.

③ 陈伯友.《重修通济桥记》.

④ 《济宁直隶州志》卷三.

特点。

运河在推动济宁城市经济发展，改善当地水利环境的同时，诸多江南士人或商人来济宁为官或经商。他们的住宅和官邸大都或承袭了江南民居的建筑格局或直接受江南民居建筑风格的影响，如郑真，鄞县（现宁波市鄞州区）人，刺史，在济宁建有槐隐园（元隐园），就是典型的例证。官员的府邸和南方商人的商业场所的建筑技法和风格在很大程度上推动了济宁园林建设的发展。因运河而生的竹竿巷是济宁州带有江南风格的代表性商业建筑，是江南商人聚居的区域之一。竹竿巷虽是商业用途，但其沿河而建，颇有南方园林的影子。顺河而观竹竿巷，两边都是南方常见的风窗阁楼式建筑。竹竿巷中每一个单独的店铺门户开敞、空间自由、节奏紧凑、方便实用，保持着顺天然、亲人和、朴实的个性特征，糅合了北方儒家文化的实用理性传统。也正是从这一时期始，济宁建筑一改传统的北方建筑稳重有余而灵巧不足的风格，转为实用、稳重与精致、灵巧并重，江南建筑风格在济宁商业建筑由此开始显现。

异地或本地为官的济宁士人，在本地营建居住园林亦不在少数，仅《郑氏名园记》中所载四十有余。这些园林具有丰富的文化内涵和人文特色，是士人朝夕生活居住和从事学术著述、艺术创作、神交品茗的一个充分艺术化的居住环境，更是其人格追求等精神价值的主要精神寄托和尊德修身的场所。部分园林的奢华程度不亚于江南等地的私家园林。

明代是中国园林研究的鼎盛时期，出现了一大批著名的园林著作，如王世贞的《古今名园墅编》、计成的《园治》、文震亨的《长物志》、邹迪光的《愚公谷乘》、钟惺的《梅花墅记》。明代济宁园林的探索是园林营造技艺和理论的良好结合。济宁园林营建者在造园实践中按照最优美的曲线和最成熟的式样来营建园林中的每一个景观，按照最和谐的韵律巧置园林景观的起承转合，在吸取南方园林造园技法的同时，结合地域人文特色在范山、理水、植树、种花、楼、台、亭、阁、轩、馆、斋、榭等方面都进行了积极的探索和实践，并在造园理论上进行了不断的研究，明崇祯年间济宁州人郑兴桥所著的《郑氏名园记》便是典型例证。在《郑氏名园记》中所载园林普遍具有典型的北方园林特色，同时又糅合了许多江南地区造园技法，堪称我国造园史上的一朵奇葩。济宁园林的营建者或者居住者，更是亲身参与园林的营建。

明朝是济宁私家园林发展的鼎盛时期，也是济宁发展史上的鼎盛时期，这得益于运河的畅通，得益于运河所带动的沿岸城市的经济发展和自然环境的优化。在运河淤积之后，济宁私家园林现在已经荡然无存，但是其对园林营建的探索已经成为济宁文化不可分割的重要组成部分。

第十二章　漕运与运河饮食文化

饮食文化是在特定的自然环境和历史人文环境的相互作用下，人们围绕饮食所产生的一系列行为和规范。它包括与饮食有关的物质层面和精神层面的所有内容，前者主要表现为饮食来源、饮食加工、饮食结构、饮食器皿、饮食的色香味形，以及居住、保藏所反映的饮食团体、饮食方式等；后者集中体现在与饮食相关的政策、饮食观念、饮食卫生、饮食保健、饮食理论以及在宗教、祭祀、人生礼俗、人际交往、岁时节庆、艺术等方面所反映的饮食文化现象。饮食文化涉及人文科学、社会科学和自然科学，涵盖了饮食生产、饮食生活、饮食思想、饮食秩序等多个方面。

饮食文化的形成与变迁是地理环境差异和历史变迁长期作用的结果。饮食的文化内涵是由饮食物质文化、技术文化、意识文化等反映的植根于区域文化的饮食思想和观念。这是反映饮食文化本质属性的因素，是区域饮食文化深厚坚实的思想渊源。依靠京杭大运河维系的纵横交错的漕运体系，使得大运河沿线区域的生态和人文环境都因此而发生了重大的改变。区域饮食文化是区域社会发展过程中，人类关于食物需求、生产和消费方面的文化现象，既包括人与自然的关系，也包括食物与人类社会的关系。不同的饮食文化形态，应由当时当地的社会形态、生产力水平和生产关系所决定。运河区域的饮食，在食物结构、餐饮习惯、营养观念、饮食礼仪等方面，都显示出各自的独特性，从而形成了独具特色的饮食文化。

第一节　多元、包容的运河饮食文化

运河之水悠悠百世，是人类利用和改造江河湖泊的典型，是中华民族祖先的伟大创造。古代中国,历代封建王朝为维护国家统治,供应宫廷消费、军事支出、百官俸禄、民食调剂等目的,需要将征自田赋的部分粮食,运往京师或者其他的指定地点,这就是漕运。漕运的产生与封建集权政治的产生与发展有着密切的联系。先秦时期,“王”是最高的统治者,所谓“普天之下莫非王土,率土之滨莫非王臣”。然而,以“王”为中心的中央集权,实际上仅仅控制着数百里的王徽之地,其余广袤辽阔的地区,则是处于一种“分土而治”的状态之下,或是受封之国,或为臣服之邦。这些大大小小的邦国与中央的臣属关系是十分松弛的。在经济上,主要承担着一种“进贡”的义务,这种进贡虽然是必须的,但却经常是象征性的。漕运作为中国历史上一项特有的重要经济制度,贯穿于整个封建社会,并延续到半殖民地、半封建社会,始于秦汉而终于晚清。尤其在京杭大运河畅通之后,在明清两代,漕运都起着沟通、连接南北方经济、政治中心的纽带作用,密切了全国不同区域和物资产区之间的联系。

依靠京杭大运河维系的纵横交错的漕运体系,保证了国家能够牢固地掌握全国各地的财政和商税收入。大运河沿线区域的生态和人文环境,都因此而发生了重大的改变。俗话说,民以食为天。饮食,是人类生活的重要方面,是人类生存和发展的基本条件,也是一个地区生存环境、生产方式、社会风俗、宗教信仰和经济发展水平的直接体现。不同区域的饮食,在食物结构、餐饮习惯、营养观念、饮食礼仪等方面,都显示出各自的独特性,从而形成了各具特色的饮食文化。饮食生活,作为人类生存繁衍的基本需要和不可缺少的物质保障,与一定时期社会的政治经济、风俗习惯、文化背景息息相关。因此,从饮食生活可以管窥一个时期,特定区域内社会经济、文化以及风俗习惯的概貌。

在历史上,大运河是中国南北经济交流的一条大动脉,也是通往首都的生命线。由于气候、物产和人们生活习俗的差异,中国南北各地产生了丰富多彩的饮食文化。京杭大运河横贯南北,把中国江南的稻作区和北方的产麦区连在一起,也成了南北饮食文化交流的渠道。就运河区域的饮食而言，在全长 1 800 千米的流程中，分布着京菜、津菜、鲁菜、淮扬菜等不同的菜肴风味，凭借运河强大的沟通功能，各地的饮食素材、烹饪方法、风俗习惯等，深深地影响着该区域，丰富了运河区域的饮食生活，使得区域内的饮食风貌发生了显著的变化，极具代表性。特别是，物产富饶的江南，通过运河把各类物资源源不断地输送到北方，因此，运河饮食文化一开始就呈现出一种由南向北的输送风格。江南地区的谷米、鱼虾、干菜、酱醋、美酒、香茶，落户于运河沿线的各个地点，影响了当地的饮食结构。了解运河区域的饮食生活，是了解整个运河沿线，各地区之间，物资、文化交流的关键视角，也将拓展明清以来社会生活史研究的空间。

元明清三朝相继建都北京，如何将位于北方的政治中心，与南方各地联系起来，保证漕粮的不断输送，以满足都城消费、军事之需，便成为刻不容缓的问题。南北通航的大运河，促进了运河区域的农业进步，经济作物广泛种植，家庭手工业生产扩大，为商品经济的发展提供了充足、丰富的物产和货源供应，还营造了良好的商业环境，创造了巨大的市场需求。明清时期，漕运繁盛，运河区域的商品经济获得空前的发展，无论农产品还是手工业品，都广泛进入市场进行交易，带动了一大批沿运商业市镇的兴起，活跃了整个服务行业。运河区域的饮食文化突出体现了南北物资、观念、风俗等方面的交流与融合。

饮食是人类生存繁殖的基本需要和不可缺少的物质生活，它与一定时期社会的政治经济、风俗习惯、文化背景息息相关。因此，从饮食生活可以管窥一个时期特定社会经济、文化和风俗的概貌。运河饮食文化的丰厚历史积淀，造就了沿线两岸许多餐饮网点。这些饮食网点在不同的地域环境中相互交流、吸纳和融合，形成了来自于地域但又不完全等同于地域的独特的运河饮食风格。过去的淮安作为运河沿岸的四大都市之一，就曾对淮菜的构成产生重要作用，当时著名的全羊席、全鳝席、全鱼席都围绕着运河而形成特色风味。随着频繁的人员往来而兴起的饮食服务业，多元化的饮食风味，不同社会阶层的饮食状况，以及饮食风尚和思想观念等，构成了运河饮食文化的重要组成部分，其中的饮食服务业、风味菜肴，经过几百年的沉淀发展，形成了富有自己行业特色的文化，是中华文化的独特象征，也成了运河区域绚丽生活画卷的一抹重彩。

京杭大运河虽然也有巩固统治、强化集权的作用，但它的开通在客观上却极大地促进了华夏南北，甚至是中外之间的物质、文化交流，充分体现了中华民族的包容性和开放性，丰富了中华文明的内涵。明清时期粮食作物种植结构多元化，经济作物种植面积扩大。除了小麦、高粱、大豆和水稻，这些传统的粮食作物外，明朝末年，开始有新的粮食物种，如玉米、甘薯等引进，对区域社会生活影响巨大。此外，如烟草、花生、果蔬、花卉等经济作物，也得到了广泛的种植，形成了许多烟草市场、花卉市场、水果市场。运河区域的商品经济也在此时发展起来，舟车辐辏，商店鳞次栉比，南北货物咸集，人员往来频繁，达到了空前的繁荣。运河区域的饮食，依靠便利的运输条件，不断地吸纳和发散，内容日益翻新，文化内涵也更加丰富多彩。运河区域的饮食文化衍生于运河文化，充分体现了运河文化的时代性、多元性、包容性等特点。

第二节　水陆毕陈饮食材料与南北融汇饮食风味

一、水陆毕陈饮食材料

在历史上，大运河是中国南北经济交流的一条大动脉，也是通往首都的生命线。物产富饶的江南，通过运河把各类物资源源不断地输送到北方，这其中也包括饮食物资。因此，运河饮食文化一开始就呈现出一种由南向北的输送风格。江南地区的谷米、鱼虾、干菜、酱醋、美酒、香茶，落户于运河沿线的各个城镇，影响了当地的饮食结构，充实了区域的饮食生活。江南地区的许多美食，都是通过运河而传向北方，贡入京城，尤其是珍贵美味的饮食原料，特别依赖于南方的运河贡送。延续了明清两代的鲥鱼入贡，就是一个典型事例。据记载，长江下游是鲥鱼主要的捕集地和食用区，明成祖朱棣迁都北京之后，念念不忘长江鲥鱼的鲜美，便下令由南京向北京进贡鲥鱼。鲥鱼的出产有严格的季节性，其出水即死，且易于腐烂。从南京送到北京，在运河上最快要走一个月。因此南京方面专设入贡船，满载冰藏的新鲜鲥鱼，沿着运河水线由南往北，昼夜兼程，直赴北京。由于路途遥远，船内藏冰融化，难以保鲜，所以，入贡船每到一处，都要索取当地的藏冰，以新替旧，反复冰封，确保入贡鲥鱼的新鲜程度。于是，一种年复一年的贡送模式，在运河上活跃起来。南京鲥鱼历尽艰辛，到达北京，依然鲜味不变。如果没有运河通道，皇亲贵胄也无缘品尝江南鲥鱼的美味了。

在鲥鱼北上的时候，山东运河沿线的济宁和临清码头曾经截取过珍品鲥鱼。明代小说《金瓶梅》中多次提到"鲥鱼"这种食物，如五十二回描写黄四家给西门庆送礼，其中有"四尾冰湃的大鲥鱼"。当时，冰藏入贡的鲥鱼船要在固定的地点更换新冰，所以运河沿线的换冰场所才有可能偶取一二。在山东运河沿线，只有济宁和临清两处大码头为贡船固定的换冰之地，鲥鱼贡船必须依靠逗留，《金瓶梅》中提到的"冰湃的大鲥鱼"即指此。由于便利的交通运输条件，使得运河沿岸的码头、城镇汇聚了南北杂货，各地商品得以广泛交流，"齐之鱼盐、鲁之枣栗、吴越之织文纂组，闽广之果布珠琲、奇珍异巧之物，秦之罽毳、晋之皮革、皆荟萃其间。"[①]商品交流给运河区域的饮食原料市场，带来了空前的繁荣，粮食，肉类，蔬菜，调味品，如醋、油、糖、酱油、盐，果类如水果、蜜饯、坚果等，饮品如酒、茶等食材，种类十分丰富。

运河两岸分布着大大小小的粮行、茶行、海味铺、肉铺、菜铺、酒坊、醋铺、盐店、油店等。丰富多样的食材，主要通过三种途径被输送到运河沿岸。一是"随船土宜"，考虑到北上运粮的运军报酬较

① （清）李贤书.《道光东阿县志》卷二十.

低，又“道远勤劳，寒暑暴露，昼夜不息，既有盘浅之贸粮耗米折，所司又责其赔补”，明清政府便允许运军兵丁等“除运正粮外，附载自己的什物，官司勿阻挡”[①]，且免征税钞。通过这种方式，有许多南方的食材，如大米、茶叶、柑橘、香蕉、鲜梅、枇杷、杨梅、甘蔗、杏仁、红白糖、槟榔、糕饼点心、鲜笋等被输送而来，丰富了运河沿岸城镇的饮食生活糖。二是漕船回空时揽载的货物，回空时的漕船一定程度上变成了商船，装满了运军从停泊之处收购的土特产品。南下的漕船包含了许多山东、河北、北京等地的食材，如直隶泊头和开州的梨、瓜子等。三是商船往来运货，运河沿岸的城镇都是客商船舶停泊之地，这些商船来自全国各地，所载食材种类丰富。仅聊城山陕会馆碑刻中记载的山陕商人经营的食材店，可考者就有粮店、盐店、茶叶店、海味店、酒铺、菜铺、油铺等数家。

此外，由于北运的“随船土宜”和南返回空的货物，可免除或者部分免除税钞，所以这些食材在市场上具有极大的价格优势。《利玛窦中国札记》中记载：“从北京到南京沿途经过南京省、山东省和北京许多著名城市；除去城市外，沿河两岸还有许多城镇、乡村和星罗棋布的住宅，可以说全程到处都住满了人；沿途各处都不缺乏任何供应，如米、麦、鱼、肉、水果、蔬菜、酒等等价格都非常便宜。”每到漕船过境时，当地人都会携带本地特产，聚集在码头进行贸易。光绪末年的《逛东昌》，描绘了当时的东昌，也就是今天的聊城，市场上供应的众多食材，有果蔬、茶叶、酒、各色调味品，等等，有的食材经由京杭大运河运往江南，有的则是由江南运抵东昌：“杏仁、槐米、黄花菜，年年外运下苏杭；五香疙瘩黑红枣，顺着运河发南方。年底下曲阜猪肉如山岸，秋冬花生满街香；南乐县的粉条永不断，还有泰安的柿饼莱芜的姜；东阿县的鲜菜腊月到，青蒜嫩韭带韭黄……皖闽特产来源富，诸品名茶色味强；银针普洱真龙井，雨前毛尖带旗枪；鲜果海味样样有，绍兴南酒红白糖；黑矾白矾生石膏，花椒胡椒大茴

① (清)孙承泽.《天府广记》卷十四.

香；金针木耳龙须菜，海蜇海带海虾酱……”

明清时期的北方运河区域居民所食用的粮食主要是麦、粟、稷、玉米、高粱、菽等，稻米食用较少，稷、麦是普通民众最常见的粮食，用来日常酿酒，过年时蒸馍馍、包水饺等。在一般情况下，无论富贵皆“尚麦贵稻”，稻米主要通过运河由南方输送而来。在明清以前，北方区域民众普遍以贩卖粮食为耻，但随着两年三熟制的实现，玉米等高产农作物的普遍种植，农业生产获得了极大的进步，粮食产量提高，赋税制度在此时也逐步转变为税粮折色，商品经济不断发展，这促使人们将粮食拉到市场贩卖，改换银两用来缴纳赋税和满足日常消费需求。作为南北往来咽喉之地的临清，其市场上汇聚了各色各样的南北杂货，其中尤以粮食的买卖最为繁盛。在乾隆时期，临清城内共有粮食市场六七处，经营粮食的店铺多达百余家，每年粮食交易量五六百万石至千万石之间，是当时华北地区最大的粮食交易市场，其中以米、麦居多。

蔬菜是明清时期运河区域市场上交易的主要农副产品。集市上交易的蔬菜品种主要有菠菜、白菜、芹菜、芥菜、生菜、苋菜、茼蒿、莴苣、山药等。北方运河城镇的居民通常将蔬菜进行加工，这些蔬菜的加工品在自家食用的同时也运往市场。江南地区的香菌、糟笋、蒿笋，沿海的紫菜、海带、龙须等也汇聚在这里。运河区域市镇的果品种类丰富，产量较多，在南北杂货汇聚的市场上占有一席之地，明清时期众多来自江南、直隶、河南、山东等地区的瓜果在沿运河各个城镇出售。此外，有的地区进行鲜果加工，制成果脯提高其商品化程度，扩大销路，赚取更高的利润。东昌是山东运河沿岸周边地区农副产品的集散码头，其出产的熏枣在码头装船运往镇江、天津等地。待运至南方，人们将熏枣称为“黑枣”。熏枣性热，南方富裕之家的老人经常将其作为补品来食用。南方生产的橘、柚、杨梅、香蕉、甘蔗等，主要通过运河由江南输送北方，成为官宦富贾、豪门世族每日盛装于果盘中的寻常之物。

来自各地的酒、茶之类的饮品在明清时期也普遍出现在运河区域各个集市，其中不乏佳品和名品。例如南方地区的“南酒”：高邮的木瓜酒和五加皮酒、绍兴酒、通州的雪酒、泰州的枯酒、扬州酒、金华酒、苏州三白酒等，还有北方沧州的沧酒，德州的卢酒、罗酒等都能够在运河城镇集市里找到。明清时期，茶叶已经深深融入到运河区域百姓生活之中，“吃茶”“茶食”“茶果”成为日常饮食中寻常之事，运河两岸茶行林立，茶馆星罗棋布。市场中的茶叶主要是通过运河由安徽、福建等地北运而来，品种有如天池、雨前、松萝、龙井等，丰富多样。调味品是日常生活中的必需品，主要包含盐、油、醋、酱油、糖等。借助运河的便利，南方地区的红白糖不断运送到北方运河沿岸码头，并在当地广为售卖，为当地的饮食生活增添了滋味。蜜饯在明清时期的运河区域食材市场中十分常见，蜜饯多作为茶食出现，成为日常饮食的必需品。其所用的原料有北方盛产的林檎、李子、苹果、樱桃、枣子、姜、茄子、冬瓜、刀豆等水果和蔬菜，也有南方的杨梅、梅子、橙子、金橘、枇杷、木瓜、竹笋、芦笋、橄榄、茭白等，也有将花加工成蜜饯的。还有一些丰富多样的糖缠制品，原料也取自各处，如瓜子仁、核桃仁、杨梅核仁、杏核仁、松子仁、榛子仁、芝麻、花生等。明清时期运河区域的肉食主要有鸡、豚、羊等，北方临河滨湖地区的水产比较丰富，如黄河刀鱼、鲤鱼、微山湖季花鱼、马踏湖螃蟹等地方特色淡水产品。江南及沿河、海地区的各色螃蟹、海鱼、鲜虾，边关塞外的驼峰、熊掌、鲸蟥、山雉等通过便利的交通源源不断地输送到运河沿岸城镇。同时运河区域也汇聚了各地的特色小吃，丰富了当地的饮食市场，推动了烹饪技术的交流。山东济宁地区流传着一首清朝时期的传统小吃民谣，描述了东南西北各地食材制作的风味，如天津包、坝口鱼、炖酥鸡、酱肉香肠、烤鸭子、香薄脆、京式八件、醉蟹、糟鱼、糖醋萝卜、五香干等，此外还有如金华火腿、糟腌猪蹄、卤煮鹌鹑、水晶鹅、聊城熏鸡、火熏肉、核桃肉、羊贯肠、腌腊鹅脖子等。

明清时期，依靠京杭大运河漕粮转运和南北沟通功能的发挥，运河区域内的商品经济获得了空前的繁荣，联系和交流得到了空前的加强，饮食原料市场上汇聚了来自全国各地的粮食、果蔬、肉类、调味品等。充足多样的原材料和不同地区、民族人口的聚集，推动了运河沿岸饮食口味的多元化和菜品的不断丰富，人们的饮食生活发生了显著的变化。

二、南北融汇饮食风味

十里不同风、百里不同俗，不同区域的饮食习俗千差万别。如果说中国地理气候西高东低、南暖北寒的自然环境及其食物资源是构成中国菜肴地方风味的先决条件的话，那么各地民众的生理适应性及经济、文化发展状况特征则是其主体条件。南食、北食或川食，正是人们在各自相对独立的自然与文化区域中对食品的系统性创造，形成能反映该区域人们饮食文化特征的饮食体系。它以本地为主的食物资源为基础，集中表现在繁荣的城市经济生活中，是自然环境与人文环境统一的结晶。明清时期运河区域文化和宗教信仰的日渐趋同，在运河地区形成了相当繁盛的庙会和古会。这些商业文化活动，每年都吸引着来自四面八方、远至上千里外的数以千万计的商旅和游客，使运河码头重镇的商人会馆集聚了五彩缤纷的商埠区域文化。不但如此，运河上的商业繁荣，还影响和营造着新的自然环境、生态环境、经济环境和人文社会资源环境，创造出一条以有利于人类生存和发展为主要特征的商业文化风景线。运河饮食文化的特色，正是在这样的环境中得以形成。运河饮食文化的丰厚历史积淀，造就了两岸许多餐饮网点。这些饮食网点在不同的地域环境中，相互交流、吸纳与融合，形成了来自于地域但又不完全等同于地域的独特的运河饮食风格。苏州、杭州、淮安、扬州，是京杭大运河南线上的四大都市，其饮食文化贯穿一线，又各具特色。四大都市支撑着苏菜、浙菜两大菜系的重心，并在历史上以运河为其传送纽带，把浙北江淮之间广大区域的“东南佳味”，扩送到更远的地方。

由于运河的繁荣，运河两岸集中了众多的群体，这些不同的群体产生了不同的饮食内容，逐渐形成几大类饮食模块，包括官衙饮食、商贾饮食、市井饮食、农耕饮食，等等。这些饮食模块都在为运河饮食文化增光添彩。明清时期，运河对于国家南北交通和经济命脉的通畅与否，起着决定性的作用，由于其独特的重要性，在清朝初期，河道总督行署驻节山东济宁州。康熙十六年(1677 年)，圣祖以江南功程重大，特令移驻淮安清江浦。由于运河沿岸地理状况复杂、人工设施多、管理困难，河工役夫数量庞大，国家投入经费甚多，若有盈余，无一例外被总督一直到河工役夫挥霍。尤其是每年清运时节一过，会有庆贺一年漕运安湖的各种宴饮，菜肴酒食名贵，烹调技法繁多，其声色之娱叹为观止，“南河岁修经费每年五六百万金，然实用之工程者，不及十分之一，其余悉供官吏之挥霍，一时饮食衣服，车马玩好，莫不斗奇逞巧，其奢汰有帝王所不及者。”[①]

明清时期运河区域船帆如织、积货如山、商贾云集，尤其是其中汇集的盐商，实际大都是亦官亦商的身份，其饮食之讲究，也是极尽豪侈之能事，吸猴脑、食驼峰、炙熊掌、调鱼羹，令人瞠目。这些盐商来自全国各地，一般都会携带家厨，久而久之，家厨逐渐本土化。盐商中不乏一些有识之士，他们很喜欢与文人雅士在宴饮之时，举行一些赋诗、对对子的文学艺术活动，从而带动了饮食的高雅化。此外，无论是河道总督，还是富商大贾，在盛大的宴会上，必会演戏助兴，于是在运河区域，汇聚了众多的戏班和江湖艺人。以河道总督驻节的清江浦为例，清代乾、嘉时期，河工极盛，是淮北盐商聚集之地。再五里为淮城，乃漕船所必经者。流动人口的多样口味，以及官府、商贾、河务“烹天煮海”的宴饮之乐，无不对当地多元化饮食风味的形成和丰富，起到了极大的带动作用。另外，清朝帝王为巩固江山、稳定国家、笼络民心等目的，多次沿京杭运河南巡。许多地方官员都会以珍馐美馔取悦迎合帝王，由此产生了众多新颖、美味的菜肴。淮扬菜系的扛鼎之作平桥豆腐，就与乾隆南巡有关。这种政

---

① 李岳瑞.《春冰室野乘》.

治上的因素也推动了饮食生活的多元化，其民间传说，也成了当地饮食文化的珍贵遗存。

“京菜”发源于各方，汇聚于京城，经过历史的演变与沉淀，形成独特的地域性特征，使之有别于中国“四大菜系”乃至“八大菜系”的分类方法。北京四季分明有着菜品繁多、质感多样、浓厚清醇的饮食特色，逐步形成以宫廷菜、官府菜、鲁菜、清真菜、地方菜、北京小吃（民间菜）等多菜系融合而成的独有的“京菜”文化。从明成祖始，北京便成为全国政治、经济、文化的中心，这种得天独厚的条件，对北京饮食业的蓬勃发展，赋予了无与伦比的契机。几百年以来，全国各地一些主要风味菜点，便荟萃于帝都北京，各民族的饮食风尚也在这里相互影响，再经过历代名厨的创造改进，以及历代美食家的点拨，逐步发展成为由北京风味的山东菜、北京风味的清真菜、从清宫廷传出完整的宫廷菜，以及以谭家菜为代表的官菜和北京风味小吃等而组成的北京菜系。

京菜融合八方风味，因此烹调手法极其丰富，诸如烤涮爆炒、炸烙煎煒、扒熘烧燎、蒸煮汆烩、煨焖煸熬、塌焖腌熏、卤拌炝泡以及烘焙拔丝等。在北京菜系中，独具特色的菜品很多，尤以驰名中外的北京烤鸭及全鸭席，技术精湛的涮羊肉及全羊席，继承完整的清宫菜品及满汉席，采用山东菜烧、扒、爆、炒、烩等技法而逐步形成的北京风味的美味佳肴，以及独具风味的谭家菜，古老的炙子烤肉和砂锅居的白煮、烧、燎美味佳肴等等最为典型。清真风味菜在北京菜系中占有相当大的比重，明清时期由于经济的发展和社会的需要，清真菜在北京得到很大的推广和提高。当时先后在前门外开设的羊肉馆有元兴堂、又一村、两益轩、同和轩、同益轩、西域馆、西圣馆、庆宴楼、萃芳园、畅悦楼、又一顺、同居馆等，在西长安街则有西来顺，在中山公园有瑞珍厚，在东安市场有东来顺。清真馆过去不讲究汤水，调味偏重，用芡过多。到此时则吸取了一些山东及江南烹调的基本方法，用牛肉和鸡鸭吊汤，力求原汁原味，纯正不膻，浓厚清淡，因菜而异，形成了北京清真菜的特殊风味。

天津菜系形成和发展与漕运和盐商息息相关，运河船夫的饮食，促进了天津小吃的繁荣，清末光绪年间天津城的饭馆已“五百有奇”。天津菜起源于民间，得势于地利，发展于兼取，凭借于天津地区富饶的物产，特别是质优量大的河海两鲜、飞禽野味和“喜尝鲜、好美食”及“俗尚奢华”的民风食俗，在明末清初逐渐形成。经过两百多年的兼收并蓄，不断丰富、完善，于光绪年间达到鼎盛阶段。民国初年，继续维持繁荣局面，特别是津菜中的清真菜和素席菜，有了很大的发展。同时，各地风味开始涌入津门，逐步“津化”，使津菜形成多元的风格，由简便、实惠、质朴的民间本色发展成为以咸鲜为主、酸甜为辅、小辣微麻、复合烹调、风格独特的地方菜系，成为北方大都市、大商埠之时尚。津菜的特点在于以鲜咸为主，口感软嫩酥烂。津菜形成的标志便是1662年为庆祝康熙登基而开设的聚庆成饭庄。乾隆下江南，多次驻足天津，曾赏赐厨师黄马褂和五品顶戴花翎，并将“烧目鱼条”一菜赐名“官烧目鱼”。

鲁菜主要体现了山东古运河两岸城乡的饮食文化。这个区域穿鲁西而过，横跨了鲁西北、鲁西南、鲁南一部分等地区。北连政治、经济、文化中心北京，南至苏杭二州，自北向南，把燕赵文化、齐鲁文化、荆楚文化、吴越文化如珍珠一般，全部穿缀于运河这条文化纽带之上。加上黄河的东西流淌，使得运河与之交汇中又溶进了秦晋文化的精灵。这样，燕赵文化的粗豪与守信、齐鲁文化的持重与豁达、荆楚文化的机巧与敢为、吴越文化的灵活与尚文，还有秦晋文化的温厚勤俭、善于理财等，都汇集“熔铸”为一种新的文化形态——运河文化。从具体饮食方面来说，运河区域诸城乡的广大居民几乎有着共同的节日饮食习俗，且各地固有的饮食习俗个例，也因运河的南北流动而广泛交融。旧时，江南的扬州居民、江北的济宁民众，煮茶皆取运河之水，天津居民饮食亦皆汲于运河水而饮。扬州富商宴席吃燕窝、进参汤，山东德州人照样把“燕翅席”作为高档享受。曲阜的孔府宴中招待贵宾宴席为“鱼翅四大件”和“海参三大件”，故海参、鱼翅、燕窝、鱿鱼、火腿等贵重食品原料充斥于运河的城镇码头，如济宁、台儿庄、张秋、临清、德州、东昌府皆有许多海味行。此外，像通州的雪酒、泰州的枯酒、高邮的木瓜酒、金华地区的金华酒、宝应的乔家白酒及以绍兴老酒等，都能在山东运河码头上见到。随着南北风俗和商业文化的趋同，甚至在行业语言中，也流行着南北鲁菜文化的历史源流。

淮扬菜系指以扬州和淮安为中心的淮扬地域性菜系，形成于扬州、淮安等地区，覆盖周围的镇江、泰州、盐城、南通等地，以上地区也是明清时期扬州府之辖地。淮扬菜，始于春秋，兴于隋唐，盛于明清，素有"东南第一佳味，天下之至美"的美誉。淮扬菜选料严谨、因材施艺，制作精细、风格雅丽，追求本味、清鲜平和。淮扬地处南北交汇、水陆要冲，因此淮扬菜具有原料鲜活、刀工精细、注重本味、火工讲究、富于变化的特点。淮扬菜的选料尤为注重鲜活、鲜嫩；制作精细，注意刀工，尤以瓜雕享誉四方；调味清淡味，强调本味，重视调汤，风味清鲜，如软兜长鱼，口味清鲜平和，咸甜浓淡适中，南北皆宜。菜式色彩鲜艳，清爽悦目，造型美观，别致新颖，生动逼真，注重菜品形态和雕刻，色香味形俱佳。烹饪善用火候，擅长炖、焖、煨、焐、蒸、烧、炒，风格雅丽。原料多以水产为主，注重鲜活，口味平和，清鲜而略带甜味。著名菜肴有清炖蟹粉狮子头、软兜长鱼、淮安茶馓、大煮干丝、三套鸭、水晶肴肉等。其菜品细致精美，格调高雅。

淮扬菜的发源地之一扬州位于长江沿岸，古老的京杭大运河在这里与长江交汇，有高邮湖、宝应湖等中小型湖泊镶嵌其间。璀璨的历史和灿烂的文明在这里共辉。市境跨京杭大运河两岸，一年四季水产禽蔬野味不断。所以，淮扬菜的原料以鲜活为主，这也为在烹法上擅长炖焖、调味注重本味提供了物质基础。淮扬菜几乎每道菜对原料都有严格选料要求，同时也让原料的特点在制作菜肴时得到充分的发挥。而苏北淮安境内河湖交错，水网纵横，京杭运河、淮沭新河、苏北灌溉总渠、淮河入江水道、淮河入海水道、废黄河、六塘河、盐河、淮河干流等 9 条河流在境内纵贯横穿，全国五大淡水湖之一的洪泽湖大部分位于市境内。

淮扬菜既有南方菜的鲜、脆、嫩的特色，又融合了北方菜的咸、色、浓特点，形成了自己甜咸适中、咸中微甜的风味。由于淮扬菜以鲜活产品为原料，故而在调味时追求清淡，从而能突出原料的本味。淮扬菜肴根据古人提出的“以火为纪”的烹饪纲领，鼎中之变精妙微纤，通过火工的调节体现菜肴的鲜、香、酥、脆、嫩、糯、细、烂等不同特色。淮扬菜擅长炖焖烧煮，因为这几种方法能较好地突出原料本味。淮扬菜制作菜肴的工艺来看，富于变化，想象力丰富。四大菜系中，淮扬菜刀工最精细，一块 2 厘米厚的方干，能批成 30 片的薄片，切丝如发。冷菜制作、拼摆手法要求极高，一个扇面三拼，抽缝、扇面、叠角，寥寥六字，但刀工拼摆难度极大。精细的刀工，娴熟的拼摆，加上精当的色彩配伍，使得淮扬菜如同精雕细凿的工艺品。一款三套鸭，家鸭套野鸭，野鸭套菜鸽，用火腿、冬笋作辅，逐层套制，三位一体。淮扬菜富于变化的特点，可见一斑。淮扬菜系制作菜肴很少用山珍海味，名菜多用当地产的普通原料，没有居高临下的气派，也不平淡无味，无论是选料、刀工、调味等都中规中矩、精工细作、讲求韵味，淮扬菜制作就像写诗作画，有浓厚中国传统文化底蕴。

京杭大运河便利的交通运输条件，加强了沿岸各地区的经济、文化联系和人员流动，就饮食文化而言，在三千多里的南北流程中，不但分布着浙菜、苏菜、淮扬菜、鲁菜、津菜、京菜等多种菜系，还包括满族、回族、蒙古族等民族的特色吃食。特别值得一提的是回族，他们善于经商，有着随商路徙居的习惯，大运河沿岸不断兴起的商业城镇，以及不断发展的商品经济，吸引着回族迁居至此，在通州、天津、临清、济宁、淮安、镇江、扬州、苏州、杭州等地，形成了典型的回族聚居区。伴随而来的清真饮食，与汇聚在运河区域的各地饮食风俗相互交流和影响，在坚持清真饮食原则的基础上，回族加入了许多当地汉族的烹调技法和菜系，形成了新的特色，黄米切糕、馓子、油香、水煎包、麻花、壮模、牛羊肉汤等，也遍布市井街头，深深地融入到了当地寻常百姓的饮食生活之中，丰富了运河区域的饮食生活，使当地饮食风貌呈现出多元化的特点。

一个以地区命名的地域性菜系是历史长期积淀的结果，其成因是多种因素综合作用的产物，这里既有历史脉络、文化传统，如民间百姓的生活习俗与饮食习惯、商业文化精神、文人美食家的赞许与推介等人文因素，也有自然地理环境，如气候、水土、物产等因素，更有其内在动能、文化肌理、人文精神。总之，运河区域发达的经济、丰富的饮食原料资源，以及不同地域饮食口味和风俗的融汇，促成了绚烂多彩的区域饮食文化，形成了“甘咸适中、南北适宜、东西融汇”的风味特色，出现了名肴荟萃、名厨辈出、名店纷繁的兴盛局面，也给后人留下了吃不够、品不尽的美馔珍馐。

第三节　兴盛的餐饮服务业与饮食风尚变迁

一、兴盛的餐饮服务业

便利的交通运输条件和优越的地理位置，沿岸城镇人口及滞留在此的坐贾行商、漕运兵丁、贩夫走卒，等形形色色的流动人员不断增多；而汇聚南北的各色食材，丰富了当地的饮食市场，推动了烹饪技术交流，运河区域的餐饮服务业借此获得了广阔的发展空间。运河城镇庞大的消费需求，刺激了住宿、餐饮及娱乐业的蓬勃发展。餐饮服务业，成为居民职业构成的重要内容，左右着大部分居民的生计，体现了运河城镇行业构成的特色。从供给来看，餐饮产业是有形餐饮产品与无形餐饮服务的紧密结合，生产和消费具有同步性。人类从事各种生产劳动是为了满足人的物质需要和精神需要。餐饮产业不仅包括物质产品的生产，还包括非实物形态提供的各类服务。从需求来看，餐饮消费具有不可替代性、多样性和商圈地域性。餐饮消费是满足人们生存、发展的基本需要，餐饮产品作为一个整体是不可替代的。由于消费群体、消费目的、消费性质多样，餐饮消费具有层次多样的特点。餐饮产业与其他服务业的区别也体现在其明显的商圈地域性。

餐饮业在我国有着悠久的历史，奴隶社会时期就已经成为社会经济生活中的重要行业。唐宋以来，随着经济的发展、坊市制的破除等，长安、洛阳、开封、临安等大城市的餐饮服务业更是遍布街头巷尾，充盈市场。到了明清时期，尤其是明中叶以来，商品经济获得空前发展，全国各地区间的商品流通和人员往来日渐频繁。明清时期活跃于京杭大运河及周边的长途贩运等商贸活动快速兴起，催生了沿岸大批新兴工商业城镇的出现。由于便利的交通运输条件和优越的地理位置，运河沿岸周边的城镇人口以及滞留在此的坐贾行商、漕运兵丁、民间戏班、贩夫走卒、手工业者、进京赶考者、进香游客、传教士等形形色色的流动人员不断增多，为满足他们的日常生活需要，餐饮服务业获得了广阔的发展空间。

明清时期运河区域餐饮服务业兴盛的原因，主要是由于商品经济发展所带来的充足的原料供应和巨大的市场需求。当时的运河沿岸，汇聚了来自各地的饮食材料，不同地域的饮食习惯，随外地人口的进入也在区域内融会贯通，使得运河沿岸南北风味兼容、品种丰富多样的美食不断出现，迎合了不同地区民众的口味需求。数量众多的常住居民和流动人口，创造了巨大的饮食服务需求，另外岁时节令、庙会等特定的场合和环境，也为餐饮服务的发展提供了机会。运河区域餐饮服务业的行业分布广泛而又集中，主要分布于运河沿岸的城镇、码头等人口密集的商业区、娱乐区、风景区。河埠商镇经济的发展，漕运官兵、船工纤夫、客商游人、技艺百工构成的庞大的流动人口群，带动了运河码头住宿、餐饮、娱乐业的兴旺发达。其中或有车推肩挑走街串巷、沿路叫卖的流动式经营，或有搭棚支摊的临时性、半流动式经营，有建造、购买或租赁房屋招待宾客、出卖食物的固定式经营。根据行业规模和经营内容，大致分为客店、酒楼饭馆、茶馆、食铺以及摊点和小商贩等。

运河城镇交通运输的发达和流动人口的增加，是旅馆业繁盛的重要因素。商人、手工业者、戏班艺人等毕集其间，客栈便兴盛起来。富商文人热衷于旅游，取道大运河游历，也带动了运河城镇旅馆业的发展。驿站是我国历史上最早出现的可提供食宿的官办场所，先秦时便已存在，但其服务范围仅限于文书的传递和官吏的往来。唐宋以后，随着城市商品经济的发展，为给长途贩运的货物提供安全的储存场所，民间客店“塌房”“邸店”等应运而生，往往建于河湖岸边，为水运而来的大量货物卸载提供方便，也更有效地防盗防火。同时，塌房、邸店也是设肆买卖的交易场所，中间有牙商和邸店主人为客商做中间人，进行货物的买进和卖出。除此之外，它还具有为往来客商提供食宿的功能。至明清，商品经济进一步发展，在一些水陆交汇之所、交易频繁之处、人口密集之地，客店依水而建，鳞次栉比，十分繁盛，运河沿岸地区客店的存在促进了地区间的物资交流。

私营旅馆是旅馆业的主体。明清时期的运河区域城镇均处于南北往来要津之地，大多经营转运贸易，百货汇集、商贾辐辏。旅店一般食宿合一，有些地方的小旅馆，还为应试考生提供考试复习服务。此外也有一些规模比较大，服务人数比较多，并且是集住宿、餐饮、娱乐于一体的，甚至其中还包含了妓院。客人进店之后，先到一厅内，登记、挂号、交费，客店中提供餐饮，仅这一项就有庖厨炊灶二十多所，服务人员一二百人。在客人饮酒进食时，还会提供吹拉弹唱等表演服务，这类人员更是不可胜计。客店住房一般会有等级，不同等级所享受的饮食服务也各不相同，有“接顶”“设贺席”等服务，其规格同样根据客房等级以及客人所交的费用而定，“店房三等：下客夜素早亦素，午在山上用用素酒果核劳之，谓之接顶。夜至店，设席贺（谓烧香后，求官得官，求子得子，求利得利，故曰贺也），贺亦三等：上者专席，糖饼、五果、十肴、果核、演戏；次者二人一席，亦糖饼，亦肴核，亦演戏；下者三四人一席，亦糖饼、果核，不演戏，用弹唱”。[①] 运河城镇这种规模较大、提供服务种类繁多的客店超出了客店本身寄存货物、寓居饮食的功能。

① （明）张岱.《陶庵梦忆》卷四.

沿运码头大量流动人口的食宿需求带动了餐饮业的昌盛，酒肆饭馆随街皆有。“饮食之事，若不求之于家而欲求之于市，则上者为酒楼，可宴客，俗称为酒馆者是也。次之为饭店，为酒店，为粥店，为点心店，皆有庖，可热食。欲适曰欲果腹者，入其肆，辄醉饱以出矣”，[①]明清时期的酒楼饭馆除提供饭食之外，也供应酒水，是宴饮、聚会的寻常去处。运河区域的餐饮酒馆业在明清时期达到鼎盛，这是当时商品经济发展的产物，由沿运码头漕运兵丁、客商、游客等大量流动人口的饮食需求所带动，出现“今民设酒肆其间，以接四方宾旅”[②]的景象。运河区域的酒楼饭馆从其门面、装饰、饭食、提供的服务等，一般有高低档之分。高档酒楼一般位置优越、门面宽敞、饭食丰富讲究、装潢精美华丽、服务周到细心、消费较高，大多是公子王孙的去处，同时也有服务于当地市井百姓的中低档酒店。

酒楼饭馆不但是商人洽谈业务的场所，官吏、文人、百姓，到酒馆消费也司空见惯，河岸卫所兵丁的好饮，助长了当地的饮酒之风，船只过闸排队，靠喝酒打发时光，也刺激了酒店饭馆生意的兴旺。

运河城镇市民阶层的扩大、市井文化的发展，也使茶馆成为基本消闲设施之一。茶馆，也称作茶坊、茶肆，北方运河区域的茶肆广泛出现是伴随京杭大运河的南北通航而实现的。茶叶随运河由江南、东南沿海、云贵、巴蜀等地输送而来，饮茶之风也伴随而来，带动了茶肆的发展。繁华的码头和市井之中，分布着大大小小、规模各异的茶肆，其数量蔚为可观，社会各阶层都乐于来此地休闲消费，“茶为食物，无异米盐”。南来北往的客商、船户，本地的商人、士人、工匠、脚夫、戏子等多喜欢泡茶馆交流信息、休憩闲聊、放松娱乐等。茶馆功能还有商务洽谈、劳务市场等。东昌府的“东关大街、运河东粮行、客栈汇聚的旧米市街，处处开着相当规模的茶馆，城关的所谓二十四趟街，七十二胡同，也有一些小茶馆”[③]。可见当时运河沿岸

① （清）徐珂.《清稗类钞》.

② （明）徐复祚.《花当阁丛谈》卷一.

③ 满长征.运河文化主体餐饮体验[M].桂林：广西师范大学出版社，2008.

茶肆之多，分布之广，排列之密集。茶馆成为明清众多文学故事的载体，《金瓶梅词话》就提到临清的王婆茶馆。

茶馆一般备有许多茶食点，并设有戏台，茶馆与戏园合而为一。茶馆又伴有说评书、大鼓、唱小曲、下棋等多种多样的活动。茶馆有不同的规模和等级，分别配有不同的设备和经营方式。除提供茶水之外，另有酒、梅汤、由果仁蜜饯之类甜食调和烹制而成的和合汤、各色茶果等。规模稍大点的茶肆便有数间平房，茶具洁净、茶叶多样，并配有瓜子等佐茶类的吃食，客人可以各取所好。再高档一些的茶肆，其房屋面积大、口面宽敞、桌凳齐整，茶具精细，茶叶多为名品，花茶种类繁多，糕点、水果、坚果等佐茶食物配备齐全，其中多有帮工，服务周到、招待细致，并且备有书场、吹拉弹唱、戏曲等形式各异的娱乐节目，有的茶馆甚至搭有专门的戏台，这种茶肆一般也提供饭菜等餐饮服务。另外，在码头、城门等流动人口较多的地方，分布有众多的茶棚，这些茶棚设备比较简单，茶品单一，主要是为解决人们的饮水、歇脚之需。

明清时期运河区域南北客商云集，四方货物山集，交易繁盛、工商繁荣的情况下，还出现了众多专门出售南北食的店铺。由于本地食材的丰富和外地食材的汇集，运河区域市镇的食铺经营范围十分广泛，主要有经营米、麦、高粱、玉米等的粮店，经营盐、红白糖、醋、酱油等的调味品店，还有熟食店、茶食店、茶果点、点心铺、烧饼铺、包子铺、馍馍房等。这些食铺大部分是专营专卖店，经营者或拥有大小不等的门面，或支棚摆摊，或肩挑车推，有的店铺除了出售食品外，也会提供少量的桌椅供客人在店里饮食。摊点和小商贩的经营位置不固定，规模很小，一摊一担或许就是全部家当，他们分布于街头巷尾、码头、城口内外，等等。同时他们也具备灵活自如、适应性强等特点，在元宵、中秋、端午等节令之时，或者在庙会、旅游景点等特殊场合，摊点和小商贩便可就近满足人们的饮食需求，且根据游人的分布灵活选择摊点的位置。例如摊点和小商贩经常出现于明清时期当地民众频繁的祭祀、庙会等活动中，庙会已经成了一种民间贸易活动。运河的修治与维护虽然保证了国家南北水运交通的通畅,但却改变了当地的自然生态环境,水旱等灾害频发,尤其是黄河、淮河频繁泛滥,不但阻塞运河,而且严重制约着农业生产,于是在运河沿岸出现了许多由官府倡导或民众自发形成的祭祀娱神活动。运河沿岸经常出现的祭祀活动之后,往往伴随游乐与贸易,当地民众通宵达旦把酒庆贺,人声喧腾,宛若街市。明清时期,各地的集市伴随民间贸易需求的增强而快速发展,集市日期也逐渐固定。这期间以及节令时便聚集了众多出售各色食品、特色小吃的摊点和小商贩,商户们临时搭棚,吃喝叫卖汤圆、饼饵、茶水、面食、馄饨、水果、冰糖葫芦、切糕等,其间还伴有变戏法、刀枪、功夫、马戏等多种民间表演。

伴随着运河城市的繁华,人们的思想观念和社会生活发生了变化,庞大的消费群使得戏曲、曲艺及青楼业等娱乐行业迅速发展。运河的畅通给沿运城镇带来了南北文化艺术的交流和市民文化精神的上扬,戏曲与曲艺说唱等娱乐消费蓬勃兴起。梨园班社纷来沓至。流行的戏曲,除本地地方戏外,还有京剧、评剧、豫剧、秦腔、晋剧等。运河城镇的戏剧娱乐具有明显的商人化,与外地商帮的商业活动紧密相关,是商人娱乐及广通声气、联络乡谊的需要。各地商帮修建的会馆中一般都有戏楼,常聘戏班演出,带动了当地戏曲文化的发展。运河的畅通也给沿运城镇带来了奢华的生活方式,客商文人追求享乐,刺激了青楼业的兴旺。青楼娼妓业的享乐性消费,构成了市民社会畸形的社会景观,尽管它直接刺激了运河城镇商品经济的发展,但其消极因素和负面影响却是主要的。

餐饮服务业是随着商品生产和商品交换的发展,继商业之后产生的一个行业。诸多知名的运河城镇往往都有百余家典当行,大小客店、餐馆酒肆更是随街皆有,牙行活跃,运输业发达,娱乐业繁荣。服务业的兴旺是以整个社会经济的发展为前提的。运河城镇的兴起和繁荣,农业、手工业和商业的发展,带动了服务业的迅速崛起。而服务业作为运河城镇的重要产业,又对社会经济的各个方面,包括生产、流通、交换、消费等领域产生重大影响。到清中期，服务业与其他各业相互促进，形成良性互动，运河沿岸城镇的繁盛达到了顶点。

二、饮食风尚的变迁

大运河的畅通，对运河区域饮食生活的影响，不仅存在于食材的丰富和增多，带动餐饮服务业的发展，汇聚不同地区、不同民族的饮食风味等物质层面，也赋予了饮食活动更多的社会功能。还深刻地影响了运河区域的饮食思想观念和社会风尚等精神层面，这也是运河区域饮食生活风貌的重要组成部分。透过饮食文化可强烈地折射出中国自然、历史、政治、哲学、宗教及多彩的社会生活。饮食除去它的自然属性外，还有着更为广泛的社会属性。饮食被赋予并反映了人的意识、人的思维和人的心理状态。它结合且融入了历史的、地理的、文学的、艺术的、教育的等精神财富。伴随着沿途商贸行业的发展，餐饮业迅速膨胀。沿运河线，形成了风格鲜明的餐饮文化带。依托于漕运业和商业，运河餐饮显示出了诸多的活跃因素。饮食在社会生活中牵动人们物质和精神世界的方方面面。饮食中有悲、有乐、有爱、有恨、有情、有趣。饮食与人们的社会活动、心理世界和思想情感紧紧地交融在一起。饮食与文学、史学、哲学、民俗、艺术等社会科学相结合，构成了丰富多彩的饮食文化，饮食不仅是一种美味佳肴，而且是一种文化象征。饮食习俗以有形文化的形式，反映出当地居民的思维方式、文化观念和价值取向。

饮食生活的开放，可以促进社会的开放，明清时期运河区域四通八达的交通运输条件和通畅的信息交流环境，使其呈现出海纳百川的开放姿态，饮食生活中不断同其他区域的饮食风味和风俗习惯相互交流融合。以淮安为例，漕运总督、河运总督的驻跸，使淮安成为全国具有影响力的特大城市。求新求精、质朴善和、热情包容、崇文尚义，是大多数淮安人所具有的性格特征。淮安人家对孩子的教育，往往先从吃品、吃相开始，注重自小正其志虑，端其形体，养其品性。就餐时不得一个人抢先上桌，不准乱拨单挑，也不可一搛双块，吃时细嚼慢咽，不洒饭菜汤水，不得咂嘴出声，不能头动脚摇，等等。至于节庆大事，饮食之礼更是完备。宴时主人须立于廊檐下迎宾揖客，不得挟长挟贵；客到齐，由主人亲自斟酒安座。座次顺序官场论爵，乡党友人序齿，以示敬老尊贤。

明清以来，随着商品经济的快速发展，使商品的种类和数量实现激增，丰富精美的日用品、琳琅满目的奢侈品、繁华热闹的街市，物质生活有了极大的改变。与此同时，人们的思想观念也开始发生变化，出现了批判重农抑商、倡导功利价值等符合资本主义萌芽发展要求的新思想，鼓动着人们放纵欲望、追求享乐，在满足口食之欲的饮食领域，表现尤为显著。随着京杭运河的开通，运河沿岸地区的商品经济日益繁荣发展，生产生活资料日益丰富；商人群体不断壮大，人口结构变得复杂；并且随着南北地区的交流逐渐密切，北方区域明显受到南方社会风气、生活方式等多重影响；运河两岸的驻军与运兵长期滞留；自然环境日趋恶化，自然灾害频发。众多的原因致使明清时期运河区域的人文景观发生了巨大的变化，这在民风习尚方面表现尤其突出。

封建社会在传统儒家思想影响下，民众多一直固守“文不经商、士不理财”的信条，民本商末、君子重义轻利、言义不言利的思想观念在当地人头脑中根深蒂固。封建统治者一直奉行重本抑末、重本轻末的政策，但是伴随着明清时期商品经济在运河区域的普遍发展，面对着越来越多的富商大贾“乘坚策肥，冬温夏清，妻孥无劳身之苦，饮食有兼羞之膳，四时有适体之服，终岁优游而无粮草督责之患”[①]的日常生活，这一切都猛烈地冲击着人们重农崇儒的传统思维，社会各阶层都开始自觉不自觉地卷入市场之中，金钱观念在人们的头脑生活中日益深入。在丰厚的商业资本、琳琅满目的奢侈品面前，昔日埋首经史、正襟危坐的儒生士大夫，也开始投入到经商的

① （明）宋端仪.《立斋闲录》卷一.

行列中，笃行古风者十之二三而已。临清作为当时山东运河区域乃至整个山东最繁华的都市，更可谓上至缙绅世家，下到贩夫走卒皆“仰机利而食”。东昌府也是商贾云集之地，来自山西、陕西、徽州、江西、福建等地的商人纷纷在此经商并建立了会馆，山陕商人在运河畔所建造的山陕会馆内，其关公大殿的柱子上公然刻着：“非必杀身成仁，问我辈谁会节义；漫说通经致用，笑书生空谈春秋！”对儒家“杀身成仁”节义观进行的抨击和挑战，反映了当时区域商品经济的繁盛和商人群体的壮大，鲜明地代表了运河区域当时的商业文化。

城市的畸形繁荣也促成了生存观念的扭曲。明清淮安的经济主要依赖于官员驻节和漕运服务。政府每年调拨的数百万官款，“河取其三，官取其七，大小官吏，凡饮食衣服车马玩好之类莫不斗奇竞巧”[①]。巨大的官府消费带来了饮食、洗浴等服务业的快速发展。加上商客往来，百货集散，城市的商品经济十分发达。一边是灾害频发、经济凋敝的乡村，一边是灯红酒绿、畸形繁华的城市；一边饿殍遍野，一边琼厨金穴，城乡间的巨大反差诱使当地居民弃农耕而游惰，依恃市井为生。清中叶以后，漕运腐败呈蔓延之势，官员争相谋取私利、互相欺瞒，不但利用职务侵吞、挥霍国家资财，使脂膏流于街衢，还经常欺诈和刁难过往商民。此种现象不可避免地会对社会心态产生消极影响，滋长民众对政府的不信任感和不满情绪，加剧了价值观的混乱和倾斜。权贵阶层大小宴会动辄千金，贫苦人家也有日日买醉、通宵达旦，以致倾家荡产者。

清代后期，生存环境的恶化、社会秩序的紊乱都会引起社会成员强烈的心理反应和心理冲突，导致社会成员的心态出现异化。如前所述，作为漕运和河防重地，政府机构的驻节刺激了淮安城市消费经济的发展，另一方面，漕运、河防、盐务给当地居民提供了大量工作机会，大量农村剩余劳动力不断向城市转移和集中，百姓因此对封建政府产生了强烈的依赖，甚至出现盼望灾害发生的畸形心

---

①　（清）薛福成.《庸庵笔记》卷三.

理。认为一旦河流淤塞、决口，封建政府便会对漕运重地调拨大量财物赈济，农民“则惟偏灾是望，相率侥幸于国家豁免之(田赋)”[①]。而河渠疏导、水利修缮，又可带来大量工作机会，以至于“山东侯家林民堰决河，南涨逶迤入微山湖骆马诸湖，浸浸至于海沭”之时，“其昔之衣食于土石薪刍者，则大喜曰：‘德水至矣’。”[②]

在明清时期，侈靡之风是一个普遍的社会现象，运河区域明显地受到社会上层的影响，普遍出现“靡然向奢，以俭为鄙”的情况。伴随运河区域重商逐利趋势的不断蔓延，从商人员的不断增加，竞奢之风日益兴起。山东运河区域位于京杭大运河的中间地段，交通便利、信息反馈灵通，更容易受到异域文化风俗的影响。江南地区在不断向该地输送商品物资的同时，也带来了其侈丽绮靡的社会风气，明清时期山东运河区域普遍以效仿南方的生活方式为时尚，海内僻远，皆效尤之。《金瓶梅》中记载其时女子装扮就流行杭州风，杭绢的衣物、杭州攒的发型都受到西门庆的妻妾们的追捧，“白杭绢画托裙子”“柳绿杭绢对衿袄儿”等描述随处可见。运河沿岸大大小小的城镇乡间都普遍出现了奢侈享乐之风。以至于在婚丧、交际等礼节上为避免被相邻耻笑，不惜花光家中积蓄，只图目前体面，不计日后之艰难。

整个运河区域社会环境的裂变，使得其饮食生活发生变化，呈现出了被动性与主动性共存、对商业环境的极强依赖性、多元化及时代性等独特的规律和特征，这对丰富整个中国饮食文化、推动区域社会更趋于开放包容、带动区域间的交流，都产生了积极的影响，同时其加剧了饮酒、赌博等行为的盛行，以及对社会风气的消极影响也是不容忽视的。

京杭大运河的通畅，形成了四通八达的水陆交通网，带动了运河区域城镇——农村市场网络体系的建立，为运河区域与周边各地

① 《光绪丙子清河县志》卷七.

② 《同治清河县志再续编》卷一.

区在饮食生活物质、精神方面的交流、沟通和融合提供了必要的条件，使得其饮食生活的变化呈现多元化、时代性的特征。从物质层面看，由于交通的便利，运河区域几乎汇聚了来自全国各个地区的食材，从精神层面而言，运河区域的饮食生活更是在饮食思想观念、习惯、烹饪技艺、菜肴口味等方面受到了东西南北的影响。运河区域饮食业繁荣发展，并与戏曲、博彩、民间杂技等娱乐业紧密结合，大小餐馆茶肆都能看到唱戏说书、围聚赌博的场景，一幅莺歌燕舞、歌舞升平的景象。在饮食风俗习惯方面，普遍趋向奢华侈靡、及时行乐，无论富商还是贫民，讲究宴饮的排场和菜肴种类，等等。由于南来北往的客商及定居在此的外来人口的需求，饮食口味趋向多元化，不但南北皆宜，而且还融汇了清真饮食文化的精髓，其饮食文化内涵呈现出斑斓多姿、丰富多彩的特征。

三、亟待传承的运河饮食文化

明清以来运河区域饮食生活的变化，是商品经济发展、区域间文化碰撞融合的结果，对饮食文化本身的丰富和发展有着积极的作用。餐饮服务业的繁荣又带动了其他相关行业的兴盛，从而深刻地影响了区域的社会生活。饮食业的发展、商品经济的繁荣和人们消费水平的提高，促进了餐饮服务业的兴盛，为底厨、掌柜、店小二以及清扫卫生等从业人员提供了众多的岗位，创造了谋生的机会，也带动了与餐饮相关的农产品交易的频繁，餐饮用具如碗模等类型手工业制品需求的增大，酒店、茶肆等装潢和修饰的专业化等等。另外，餐饮服务业与娱乐业的结合不仅带动了就业、增加了底层人的收入，而且凭借其新颖、独特的看点，进一步刺激了人们消费的需求，繁荣了商品经济，同时也有利于戏曲等民间艺术的传播和发展。作为中国饮食文化的一部分，运河区域的饮食文化在物质、思想观念、行为习惯和法则等方面的发展变化都丰富了中国饮食文化的内涵。

时至今日，尽管历史上的运河风貌已经不复存在，但运河文化所滋育的土壤,仍在传承着饮食传统。近年来,有不少地区正在发掘运河文化资源,突出运河饮食的色彩。在此期间,各地所采取的文化定位并不相同,效果也不一样。在江苏的运河城市中,扬州运河菜肴的创新力度比较大,当地除保持原淮扬特色的三头宴外,又推出琼花宴、河鲜宴、菊花蟹宴、野味宴、八怪宴、行宫宴、乾隆御宴、全素宴、火锅等一系列宴席菜品,充实着餐饮阵营。扬州菜继续突出选料严格、刀工精细、主料突出、注意本味的菜系特色,烹饪时讲究火工,精擅炖焖,使其汤清味醇,浓而不腻,清淡鲜嫩,更有造型别致、咸中微甜的感觉。同时,扬州又在点心和小吃上做文章,其传统的三丁包子、千层油糕、双麻酥饼、翡翠烧卖、野鸭菜包、蟹黄蒸饺、鸡丝卷子、四喜汤团、生肉藕夹、笋肉锅贴、扬州饼、赤豆元宵、五仁糕、葱油酥饼、黄桥烧饼、虾籽饺面、笋肉馄饨等点心和小吃,都已推陈出新。无锡餐饮业早在2003年就构思恢复了"运河船宴",恢复这种菜式的无锡运河饭店在不经意间打开了市场,引起了餐饮界的广泛关注。"运河船宴"不仅保留了无锡民间"咸出头、甜收口"的传统烹饪方法,汇集了一些地方传统名菜如脆皮银鱼、清明桥馄饨、黄埠墩砂锅等品种加入船宴行列,还开发了许多创新餐饮。淮安早在2002年就推出来"中国淮安淮扬菜美食文化节",以运河与淮河为依托,众多的淮上佳肴和风味名吃汇集于此处,发展了苏北腹地的饮食文化。随着时代的发展及运河饮食文化的发展,必将掀起新的高潮,取得更大的成就。

第十三章　漕运与运河民间帮派

明末清初之际，罗教在水手内流传。往来回空水手借居罗教庵堂吃素念经，日久相率皈依罗教。罗教与互助性的漕运水手组织相结合以一种民间宗教组织形式在水手中发展。雍乾年间，漕运水手组织内罗教组织出现分化。乾隆中叶，随着罗教庵堂转移到老堂船上，罗教组织内帮会权力系统建立，漕运水手罗教组织已具备秘密会社的主要特征。清中叶后，漕运系统弊端丛生，太平天国运动与黄河铜瓦厢改道使得漕运中断，漕运水手因而失业，并纷纷加入到其他各种社会势力中。清末，漕粮河运停止，水手被遣散。漕运水手行帮组织得以维系并进一步衍生出许多帮会组织。

第一节　民间帮会的发展与运河漕帮的形成

一、“江湖”精神与中国的民间帮会

大家都听说过“游侠”，在中国的传统文化中，游侠之士、游侠精神，是受到欢迎和肯定的。所以，司马迁《史记》中就有《游侠列传》。游侠行走江湖，范仲淹《岳阳楼记》中的名句：“居庙堂之高则忧其民，处江湖之远则忧其君”，庙堂和江湖是两个截然不同的世界，就是官场和民间，仕途和草民。广义的江湖不仅指游侠一类积极的行动者，还包括一些消极的对抗者——隐士。都是不和统治者积极合作的，属于民间自己管理自己，不喜欢庙堂来插手民间的事情，这是自古江湖社会的基本精神。

我们今天来谈江湖，实际上是来讨论民间道统的一种传承。法家韩非子认为“儒以文乱法，侠以武犯禁”。专制政府无法容忍侠义

为重的江湖社会,因此这种江湖社会历朝历代受到打压,但江湖精神却一直在中国民间传承。追溯其历史和文化渊源,赋予江湖精神实质内涵的是墨家,墨子被奉为江湖始祖。墨子认为,强不执弱,众不劫寡,富不侮贫,贵不傲贱,诈不欺愚。其"兼爱"与"非攻"和"万事莫贵于义"的思想,构成了江湖精神的核心价值观。儒家提倡"仁",道家修"道",墨家行"义",所以江湖社会仍以"忠义"为第一守则,所谓游侠子弟,多是墨子的徒子徒孙。战国到汉初,墨家这一脉原本很茂盛。汉代"罢黜百家,独尊儒术",加剧了墨学的消亡。

后世的《三国演义》杜撰出刘关张"桃园三结义",把"义"推向极致,尤其是关羽的形象被塑造成"义"的化身,以至于"世俗换贴,称拜兄弟,乃拜于关羽之庙。"[①]关羽被立祠祭祀,被圣化。

从本质上讲,帮会是一种非制度性的群体,不是按照合法的社会文化规范组织起来的。在权力性质上,与国家权力相抗衡,没有合法存在的理由,换句话说,它的生存机制是为主体的社会结构所不容的。传统帮派文化的伦理核心"义"就自然成为帮派或帮会安身立命的根本价值。一般来讲,对于任何的组织或制度来说,都必须寻找出其存在的理由或"合法性"来。帮会成员在长期的互动中培养了他们共同的群体意识和角色观念,形成了一套特有的价值观,以此论证其行为合理性存在的依据。"义"使本无血缘关系的帮会成员建立起模仿血缘关系的兄弟关系,而帮会头领则往往用江湖义气情感和行为感染成员,成为团体控制的有效手段。

二、民间行帮发展与传统帮派文化

中国民间社会最早形成社团并付之行动,也是追溯到墨子。墨子"摩顶放踵以利天下",有着强烈的救世情怀,他和他的学生练武习文,还发明一些攻守机械,扶弱抗暴,甚至为他们的价值观去殉葬。

到了宋代、明代,商业发展,游商多了,民间社会逐渐发育壮大,

① 孔令境.中国小说史料[M].上海:上海古籍出版社,1982.

各行各业自然要形成自己的民间组织，于是行帮诞生，如同今天的商会。所谓行帮，兼有一定秘密社会的特征，每个行业都有自己的一些规矩和报价方式，有他们的接头暗号。每个商人出远门，希望得到沿途的朋友帮助，需要组织起来才能获得安全感。比如石匠木匠是一个行帮，都是奉鲁班为始祖。铁匠的始祖是老子李耳，剃头匠的始祖叫罗祖。多数行业都在历史中去找一个自己的始祖，然后大家讨论出一些这个行业的基本规矩、纪律和原则。大家到各个地方拜码头的时候，都会行使自己那一套交接方式，这就是他们内部的暗语。包括乞丐也有“丐帮”，我们经常在影视剧里看到丐帮，故事情节是虚构的，但丐帮确实是有的。

帮派的显著特征，从历史上看，大大小小、五花八门的帮会无不带有浓厚的神秘主义色彩。帮会成员多为小商贩、手工业者、跑江湖的自由职业者、运输和码头苦力、士兵、胥役等。帮会有的是为了谋生互助自卫，有的为了结伙抢劫或培植独霸一方的地方势力。

中国的帮派文化，从以族长传统为核心的“家天下”的治国安邦观念落地生根之后，就在民间社会滋生蔓延，并铸造了中国文化的“小传统”。帮派文化的源头是家族宗法文化意识，而其产生和发展则是和歃血为盟、兄弟结拜、拉帮结派、秘密结社一类非制度性社会群体联系在一起的。西周宗法制确立，族长传统得到延续，父权制家族成为国家的基础。在宗法社会里，宗族祭祀（亦即祖先崇拜）是维护这种族群社会的占支配地位的价值观念。宗族祭祀发挥两种社会功能：一是族长或祖先是宗族的化身，它是家族的认同意识之所在，即“同宗共祖”意识；二是“同姓同宗”的宗族观念由此而生。帮派文化发轫于家族文化。帮派以异姓结拜为表征，歃血为盟为方式。在古代中国，帮派生成的社会经济土壤是相当肥沃的。这是由于自发农业周期性的破坏不仅造就了一定规模的流民，也造就了各种各样的破落贵族、地主、士绅及下层不得意的知识分子。农业的破坏，还影响到手工业的破产。由此还产生了各种各样无业游民和市井小儿。特别是农业破产造成的流民和氓流，他们常常是弃田流徒，四处游荡，饥寒穷苦，这些人流窜在外，单独很难生存。为了生存，就得结成群体，成为一种社会势力，尤其是在天灾人祸致使生民无所依靠的年代，这类帮派群体就会遍地繁衍。

帮派富于乡土色彩，来源于农村，其后城镇亦盛行。一般来说，帮派通过地缘关系、同业关系为联络手段，以异姓结拜的方式吸收会员，即称“把兄弟”“结拜兄弟”，以跪拜天地盟誓的仪式，强化内聚力。帮派初起之时，多基于共同命运、利益的小集团，通常为数人，多者十余人。其后由于社会经济的变迁、地方吏治败坏、人口压力日趋严重、民众生计更加艰难等因素，帮派趋于活跃，声势日大。

三、大运河上的罗教信仰与运河漕帮的形成

漕运自秦汉时期就已出现，但真正成规模，还是在隋朝大运河开通之后。随着元朝定都大都，明清后继，六百多年间的漕运都是直通北京。因漕运聚集在一起的跺工、水手、纤夫构成了在大运河上讨生活的一个特殊群体。

永乐年间，明成祖营建新都北京、对蒙元残余势力用兵，粮食消耗极大。为了提升漕运效率，明朝在卫所军户的基础上，建立了职业性的“漕军”，人数超过十万。漕军与国家财政关系重大，但政府给予的待遇很差，而在运输过程中又时常会出现翻船、槽米受潮、官吏盘剥等情况，军户动辄家破人亡。漕军军户大量逃亡，使政府不得不雇佣无业游民充当船工水手。至明朝中后期，负责漕运的船工水手中已有一半来自政府雇佣。

清朝定鼎中原，一度希望恢复明制，但力不从心。到了康熙中期，一只漕船上额定的 10 名水手中，除了一名负责人是有军籍的运军外，剩下的 9 个都是临时招募。此外，运军还可选一亲属为副手。

每年漕运前后八九个月，长途奔波，但工钱只有六两银子，所以不是全无出路的人，就不会去做船工。江浙乃富庶之地，谋生手段很多，当地人不必投身漕运，所以朝廷雇佣的舵工、水手主要是山东、河南的流民。

在漕运中,各地的运军和漕船,按所属地区营卫划分为不同的“帮”,如德州帮、兴武三帮、凤中二帮、赣州帮等名目繁多,数以百计。每帮所拥有漕船数量不一,多的有七八十艘,少的不过二十多艘。

众多船帮能在名义上变为统一的水手行帮,借助了秘密宗教——罗教的力量。罗教即罗祖教,又称无为教,创始人罗清出身漕军,突然有一日“遇邪师,授以法门口诀,静坐十三年,忽见东方一光,遂以为得道”,他综合道教与佛教教义,建立罗教。罗教信奉“心造一切”,即一切苦难都是因心中的欲望而生,因此主张“无为”。罗清曾在北京西北方的密云卫服兵役,皈依佛教,于1482年悟道,1509年67岁时终于著书阐释佛法,得到宦官的援助,在漕运船民中传教,也得到大宁和兰风等僧人支持,相传罗清一度在浙江传教,共布教18年。

从明代嘉靖到万历年间,罗教迅速发展,以运河水手为基础,以江苏、浙江为主要根据地,结社信徒众多,大肆招揽民众,信徒包括徽商程氏一族。至明末清初,为了更好地发挥大运河功能,保障北京和边军用粮,雍正通令各省,挂榜招贤办理漕运。翁岩、钱坚及潘清三人,于雍正四年(1726年)揭下皇榜,条陈整顿漕运办法,获得河南抚台田文镜认可,和漕督张大有联名上奏雍正推荐。雍正批了他们的奏疏,让翁岩、钱坚及潘清三人归漕河总督张大有节制,并听从勘视河工钦差何国宗指挥。三人负责通州至杭州这段航程的漕运,监造粮船,并督理浚河修堤工程、建设码头。后来翁岩、钱坚及潘清三人又通过漕河总督张大有和钦差何国宗上奏雍正请求开帮收徒,以便统一粮务,提高效率。雍正批准了,翁岩、钱坚及潘清本身又是在水手中影响力极大的宗教组织“罗教”的领导者,于是有了漕帮这一“曾经改变中国利益划分格局的潜规则制定者”组织的出现。

翁岩、钱坚及潘清前期勠力同心,但后期出现了矛盾,翁、钱是同乡,关系很好,他们收的弟子,主要是各船的“揽头”和“荐头”,也就是负责人。通过他们，翁、钱实际上控制了绝大多数的漕船。因为罗教的分支机构称呼为“庵”，因此，这一支叫“老安（庵）”。而潘清收的主要是普通水手，以及在岸上通过运河讨生活的人，人数虽然多，但实力却很弱。他传下的这一支叫“新安（庵）”。翁岩、钱坚、潘清三人把罗教传遍大运河流域的士兵与水手中，他们后被尊为罗教“三祖”。

这三人还在停泊漕船的杭州北新关外各建一所庵堂，供奉佛像、吃斋念经。当第一年漕运结束、第二年漕运未启之时，水手就吃住在庵堂。后因水手教徒越来越多，庵堂在浙江即发展到七十余处。这些庵堂由“各水手每年攒出银钱，供给养赡”，当一年漕运结束，“冬日回空时，即在此内安歇，不算房钱”，还有“饭食供给余剩，即留为沿途有事讼费之需”。这些庵堂外都置有田地，一来供养看守庵堂的教徒，二来也作为水手死后的墓地。罗教信仰使漂泊途中的水手在精神上有所寄托，其庵堂更能为水手提供实际利益，水手们自然相继皈依。罗教与互助性的漕运水手组织相结合，以一种民间宗教组织形式在水手中发展。一定程度上，罗教与其说是一种宗教，不如说是水手间的互助团体，主要是与官府谈判水手酬金、与同行竞争工作机会。

不管古今中外，传教者大都有一项本领，那就是治病。钱、翁二人也在漕船上“为人治病舍药，讽经祈禳，劝人持斋守法，死者敛钱瘗之，久而相率皈依”。清代前期，罗教成为运河沿岸地区最流行的教派，各地建立庵堂，供漕运水手在冬季留宿。庵堂里有长居者看守庵产，进行礼拜，亲自耕作维生。运粮水手每年来到江南，无处住宿，就投向庵堂经堂，在庵堂经堂中接受罗教，居住期间，每日支付饭食银4分，等待来年春、夏运粮北上；庵堂亦为年老无依的水手提供退休栖息之地。有水手成为罗教教首，如雍正时的李道人、刘把式。罗教信徒不限漕运水手，有城市工匠和农民，在家吃素修行。

罗教声势日益壮大，还是引起了朝廷的警觉，其时“水手多崇尚罗门邪教，而浙江、湖广、江西三省其党更炽，奉其教者必饮生鸡血酒入名册籍，并蓄有兵器……聚众行凶，一呼百应”。雍正五年(1727年)，时为浙江巡抚的李卫下令，将罗教的庵堂改为“水手公所”。乾隆三十三年(1768年)，查封苏杭地区依旧在传播罗教的水手公所，“概行拆毁，毋得仍前留存，复贻后患”，逮捕罗教为首的守庵人、水手教徒数十人，其中有的被发配、斩首。

清朝对异端、邪教大力镇压，罗教多次受检举，被官府取缔。1727年，清朝曾在浙江查禁罗教，毁去经像但保留庵堂让水手住宿。1729年，江西巡抚谢旻检举了191名罗教徒，其中有僧侣68人。1734年官府在江西查禁罗教，搜出过千本经书。1748年，福建有一个无为教女巫，法名普少，说弥勒佛要降世，为使入狱教首获释，教唆教徒攻城，战斗两天兵败，事后当地禁止老官斋。1768年，江苏罗教亦遭检举，苏州查出经堂11处。同年，浙江巡抚觉罗永德查明当地经堂有70多处，把庵堂改为“公所”，浙江罗教大受打击，因而衰落。晚清时，浙江无为教道人潘三多重申罗祖无为的教义，不念经不立像，受奉为“四祖”。

在乾隆三十三年(1768年)的水手罗教案中，清廷采取了与前朝完全不同的处置方式：拆毁水手赖以生存的庵堂，销毁罗教经、像，治罪教内主要成员，严厉的惩治迫使水手罗教的活动由庵堂转移至老堂船，由公开转向秘密，并逐渐建构起了一套权力体系，罗教组织内帮会权力系统的建立，最终促使具有宗教互助性质的水手罗教转变为具有民间秘密组织性质的行帮会社——漕帮。乾隆中叶，罗教组织分化出的小宗派，相互排斥，争夺生计，在整个运河水系形成了对峙局面。为优恤运军，弥补薪资不足，清政府允许漕船在重运、回空之际，携带一定数额的免税货物，称之为土宜。漕船运输土宜对运河沿岸城市的繁荣起到一定作用，有利于南北物资的流通、平抑京师物价，促进了国内的经济繁荣、政治稳定。为了获得更大利益，漕船违背了政府对土宜数额、种类的限制。老官(漕运水手行帮水手之首领称为老官)视漕船为己业，为了通过漕船携带土宜获得更多利益，不同船帮间为了争驾漕船而发生械斗。漕船水手的私货运销活动成了水手行帮的内聚力。漕帮的特点：一是成分单一，以无产的青壮年男性船工为主，并吸纳了一部分底层读书人；二是组织严密，有残酷的漕规、家法，以江湖义气维系体系的严肃性；三是准军事化，旗语、暗语和帮规侧面表现了漕帮的准军事化特征。

第二节　漕帮的影响及青帮与漕帮的渊源

一、“漕规”与“漕口”

著名历史学者吴思，也是《血酬定律：中国历史中的生存游戏》与《历史中的潜规则：中国历史中的真实游戏》的作者，其接受记者采访时谈到了“漕口”。《血酬定律：中国历史中的生存游戏》中提到的“漕口”，也有学者称他们为“漕辩”。漕口是由“刁衿劣监”组成的。“青衿”和“监生”泛指一群“生员”级别的读书人，俗称秀才。这些人收入微薄，正式在编的有一点廪膳（学生伙食费），编外生连这点收入也没有。在童生、生员、举人、进士的功名金字塔上，“刁衿劣监”位于倒数第二级。如果不能来个“范进中举”，他们几乎没有谋求官职的机会。老百姓早就嗅出了他们身上的穷酸气，给他们起了“穷酸秀才”之类难听的名字。这种穷苦地位注定了漕规这块肥肉对他们的吸引力，也鼓励着他们中一部分人的“刁”和“劣”。“刁衿劣监”拥有平头百姓所缺乏的优势。其一，他们读书识字，了解朝廷的法规；其二，他们生活在基层，经常与官吏交往，知道官吏们违法分肥的内幕；其三，他们与更高级别的官员往往有私人关系，可以通过他们向上反映情况，至少可以自己“砌词控告”；其四，他们已经接近或进入吃官饭的队伍，拥有比平民更多的权利，不那么怕见官，而官吏要收拾他们，又难免惊动社会的某些系统，不像收拾百姓那么容易；其五，他们人多集中，很容易通过集体行动分担风险，增强力量，官府暗害一两个人并不能达到目的。漕口因为漕规的存在而存在。明清两代维持漕运近六百年，围绕着漕粮的征收和运输，生长出一套盘根错节的潜规则体系，专有名词曰“漕规”。漕规是对法定利益分配方式的私下修改。首先修改与农民的关系，通过“浮收”多刮农民几刀；然后调整内部关系，尽量公平合理地分肥。漕规在历代都遭到禁止。“漕口”机敏地抓住了这个把柄，并且借此安身立命。漕口熟悉信息通道，拥有信息优势，他们是一张可以伤害漕规的嘴。漕口挣到的是堵嘴的钱。漕口为什么能得以发展呢？通过考证得知，小户认为漕口可以提供保护伞，便纷纷投靠他们，请他们代交漕粮，以避免官吏的敲诈。漕口也愿意包揽此事，于是进化为“包户”。这也是可以理解的。小户喂一个漕口肯定比较便宜，漕口一人独吞也肯定比分肥的收益高，这是双赢的局面。但是漕口如此一包，官吏的敲诈面缩小了，为了维持原有利益，只好加大敲诈力度。没有找到保护伞的小户便遭到了更凶狠的搜刮，造成了畸轻畸重的局面，众怨沸腾了。事情闹大了，漕运的期限和漕粮的质量也要受影响，这意味着给朝廷添麻烦。于是，负责管理漕运的就要处理漕口，平息事态。漕口方面的扩张势头受挫，生态平衡有所恢复。漕口敲诈官吏，官吏自然仇视漕口。但是从百姓的角度看，漕口到底是好人还是坏人呢？对攀附漕口的小户来说，恐怕要算好人。比起官吏的敲诈来，漕口的代理费比较低，为小民提供了富于竞争力的选择。对于未曾攀附漕口的小户来说，他们就不能算好人了，因为他们把贪官污吏都赶了过来，自己的负担因而加重了。由此可见，如何评价漕口，取决于百姓被敲诈的总额（漕规总量）是否可以压低，但这又不是漕口所能决定的。漕规的总量取决于百姓与官家的总体关系。

“漕规”这种潜规则体系是真实存在的，有最新考证可资证明：山东临清从一块古石碑上发现了运河漕帮的协约，石碑高 1.6 米，正面刻着约定，阴面刻着建碑过程及漕帮成员名单，名单有数百人之多，碑文也详细记载了天津漕帮参与制订协约的过程，石碑还揭开了漕帮被清政府在杭州清剿后，从文字记载中消失几十年之谜。在刻有几百个漕帮成员的名单中，还首次发现了雍正末年清军在运河起点杭州拱宸桥追剿的几百名漕帮人员的名字，由此明确了漕帮成员逃脱清朝追捕后的行踪。这个重大发现填补了漕帮历史研究中的一个空白,为大运河申遗提供了珍贵历史资料。

二、漕帮的权力化和组织体系

清代人口增长,社会繁荣,但也产生了一系列社会问题,其中人均占有土地日益失调。清政府推出新政摊丁入地,把原来按人头摊派的丁银改为匀入田地缴纳,使贫苦无地人民在经济上免除了丁银之苦。户丁编审制度的停止,使他们获得了更多的人身自由,从而加速了人口流动。清代河患严重,以黄河最著,淮河次之。每当河患之时,河北、河南、江苏、山东等省份灾民沿运河下江南就食。漕运绵延几千里,河北、山东一带运河水浅、地形崎岖,需要大量短纤、驳船工人,大量游民加入到漕运工作中。康熙三十五年(1696 年),为了维持漕运的正常运转,清政府改为每船佥运军一人,其余九名雇佣水手,以协助漕运,从此漕粮运输中雇佣水手制度化。清代基层漕运组织日益增强。每年选旗丁领运,再加上雇佣的头舵、水手,整个漕运基层组织人口不下十万,以及临时雇佣的剥浅、头纤等人。漕运水手每年运送漕粮及回空,途中多险要之地,漕船的顺利航行需水手间相互合作。

太平天国运动与黄河铜瓦厢改道使得漕运中断,运丁、水手问题成为各方争论的话题之一。到太平天国时期,漕运水手问题真正浮现出来。水手除了因失业滋事之外,还纷纷加入到其他各种社会势力中,这些社会势力主要的经济来源以贩运私盐为主。漕运制度为漕运水手行帮的出现提供了赖以生存的制度基础,漕运系统的弊端与水手生活境地促进了水手行帮的发展,壮大行帮势力。政府为了稳定漕运秩序,对运军、水手进行补贴,允许携带土宜,因此私货贸易产生。漕船私货贸易数额的增加,在一定程度上强化了水手行帮的发展,水手行帮的发展又促进了私货贸易的进行。清中叶后,漕运系统弊端丛生,漕务各级官吏皆借其参与之便,从中贪污索贿。为了应付各方勒索,运军不得不致力于私货贸易,致使私货贸易更加盛行。漕船私货贸易逐渐形成了庞大的走私网络。漕运水手行帮组织得以维系并进一步衍生出许多帮会组织。

漕运水手行帮会社的形成标志着漕运水手组织在性质上的根本转变。经过雍正、乾隆父子的两次打击，水手罗教失去了陆地据点，改在船上活动。每一个船帮都设有一个"老堂船"，相当于旗舰，供奉罗祖神像，负责打理老堂船事务的人被帮众称为"老管"（通常由数人轮流担任），监理全帮财物账目，制定帮规，即是"当家的"。至此官有的漕船成了各帮的私有财产。各帮内部组织严密，老管具有无上权威。有帮众犯错，会依帮规处以棍打、烧炙、截耳、割筋等各种酷刑。帮中定有联络信号，遇事传出"红箸""溜子"，就"人即立聚"。这种组织调度能力，真不次于武侠小说中的江湖帮派。此后，各船帮虽还采用罗教的仪式，要求"凡投充水手，必拜一人为师"，但其宗教性逐渐淡化，变为较为单纯的行业组织——水手行帮（漕帮）。

与此同时，罗祖也蜕变为水手这一行业的"祖师爷"。至道光时，信奉罗祖的漕帮"不下四五万，而沿途所雇纤手尚不在此数内"。以原有罗教翁庵、钱庵、潘庵三大分支为基础，漕帮也是"翁庵呼为大房，钱庵呼为二房，潘庵呼为三房"。

从庵堂阶段到老堂船阶段，水手罗教的组织形态发生了深刻的变化，并对它后来的演化路径产生了深远的影响。其一，罗教水手的活动更加隐秘化。以前的庵堂虽然未取得官方承认的合法性，但至少是半公开地吸纳信徒、吃斋念经、讲习教义、给水手提供生活福利。而设于江河上的老堂船，已经摆脱了官府的监控。慑于官方对罗教的严厉打击态势，水手行帮不得不将他们的组织与活动方式转入地下状态，各帮船还建立起秘密的联络信号，如遇事即以传出"红箸""溜子"为号，"人即立聚"。随着时间的推进，后来的青帮还发展出一套隐语系统，用于交流、识别身份与发号施令。其二，罗教水手的组织结构更加严密化。庵堂时期的水手罗教尚是一个结构松散、有互助性质的宗教团体，各庵管理者通常由年迈孤苦的水手充任，并无权威的禀赋，其职责不过是看守庵产；入教的水手也只是将庵堂当成栖身之所，与庵主并不构成严格的权力等级关系；这时候的水手罗教除了宣传教义，也没有建立森严的家法体系。

而到了老堂船时期，水手罗教已经具备了权力组织的形态特征。首先，出现层级权力结构。各个船帮内部，各人的地位按辈分排列，水手入帮要拜师父，师徒之间构成等级关系，帮中辈分最高、资格最老的罗教信徒，选为当家老管。其次，出现生杀予夺的权力。老管不但掌管一个船帮的“通帮水手用钱账目”，抓着经济大权；而且具有家长统治的绝对权威，“凡本船吃斋水手、牵夫服其管束”，如果“水手滋事，必送老官处治”。再次，出现严厉的帮规、家法。帮中水手，不论何人，若违反帮规，即有家法伺候，视其罪责轻重，或棍打，或烧炙，或截耳，或割筋，甚至“立毙，沉入河中”，“决不宽容”，这叫作“替代祖法”。老堂船还设有木棍一根，名为“神棍”，是执法权的象征，后世青帮将“神棒”附会为“乾隆钦赐”，但乾隆怎么可能给令他寝食难安的水手罗教御赐什么执法棒呢？想必是青帮首领在借“钦赐”之名强化自己的权威吧。

总而言之，老堂船时期的水手罗教，俨然已是一个个镶嵌在官方漕运系统上，又自成一体的隐秘王国，有自选的国王，有管辖的臣民，有私订的律法，还有议事、决策的权力中枢。从庵堂到老堂船，水手罗教的教门色彩趋淡，而帮会色彩渐浓。以前，共同的罗教信仰是水手们实现互济互助的重要纽带，并不需要出现一个权力中心，但是现在，罗祖图像虽然供奉在老堂船上，但宗教符号已不是整合水手的主要因素，他们被纳入到一个等级森严的权力结构中，这个权力结构才是罗教水手建立相互关系的安身立命之所，从组织传导出的权力信号才是联结他们的关键介质。加入罗教水手帮，须服从老管、师父之号令，受到严厉帮规的束缚，稍有违逆，便有被责打乃至沉河之虞，而且，入教还得掏钱，“给予老管香钱一二百文不等”。可是，为什么水手群体还要对罗教趋之若骛呢？说到底，无非是出于生存之需与利益之争。

水手生活穷苦，老无所依，病无所治，但只要加入罗教水手帮，“派到辈分”，便可“彼此照应”。原来各帮通常设有一个“基金会”，股本来自水手的“雇值”，即每名入教的水手从他的年工资中抽出若干文钱，交给老管“收存生息”。以后如果有水手生病或身故，老管就从“基金会”中酌量拨资，用于支付医药费或丧葬费。这一救济功能，显然继承自水手罗教庵堂时期的互助互济精神，只不过“基金会”的控制权，牢牢掌握在老管手里，“平时未经出钱者，即无人为之照管”。更为重要的原因是，水手、纤夫、舵工都是社会底层，身份卑微，地位低下，不但觅食艰难，还要受有官方背景的千总、旗丁等剥削，如果加入罗教水手帮，情况就不同了，可以获得整个组织的庇护，不但免受旗丁盘剥，而且还能反过来盘剥旗丁。

按清代漕运惯例，漕帮水手的工钱发放有一个流程：先由各船帮“头船”的旗丁开写一份工资单，递交给后面各船，照单发钱，称为“溜子”。水手的雇值，“向例不过一两二钱”，有帮会撑腰的水手往往以“雇值低微”为由，挟制旗丁加工资，每人索钱二三十千文。沿途遇上“水浅停滞或催赶闸坝”时，水手又会借机向头船的旗丁加索钱文，逼写“溜子”，如果旗丁不肯开“溜子”，水手们便在漕船停泊于旷野处所的时候，“乘夜聚众滋闹，打船进舱，持刀恐吓”。

道光五年(1825 年)，漕船在浙江的码头装粮时，嘉白帮、杭三帮的水手勒逼旗丁给他们加派工钱和补贴“装米钱”；到了运粮途中，水手又捏称旗丁侵蚀了他们的银两，那是道光元年的“皇赏”，现在必须还给他们，每条船五十三千文钱，兑换成银子，大概是每船二三十两。水手们“传发溜子，挨船讹诈”。而“旗丁惧祸，不敢不给，或写立欠票，或变卖客货”。据称这场索钱行动持续了数月之久，其他船帮也先后效尤。

水手罗教“权力化”转型的结果就是，老管凭恃罗教水手帮的组织资源、家长统治的绝对权威，能够动员大量水手、舵工、纤夫，从而拥有在一定程度上与漕运的官方代表对抗的隐权力。而老管治下的罗教水手们，也凭借组织的力量，获得了夺取更大利益的可能。

为了争夺更多的利益或更大的势力范围，不同老管所统治的不同船帮、不同派系之间，还时常相互斗殴。庐江帮与苏州白粮帮，镇江帮与湖州八帮，都长年争斗不休。道光五年(1825年)，嘉白帮的潘安系与钱安系，为争八条新造漕船的归属，发生了一场大规模的械斗，持刀凶斗了四日，事后从江中捞出尸体五六十具。不管是争地盘的厮杀，还是对旗丁的要挟，固然可以看出组织化的漕运水手并非善茬，更反映了当时水手行帮的利益分配，缺乏明晰的分配制度与谈判机制，只能取决于各利益集团的暴力资源。

这些漕帮水手、舵工联合在一起时，原本作为雇主的官府一方，也成了“弱势”。在道光年间的一次漕运途中，浙江嘉白帮、杭三帮声称船上代表官府的旗丁贪污了朝廷的饷银，公然向他们勒索银两。还有的直接围困粮道官员，要求“涨薪”。漕帮活动如果限于此，那真不失于是大清朝航运业的“良心公会”。然而事实并非如此。漕帮既在大运河上活动，自然要“靠河吃河”了。漕帮帮众们索性就扯起虎皮，仗着这一重身份肆意敲诈。比如，他们会用漕船故意撞上运河中的过往船只，然后就说对方毁坏大清朝的国有财产，要求赔偿。还有的帮众设计把漕米放到商船上，回过头来诬陷人家偷盗给皇上的槽米。最肆无忌惮的漕帮，敢于将漕船在大运河上“铁索连环”，拦住河道，公然讨要“买路钱”。要是说在大运河上“碰瓷”一下，设设路卡，或许还是“情有可原”，但漕帮的违法乱纪可不止于此，甚至不乏在光天化日之下打劫行凶的。如道光年间，有一伙儿以丁朋铃为首的犯罪团伙，成员都是漕帮帮众。他们所犯下的大案包括：在桃源县抢劫李姓一家，打伤多人；在沭阳县抢劫时，用棍子打、用火烧，以迫使被抢者交出家中财物；流窜到宿迁县作案时，他们还动用火枪，打死一人。丁朋铃集团东窗事发，是因一次抢劫后分赃不均，几个漕帮“兄弟”打了起来，以致引来官兵围捕。仅道光十六年(1836年)上半年，就有4名水手被处死，7名水手被判死刑，20余名水手被判发配、流放，另有20多人听候发落。漕帮杀人越货的恶性事件到后来已被朝廷特别关注，林则徐即发现，漕船经过的运河河面，往往漂浮有一些残肢断体，这“皆由水手裁害所致”。

三、“漕帮”的没落及青帮与漕帮的渊源

有漕运才有漕帮，漕帮因漕运而来。自道光年间起，朝廷漕运开始逐步启用海路，工作机会的减少使漕帮各派系间矛盾激化。运河上的工作机会越来越少，在失业的危机面前，同行当然更是冤家中的冤家。不同的行帮间，为了争夺有限的工作，少不了大打出手。“老安”与“新安”间多次爆发大规模的械斗。如道光五年（1825年），双方在浙江秀水县城外，为了争夺几艘新造的漕船，打了整整三天，事后“捞获尸身五十九躯”。又加上太平军占领南京，漕运废止，水手全部失业。他们中许多人转行，往返两淮，成为私盐贩，在苏北逐渐形成一个新的秘密社团——安清会。到19世纪80年代后期，清政府又短期内部分地恢复了漕运，许多安清会成员又重新上岗成为水手。他们组成了六支船帮：江淮泗、兴武泗、兴武六、嘉白、嘉海卫、杭三。这六支船帮正是民国时代青帮组织的基础，青帮六大帮正是由这六支船帮演化而来。漕运在光绪二十七年（1901年）完全停止，可供争夺的工作从少到无，所有的漕运水手都失业了，漕帮被迫上岸。朝廷也知道，这些惯于违法乱纪的舵工、水手，一旦流落到社会上，后果不堪设想，所以拨付给他们遣散费，希望他们能安分守己地过上“新生活”。如江苏漕运荒废后，“由地方官查明籍贯，每人酌给盘费制钱二三千文”。地方上，“民间恐其逗留滋事，绅士富户各捐己资，每名给制钱三千文，官为押送回籍”。这些投身漕运的水手，除了在运河上讨生活外没有一技之长，大多数人身无长物，甚至无家可归，没有办法回去务农。到1911年，津浦铁路全线通车，大运河的运输需求被铁路取代了。大运河上的漕运彻底终结，由上海为起点的海运取而代之。为了在码头、货船上重新找到工作，大量与运河漕运有关的人蜂拥至上海，安清会六大船帮当然是其中组织性最强的力量。而此时也正是上海的资本主义

经济腾飞的时期，大量的农民从内地涌入上海，成为新兴的产业工人，上海人口在1910～1930年20年间增长了3倍。

漕帮入民国后，正式改称清帮（青帮），清帮在上海被称为青帮，当时上海工人的百分之八十都属于秘密结社成员，而青帮所占比重最大。清帮“号称潘门，亦曰潘安，又别称庆帮，俗讹为青帮”。漕帮中潘庵一系门徒最多，因此成为青帮的主要力量。

此外，不得不说，漕帮与私盐贩卖关系密切。《清稗类钞》也说，“青帮者，其徒本皆以运漕为业，岁居粮船，船北上时夹带南货，南下时夹带北货，所谓粮船帮者是也。既改海运，艰于衣食，乃秘密结会，以贩私盐为业，亦有专以赌博及诈欺取财度日者。江浙为多，淮、徐、海尤盛，皖北亦有之。”在光绪年间，“安清道友多在江北，所有劫杀重案及包贩私盐、掠卖妇女，皆其伙党所为。”清朝跟以前的朝代一样，也是实行严格的食盐专卖制，食盐不可自由买卖，只能先由官方认可的“盐浦”收购，然后，盐商向官府申领“盐引”，再到指定的“盐浦”买盐，按照指定的路线运到指定的地点销售。朝廷派出的盐运使，就是全国唯一的食盐批发商兼缉私部门。这种专卖体制，无可避免地会催生两项后果：一是腐败，盐商为获得更多的食盐配额，向盐政官行贿；二是出现私盐市场，食盐走私活动猖獗。

而水手行帮借着千里航运之便，一直就存在“私带客货，冒渡关津”的痼弊。早在雍正年间，漕运线上已活跃着一类走私团伙，叫作“风客”。“风客”惯与水手相串通，在运粮时搭载货物，运至扬淮托给当地商人，交代他们卖掉货物，买入食盐，预屯于码头，等漕船空回时，再将食盐装船，运至各地销售。

水手行帮结成严密组织之后，更是有了得天独厚的走私优势。大宗的走私，离不开组织化的资源、一呼百应的首领、充沛的运输力量、严厉的保密机制，而漕帮正好能满足这些要求。道光年间，水手运贩私盐的情况已经相当普遍，因应这一地下市场之需，漕运线上出现了一种叫作“青皮党”的盐枭集团，或盘踞于码头，或跟随船帮上下，专为水手行帮散销私盐。江苏淮安府的安东、清河一带，又有罗教游民“私结党羽”，自号“安清道友”，专在淮河、运河上走私货物、贩卖私盐，有时甚至冒充兵勇，以查河为名，骚扰商旅，抢劫民财，名曰“站码头”。其后，“安清道友”与“青皮党”“引类呼朋，恃众把持”，融为一体。在水手行帮与私盐走私集团合流完成转型之后，一部分帮中头目在贩卖私盐的过程中，积累了巨大财富，并逐渐提高了自身的社会地位。随着帮会对社会的动员力、控制力、影响力的递增，一些有头面的人物也加入了漕帮。上海开埠后，大批青帮中人前往沪上“打天下”。这个租界割据、社会控制乏力、地下经济泛滥、龙蛇混杂的都市，给青帮势力的壮大提供了肥沃的土壤，以青帮为代表的黑社会势力，迅速发展成为一支可以左右上海政局、商界、社会秩序的隐秘力量。而头面人物的加盟，又进一步强化了帮会的势力。青帮的每个成员都有一个字辈，字辈是区分众人在帮中地位与权力的标志，师徒关系则是青帮的核心关系，师父对徒弟具有家长制的绝对权威。青帮还发展出一整套完备的帮规体系，包括“十大帮规”“十禁”“十戒”“十要”“家法十条”，还制订了复杂的仪式体系，开香堂收徒、执行家法等都要举行严肃的仪式。加入了青帮，相当于同上一条船，按帮规要求，大伙应该“同参互助”且“患难相扶”。

青帮延续了漕帮旧有传统，入帮弟子不仅要拜翁、钱、潘三祖，还要在香堂仪式上教授关于漕运、码头的知识。这一方面是为了“继承传统”，另一方面，这些专业知识也能成为帮中一种特殊的暗号。由于上海的特殊性，租界和革命党经常需要借助青帮的力量。日本占领上海时期，戴笠也需要利用青帮做情报工作。因此，青帮的势力也愈加强大，很多革命党和洪门会员也投入青帮。也因此有了上海“三大亨”——黄金荣、杜月笙、张啸林。

第十四章　漕运的利弊与历史功过

漕运制度，是贯穿我国整个古代社会并跨越部分近代社会的一项重要的经济制度。它不仅是历代封建王朝政权制度中极为重要的组成部分，而且对整个国家的政治、经济、军事乃至思想文化等各个方面都产生了重大的影响。漕运的影响既有积极的一面，也有消极的一面。我们应当对漕运有比较全面的认识和客观的了解，既了解其历史的积极作用，也关注其曾经的消极影响。

第一节　漕运的积极意义

漕运，最初主要指中国古代各王朝通过水道将各地的粮食等物资运至京城，以满足官俸、军饷和宫廷的消费。不过，随着历史的发展和自身功能的拓展，漕运的含义也有了更为广泛的社会历史含义。

漕运是封建集权政治和小农经济结合的产物。中国古代，统一王朝的建立，导致统治格局的重大变化，即全国性统治中心的确立、从中央到地方官僚体系的形成、庞大军事体系以及全国性社会秩序的建立。这一变化促使王朝必须建立一个有序的、有保障的、以粮食为主体的物资供应体系。然而，以农立国的经济特性，使得统一的集权王朝在建立物资供应体系时，不得不面对广泛而分散的小农经济。集权政治有效地使小农成为赋税与徭役的双重负担者，成为国家的生存基础。这是漕运形成和发展的历史动因。

作为一项大型的粮食征运活动，随着漕运制度的不断完善，规模不断扩大，用途日益广泛，漕运的社会意义与社会功能也越来越突出。主要表现在两个方面：一是漕运重心的演变，反映了中国古代经济重心的变化格局；二是漕运与中国社会形成越来越紧密而广泛的关系，日益渗透到社会的诸多领域。

唐宋时期是漕运的大发展时期。隋唐两代，仍定都北方，但由于南方经济的兴起和北方长期动荡的社会环境，漕运中心逐渐南移，尤其是到了唐代，漕粮征派日益依赖南方，漕运方向由东西向转为东南、西北向。而此时大运河的开疏工程，也使得它在漕运和南北交通中的重要功能逐渐显现。北宋设都汴梁，以汴河、黄河、惠民、广济四河进行漕运，其中以汴河所运漕粮最多，漕运方向大体也是东南、西北向。由于运河的开通以及经济重心的南移，南方成为漕运的重心。这一时期是漕运制度发展的重要时期，逐渐形成了相应的成法、固定的职官和额定的年漕量，漕运成为一个较完整的经济体系。元代定都大都，由于种种原因，主要采用海运的形式运输漕粮，但大运河仍为河运南方漕粮的唯一水道。明清两代建都北京，漕粮绝大部分征收于南方，运河成为唯一的南漕北运的河道。这一时期，由于历代的积累和统治者的重视，漕运制度不断完善，漕运的组织、机构、政策十分严密和健全。

漕运的社会功能主要体现在大运河时代，在大运河成为漕运的主体水道之后，漕运借助大运河沟通南北的便捷条件，将漕粮转运到全国大部分地区，成为王朝调剂物资、制衡社会的有力手段。尤其是在明清两代，漕运的社会历史作用得到了充分的发挥。

一、政治领域

在政治领域，漕运始终是维系历代中央政权不可或缺的、最重要的物质基础。特别是古代社会经济重心南移后，出现了政治、军事重心与经济重心分离的状况，漕运对于各王朝的政治、军事意义更加突出。朝廷年复一年地进行着南粮北运，漕粮几乎供应京城所有居住人员的日常食粮，并极大地支撑着整个中央政府机关的正常运转。与此同时，漕粮成为支撑王朝军事体系的重要物质力量，历代分布各地的庞大地方驻军、漫长边境线上的防御与进攻、四方征讨的各种战事，许多都是以漕运作为强大物质后盾的。宋人张方平曾说："今日之势，国依兵而立，兵以食为命，食以漕运为本。"其他朝代何尝不是如此！

二、经济领域

在经济领域，漕粮征派的重点地区，多为农业生产的发达地区；而应漕运之需所进行的水利开发，在一些地区一定程度上促进了农业水利的发展。漕运对于商业经济的促进作用尤其突出。漕运极大地促进了商品流通，唐宋以降，漕运中出现附载私货的现象，到了明清时期，朝廷开始认同这一现象，并制定相关政策予以规范。尤其是清代，对于漕运人员附载"土宜"的数量限制不断放宽，如康熙年间，准许每只漕船附带"土宜"六十石，雍正年间，在此基础上加增四十石，一年之后，又进一步加增，至每只漕船准许附带"土宜"一百二十六石。回空船只捎带北方货物的现象也十分普遍。大运河上年复一年的大规模漕运活动，有力地促进了南北的商品流通。

漕运对城镇盛衰的影响最为明显，尤其是运河沿线的城镇。一方面，随着运河的开通和运输条件的不断改善，一大批城镇随之兴起；另一方面，运河漕运的日趋频繁，以及它所带来的大量商品和贸易机会，极大地吸引了各地商人小贩及其他各类"趁食"者的汇集，运河沿线城镇的繁荣也成为自然的事情。明清时期，运河沿线的临清、济宁、淮安、扬州等，虽然不能说完全是因为漕运而兴盛，但漕运的北上南下，以及它所促成的贸易机会，一定是这些城镇繁盛的主要原因。漕运带来的交通便利与商品流动，城镇的日趋兴盛，促成了运河沿岸市场网络的形成。运河一线城镇的兴衰，多与运河的流畅与否、漕运的正常与否紧密关联。漕运盛，则运河旺，运河城镇也随之兴旺发达。近代以后，运河漕运逐渐衰败，运河运输功能日渐减弱，运河沿岸城镇随之衰落。这也从另一个方面说明漕运、运河、城镇之间的依存关系。

三、社会领域

在社会领域，随着制度的完善和规模的扩大，漕运逐渐突破其早期以政治功能为主体的窠臼，发挥着越来越广泛的社会功能，成为维护王朝稳定和制衡社会的重要手段。尤其是古代社会中后期，统治者熟练而频繁地利用漕运进行社会制衡与调控，消弭诸如重赋、灾祸以及物价波动等造成的社会不安定因素。其突出的社会功能有二：一是籴与粜，一是赈济灾荒。唐宋时期，和籴已发展成为一种完善的制度，主要用以调节各地区由于丰歉等造成的收入、上供及粮食市场价格的不平衡。其中，宋代和籴完全是通过漕粮来实施的。明清两代王朝，着力于漕粮在平粜方面的运用，成效突出。与唐宋不同的是，明清时期的平粜，主要是为了缓解粮食生产、灾害等因素对市场造成的冲击，完全是从调节市场、平抑物价出发的。运用漕粮赈济灾荒，自秦汉始就已不乏成功案例。迄至明清，已成为朝廷的一项惯常举措。

四、文化领域

在文化领域，漕运在促进南北文化交流和区域社会开发等方面也有着不可忽视的作用。

漕运改变了中国南北的交通，也促进了文化交流。在传统文化中，对江南文化北行的研究较为匮乏，实际上南方从魏晋时开始，学术就超过了北方。早在北宋，南人考取进士的已多过北方，至明初，进士名额几乎被南人垄断，为此，明仁宗于洪熙元年(1425 年)制定了“南方取十之六，北方取十之四”的政策。很多文学作品的背景也放在漕运沿线，如《杜十娘怒沉百宝箱》就发生在瓜洲(今扬州境内)；《窦娥冤》中“这楚州亢旱三年”，惩戒“山阳县”“官吏们无心正法，使百姓有口难言”，而楚州和山阳正是淮安古地名；《红楼梦》第一百二十回贾宝玉拜别贾政就发生在常州的毗陵驿；《水浒传》宋江率梁山英雄征讨方腊，正是沿运河镇江、常州、无锡、苏州一路厮杀过去……

第二节　漕运的消极影响

目前，对漕运制度及其正面意义研究很多，对其消极影响注意不够。历史上，多次大规模开凿运河大大增加了劳动的赋税和徭役负担，给人民带来了深重的灾难。政府以徭役、差役的形式，征调平民百姓成为“役夫”。历朝漕运体系均由政府财政支撑，从未自负盈亏，很难以“市场经济”的计算方法衡量，中国历朝漕运巨大的社会成本转移给底层组织和底层民众。漕运作为中国封建时代的一项大政方针、大规模强制性征收财赋的工具，又对社会经济造成了巨大的破坏。漕运毕竟是专制集权政治的产物，具有这种体制中的诸多劣根性；更为重要的是，漕运也是封建王朝攫取天下财富的手段之一，耗费了大量人力、物力和财力。漕运是国家经济的一件大事，多年沿袭下来，形成了许多弊端。漕运之利上不归国家，下不属百姓，其间中饱私囊者大有人在，上至贪赃枉法的高官大吏，中有无数层层关卡巧取盘剥，下到多代世袭的船户割据赢利，许多帮粮船舵设教立派，敛财滋事……结果造成漕粮成本不断提高，以致官民交困。

一、高代价的保运及对农业生产的破坏

为了保证漕运，历代王朝在兴修运河、制造漕船方面都耗费了巨大的人力、物力、财力。开挖及维修漫长的运河，人力耗费极大，甚至妇女、儿童、老人被驱赶到工地。如隋朝在全国大兴运河，动员了数百万民夫，浩大持久的运河工程对隋朝社会经济造成了巨大的破坏。明清时期，运河更是年年淤塞、年年开挖疏浚，耗费惊人。特别是每当水灾来临，封建王朝为了保证运河航道安全，经常打开运河减水坝和泄洪涵洞倾泻洪水，淹没大片的村庄和农田。而干旱的年份，抽调农业生产的灌溉水源。魏源就曾对清政府在山东实行的保运措施有过激烈的批评。漕运在中国历史上的长期存在和繁荣，不仅直接严重地影响了社会经济，而且间接地给广大人民的生产和

生活带来无穷的危害。

以江苏境内的里运河为例，里运河的水源很充足，但受到黄河倒灌、泥沙淤积的影响，航运条件日益恶化，自清朝乾隆以后越来越难以治理；里运河受到黄河、淮河的影响，几乎年年报警、年年受灾，筑堤、疏浚、改道等工作非常频繁，投入了大量人力物力，从当地人民、漕运官员直到皇帝都感到头疼棘手。

“治黄”与“治运”的复杂矛盾一直存在。黄河在历史上一直以“善淤、善决、善徙”著称，早在汉唐时期就有多次南泛的记录，只是当时还没有严重到长期夺淮的程度。南宋建元二年(1128年)东京留守杜充掘开河堤以抵挡金兵，黄河南北分流(1494年北流断绝)，南流在今山东境内夺泗，然后沿着泗水河道在今江苏境内夺淮入海，淮河从此失去了独立的入海口，逐渐形成了今天的洪泽湖。从南宋到明朝中期，黄河南流河道一直没有稳定下来，直到明朝万历四十四年(1616年)总河潘季驯大力整治黄河，黄河河道基本上稳定在今天的废黄河河道上，直到清朝咸丰五年(1855年)再次北泛为止。

地理学家吴必虎指出：“金元时期……由于河水南北分流，南流部分又散漫紊乱，结果使泥沙多淤积在淮河各支流及沿途各地，对苏北平原的地貌及环境没有产生明显的影响。到明后期……整个黄河所携大量泥沙这才几乎全部输送到苏北平原……无论是当地的自然景观，还是该区域的人文景观，无不打上黄河南徙的深深烙印。”[①]由此可见，金元时期黄河虽然已经夺淮，主要危害的地区还不是苏北；只有在黄河夺淮400多年之后，经过人工治理形成稳定的河道，苏北才成为受害最深的地区。黄河携带的大量泥沙主要堆积在苏北平原，河流、湖泊经常被淤塞，苏北地区长期忍受严重的洪涝灾害。黄河入海口由于水势平缓，淤塞情况更为严重，经常发生小规模的改道，新冲出的河道不过几年又会淤塞，加剧了苏北东部盐

① 吴必虎.历史时期苏北平原地理系统研究[M].上海：华东师范大学出版社，1996.

城地区海岸高而内陆低的局面，排水更加困难。乾隆二十一年(1756年)，河督尹继善、富勒赫的奏折说得很清楚："洪泽湖入海之路迂远，兴、盐一带，势如釜底，海滩高于内地，潮来与湖抵，不能畅流入海。"①

黄河入海口不断淤塞，不但导致淮河无法入海，还使得黄河本身也无法入海，黄河水排泄不畅必将倒灌入洪泽湖或运河河道，导致洪泽湖、运河也陷入淤塞的灭顶之灾。康熙十六年(1677年)，河道总督靳辅在著名的《河道敝坏已极疏》中指出："黄河淤，运河亦淤，今淮安城堞卑于河底矣；运河淤……今洪泽湖底渐成平陆矣……夫以万里远来浩浩滔天之水，竟至无路可去，则势必冲突内溃。"②无论清代历任河道总督怎样殚精竭虑，始终无法克服黄河携带大量泥沙、水患频发的困境。据《京杭运河(江苏)史料选编》统计，从顺治初年到咸丰五年黄河改道，江苏境内黄河决口累计达到94次之多，平均每两年多就有一次；康熙初年黄河在江苏境内几乎年年决堤，经过靳辅等人的治理稍有好转，但到乾隆中期又恢复了几乎年年决堤的局面。在号称"千年一遇"的康乾盛世，江苏境内的黄河仍然保持平均三年决口一次的记录，每次决口都有数以万计的人死亡或流离失所，富庶的江淮平原经常变成水乡泽国。

但是由于大运河贯穿苏北全境并与黄河、淮河交叉，而且运河对于统一帝国的政治稳定有着非常重要的作用，任何对黄河、淮河的治理都必须以保证运河畅通为前提条件，这就决定了"治黄"只能是头疼医头、脚疼医脚，为了短期的"治运"成果，甚至不惜牺牲黄河、淮河沿岸人民的长远利益。运河作为一条人工开凿、穿越各大水系的河道，本身是违背自然规律的，必须投入大量人力物力与自然力量抗衡，在当时的技术条件下举步维艰。"运河一线，介于黄淮两大河之间，有时黄淮假道入运，运河有崩溃之虞。"③黄河的威胁，

① 《高宗纯皇帝实录》卷五百零七.

② 《治河方略》卷五.

③ 《江苏水利全书》卷十二.

使得整个淮河水系都有“崩溃之虞”，不但黄河、淮河在危害运河，运河也在危害淮河和当地湖泊，因为运河河堤阻挡了淮河入海的通道，使淮河不得不从里运河入江，或者从里运河沿岸的引河入海，无论哪一条道路都难以做到畅通无阻；当地各湖泊的积水也一样难以排泄。乾隆八年(1743 年)，陈世倌在奏折中说：“上下两江连年被淹之故……有因下流淤塞，上源来水壅遏难下，致泛涨田野者；有因黄运堤防拦格水路，积潦无由消涸者。”[①]其中“黄运提防拦格水路”则是黄河与运河共同造成的灾害，运河河堤使得运河西岸的积水无法顺畅排泄。清朝漕运官员不考虑运河对当地排涝的严重影响，他们忧虑的是运河的安全。

明代没有中运河，基本依赖黄河转运，至清代，苏北运河分为“里运河”和“中运河”，清代开凿中运河完全是为了穿越黄河。里运河通过清江闸、惠济闸等多道闸口与洪泽湖连通，黄河则在洪泽湖东北的清口与淮河交汇，清代开凿的中运河河口则几经变动，大致位于黄河与洪泽湖交汇点以下六七里水路的位置。黄河河口和里运河河口过于靠近，就带来了一个最最棘手的问题：黄水倒灌。黄河携带大量泥沙，一旦灌入运河，必然严重淤塞运河河道，所以明清两代的河道官员都竭力避免黄河水侵犯运河。理论上讲，只有淮河水位超过黄河，洪泽湖的清口才能够安全开启，黄水才不至于倒灌。按照清代规定，淮河水出洪泽湖之后“三分济运，七分刷黄”，最理想的境界是“蓄清刷黄”，即利用强劲的清水冲刷黄河河道，达到治理黄河的目的；如果淮河清水不足，只能退求“蓄清敌黄”，只求黄河水不要涌进运河。但是由于黄河携带泥沙垫高河床，里运河呈现“北高南低”的态势，而且北面越垫越高，淮河、里运河的“清水”越来越难以抵挡黄河的“黄水”，清朝康熙、雍正年间还能做到“蓄清敌黄”，到了乾隆后期清水需要长期积蓄才能在夏季漕运高峰期勉强“敌黄”，乾隆皇帝也不由得感叹“连年黄水盛涨，清水弱极”。

① 《南河成案》卷六.

清朝中后期，黄河连年泛滥，漕运官员只知确保漕运平安，年复一年，终于导致积重难返。嘉庆、道光年间，黄水经常高于清水，洪泽湖清口本来不应该开启，但是正如琦善奏折所说："每年黄水长发，正当漕船盛行，既不能闭坝待漕，则倒灌即所不免。"为了保证漕船每年都通过，只能开放清口任凭黄水倒灌，这是饮鸩止渴。

消极治水的后果惨痛，康熙初年的著名河道总督靳辅曾经痛切指责过某些漕运官员只知治运、不知治黄的短浅目光，提出"将河道运道一体，彻首尾而合治之……运道之堵塞，缘河道之变迁，而河道之变迁，总缘向来之议治河者，多致力于漕船经行之地，若于其他决口，则以为无关运道而缓视之。"[①]这样目光短浅的只顾治运、不顾治黄，最终结局是黄水泛滥或改道，运河终究难以保全。靳辅采取"束水攻沙"、在黄河上游修筑减水坝、在险段修筑石工、疏浚黄河入海口、开辟中运河、开凿引河等一系列"治本"之法，其中最主要的"惟是筑堤以束水，束水以攻沙二语耳。"[②]这使康熙年间黄河水患有了一定程度的改善，运河也出现了盛极一时的局面。但是必须指出，靳辅的所谓"治本"之法其实也不是真的治本，因为清政府不允许为了治河而牺牲漕运，即使仅仅中断一两年的漕运也是不可接受的，靳辅虽然名为"河道运道一体"，但出发点还是"治黄"为"治运"服务，运河沿岸人民的生命财产安全绝不是首要目标。要解决黄河携带大量泥沙的问题，唯一的"治本"方法是改变黄河中上游水土流失的局面，但当时的技术条件根本无法做到(即使在今天黄河水土流失仍然没有被根治)，靳辅治黄还是以黄水、清水交汇的洪泽湖清口为第一目标，疏浚黄河入海通道为第二目标。然而靳辅无论怎么努力，都无法改变黄河入海口不断淤塞的局面，也无法改变大运河河堤阻挡淮河入海的局面，他所取得的大部分成果都是非常不稳定的。除了他主持开凿的中运河河道因为地势较高，黄河水不易倒

① 《治河方略》卷五.

② 《治河方略》卷二.

灌,因此一直保留到现在之外,他开凿的其他引河后来都逐渐被黄河泥沙淤塞,此后的历任河道总督不得不一再重新疏浚引河。

乾隆以后,不但黄河淤塞越来越严重,治河大臣也越来越不得利,终于导致“虽神禹复生不能治”的局面,即使没有黄河改道、冲断山东运河这一突发事件,大运河也实在难以维持下去。

为了使运河拥有足够通航的水量,历代王朝都采取了广收水源以济运河的措施,这就掠夺了农田灌溉所需的宝贵水源,当水源不足以满足运河通航需要,封建政府又在运河沿线开挖了众多新的河渠,将周围河塘诸水引入运河。开挖河渠不仅侵占大片农田,而且即使遇到连年大旱,也严禁民间引水灌田,严重干扰农业生产。对当时生产力水平还相当低下的社会来说,无疑是巨大的负担和摧残,严重地影响了农民的扩大再生产。徐光启曾说:“自淮河以北涓滴皆为漕用。”

引水济运是解决京杭运河通漕问题的重要手段,体现了各河段的自然地理特征。一切引水活动都围绕在“保漕”的前提下进行。这种情况下,很难兼顾国家运道与地方民生,难免会给农业带来诸多负面影响,其中水源紧张的会通河、卫河、高宝河等河段矛盾最突出。在清代,山东运河补给水源缺乏,朝廷为了漕运畅通,保证运河补给,将运河沿岸的河流、湖泊、山泉等竭力纳入补给体系,并以法律规定河泉平时三日济运,一日灌田,而亢旱之年则全部济运,严禁沿岸农民兴建沟洫水利,更不许开辟需水较多的稻田,所有这些严重影响了运河沿岸农田的灌溉与农田水利的发展,并造成了诸多水患灾害的发生与农业生态的破坏。

运河沿线的植被蜕化与土壤沙碱化也很严重,清中期以后尤甚。建设运河闸坝、堵塞决口、修筑埽坝等工程对桩、埽等物料需求量大,运河沿线树木大量被砍伐。及至清中期,不仅林木砍伐殆尽,芦草、高粱秸秆也被征调为河工用料,造成农民燃料短缺,盗伐林木现象严重,植被根茎均被挖掘。日复一日,恶性循环,植被严重蜕化,农业生态环境日益恶化。北方运河沿线盐碱地分布十分广泛,运河切断了自然河道，引起区域水系紊乱，很多地方排水不畅，出现积水洼地，地下水矿化度升高，盐分积聚于土壤表面，形成盐碱地。明清时期，运河沿线夫役佥派也是影响农业发展的重要因素。运河夫役大体可分两类：一类是常设夫役，如闸夫、坝夫、泉夫、湖夫、驿夫等；另一类是临时征派的夫役，如河工夫役、纤夫等。有些夫役名义上由政府雇募，但佣金微薄，劳动环境恶劣，劳动强度大，农民不愿应募，地方官员则强行征派，运河沿线官府抓夫的记载比比皆是。农民不堪重负，只得流亡他乡，以致出现农田抛荒的现象。清代卫河沿线的农业，也因政府规定“务使卫水涓滴不至旁泄”，只能种植一些耐旱作物。最突出的是山东的会通河，此河全赖鲁中山地的各泉为源，先后截拦入运的泉水有四百多眼，最多时达六百多眼。因为沿运设置了多个人工湖泊作为水柜（水库），需不时将汶泗流域的各泉引纳入湖蓄积，以备漕运通过时放水入运，所以在非漕船通过的时间里也严禁引用河湖灌溉。山东南部地区自春秋战国以来就是发达的农业区，唐时今峄县一带农田灌溉很发达，“青徐水利莫与为匹”。元大德时，峄县的学正还说这里的“泉水散漫四邻，灌溉稻田无虑万顷，民受其利”。可是到了明朝，由于严禁引用泉水，农民无法耕种，致使人口大批逃亡，“常数十里无炊烟”，“一望荒落”。

开挖运河是人类改造自然的重要活动，传统社会早期生产力水平低下，人们开挖运河，大体是顺应地势，将湖泊沼泽连接起来，或对自然河道略加疏通，使之可以行船，自然环境的改变不大。元代以后在地势复杂的鲁西苏北开挖运河，渠化泗水，拦截汶水，截断济水及徒骇河、马颊河，逼迫黄河夺淮归海，在漕运里程缩短的同时，运河对生态环境的破坏力也在增大，水灾、旱灾、蝗灾、土壤沙碱化，造成了运河区域人们生命财产的严重损失。

二、漕运过程的严重损耗及南方的沉重赋税

一方面，漕运路途遥远，造成严重而巨额的损耗。漕船经过诸多的险滩激流，船毁人亡的现象屡见不鲜；另一方面，古代漕运长期

采用散装，由于漕运粮物数额巨大，雨水侵袭货物，经常发生霉烂，漕运中的损耗乃至浪费现象严重。尤其是在明中叶以前漕运盛行分段转运，漕粮等货物在途中要多次转换，落后的装卸手段更增加了运物的损耗。中转的水次仓在保管不善和严重积压普遍存在的情况下，造成粮食严重损耗。

漕运始终处于高成本运行状态，从南到北，每年需要花费巨大的成本，才能完成一次完整的征运。然而，朝廷对于这一国家事务的运行成本，从来鲜有计算和节制，仅有一些官员进行过理性的思考和表达。

关于一石漕粮运抵北京的成本，时人有不同的估算和理解。何文炬在《折漕议》中认为，“通计运费已不下二十两”[①]；黄梦维在《停漕论》中则估算，“通盘筹算，非四十金不能运米一石入京仓”[②]。另外，还有一种估算方法：“惟起运本色每正粮一石，加耗三斗、四斗不等。此外有补润、加赠、淋尖、饭食等米，又有踢解、稳跳、倒箩、舱垫等银，在旗丁则有行月，在船只则需修理、打造……总计公私耗费，大约共需粮一石五、六斗，银五、七钱各不等，方得兑发一石正粮。”[③]

无论是按照哪一种估算方法和数据，朝廷每年须完成漕粮的征运，耗费的钱粮数额十分惊人，成本巨大。其实，时间成本和人力成本也是应该计算进去的。漕粮的征派对象绝大部分都是从事农业生产的农民，对于他们，时间和人力都至为重要。

除了完纳漕粮正额之外，粮户还必须承担漕粮运输过程中的全部费用，包括形形色色的加耗。比如，清代对漕粮的质量要求是干圆洁净。除了漕粮正项之外，还要交纳随漕正耗，作为京通各仓和沿途损耗的补偿。按规定，正兑米一石，加耗二斗五升至四斗不等，改兑米一石，加耗一斗七升至三斗不等。凡是加耗的部分，通称为“耗米”，由于随着正米入仓，又叫“随正耗米”。一般讲，官定的加耗

① 《皇朝经世文编》卷三十七.
② 《新辑实务汇通》卷六十七.
③ 《户部漕运全书》卷二.

率，已经在百分之三十至四十，但是，实际上加耗日增，江浙、两湖有每石加耗至七斗六升的，比官定加耗率高出一倍。

漕运发展至清代，其政治意义被提升到无以复加的程度，漕粮被称为“天庾正供”及“朝廷血脉”，这种意义在朝廷的反复强化之下，成为从中央到地方各级官员的共识，正如一些官员所言：“京师满汉军民所仰给者，东南数百万漕粮也”；“国之大事，惟兵与漕”；漕运“为一代之大政”，乃“天下之大命所系”等。官员们把漕运看得如此之高、如此之重，确是其他事务（包括田赋）所无法比拟的。清代漕粮征运有严密而成熟的制度保障。清代政府规定，江苏、浙江、安徽、江西、湖北、湖南、河南、山东八省承担漕粮的完纳任务，漕粮总额为四百万石，各省府州县承担的漕粮数额基本固定，并且需实物缴纳。为了完成这一额定的漕粮征运任务，清代政府在继承与改新的基础之上，制定了完备的漕运制度。

历代王朝对南方漕运的依赖，使得南方经济负荷日益沉重。东南各地所出的布帛茶盐等百货也不远万里漕运京师，中央王朝无止境的漕运，使得东南财用窘耗。尽管南方物产丰富，稍遇灾荒，也不免出现饿殍遍野、人烟断绝的惨景。从元明时期开始，苏南粮食就无法自给，明朝将长江三角洲的田赋由征收实物改为征收白银，号称“金花银”，但漕粮仍然必须上缴实物。江浙地区的漕粮负担非常严重，而当地人民种桑养蚕、从事手工业和商业谋取的利润远远高于种粮得到的利润，为了保证漕粮上缴，不得不用商业经营获得的银两购买湖广、江西等地产出的粮食，背上了沉重的经济负担，限制了当地商品经济的进一步发展。这不仅恶化了江南农民的生产生活状况，而且严重制约了这些地区城镇工商业的发展，漕运在维持封建集权王朝繁衍的同时，对古代社会经济的发展产生了巨大的破坏。

三、漕务机构惊人腐败及对社会秩序的影响

封建政府组织了庞大的运输队伍，建立了一定规模的管理组

织，豢养漕务官吏成为封建王朝财政的一项重要负担。漕务机关机构臃肿、人员队伍庞大，漕运沿途每一道程序都充满腐败，河运漕粮给朝廷、运丁和百姓都套上了沉重的枷锁。

到清代中后期，漕粮河运开始遭遇到巨大的挑战，面临严重的危机，漕粮河运很难再继续维持下去。

清军入关后，经康熙、雍正两朝对吏治的大力整顿，到乾隆时出现了“康乾盛世”，漕政同样也比较清明。但自乾隆中后期开始，政治日益黑暗，吏治腐败，征漕之时各种杂派也是五花八门。众多的额外加派，给有漕各省的百姓带来了沉重的负担。故民间有：“兑漕之苦，不在正赋之难完，而在杂费之名多”的说法。清代中后期征漕加派繁多，主要与漕政官吏的贪污有重大关系。贪污的官吏可以分为两种：一种是和完粮户直接接触的州县官吏胥役，一种是州县官吏的各级上司。州县官吏在征漕时进行贪污也会有所顾忌，“虑其上司之参劾也，则馈送之”。由此便形成了这样一种恶性循环：州县官吏在贪污时因怕其上司弹劾，从而对其上司进行贿赂，上级官吏也会抓住这一难得的机会，乘州县征漕之机而中饱私囊。

漕运的最高长官为漕运总督，其衙门在淮安。漕船到达淮安后，总漕随即派遣属下前往盘查，而其下属却故意放纵手下兵役对运丁进行刁难。乾隆七年（1742 年），按船帮计算：江南船每帮索银 20～24 两，浙江船每帮索银 24～30 两，白粮船加倍，江西、湖广船每帮索银 40～50 两。此后漕船过淮花费不断增加，嘉庆十五年（1810 年），漕船过淮，每帮向盘粮书吏花费陋规银增至 500 两。道光十七年（1837 年），漕船过淮，给盘粮吏胥银若干两，这被称为“兵胥对比费”，陋规总额又超过了嘉庆朝。漕船过淮时所需支付的费用较多，其重要原因就是清代漕运官制庞大而复杂，主要官吏有漕运总督、巡漕御史、督抚、粮储道、监兑官、催漕官等，较低层级的有书吏家人等，这些官员，甚至是书吏士兵，都能够通过这些陋规而分到数额不等的银两。漕运总督衙门的吏胥照例上船查验漕粮，但他们并不是以漕粮质量的好坏作为查验的标准，而是以漕船运丁所给规银的多寡为标准。漕船运丁一年到头十分辛苦,但是,他们所得到的津贴却不够沿途盘粮交仓、过闸过坎之费用,“倾覆身家,十丁有六”。

清中叶开始仅就斛面浮收而已,不久就有了折扣之法,“始而每石不过折扣数升,继乃五折、六折不等”。此后,浮收的规模不断地扩大。有漕各省州县及其他各级有关漕政官吏的贪索,地方绅衿对漕赋的侵蚀,还有帮船运丁为应付沿运官僚吏胥的贪索而向兑粮州县索取的大量帮费,最后都通过浮收和勒折转嫁到了一般粮户的身上,使粮户的实际支出为正漕的好几倍。

运丁终年往来于运河之中,其原来所分得的屯田无人耕种,大多荒芜,因此收入也大幅度减少。而其所得到的政府给予的津贴根本不足以偿付漕运各级官吏的贪索,因而运丁常常是“倾覆身家,十而有六”。失之于此,则必取之于彼,正如道光三十年(1850 年),大理寺卿邵灿奏:“漕粮自开兑以迄验收,例有常则,立法极为周密。无如奉行日久,率皆视为具文,以致诸弊丛生。如所奏州县浮勒,弁丁需索,以致漕船捏报开行,任意逗留。”漕运运丁向兑粮州县索取帮费,从州县勒索规费,旗丁往往被描写为“运弁奸丁,连成一气,州县唯恐误兑,不能不受其刁勒”。

漕粮征派与解运自产生之时起,便蕴涵着制度性弊病,胥吏与劣绅侵漕蠹漕的恶行与漕运本身的高成本运行,成为历朝历代皆无法根治之痼疾,这使得最终背负这一负担的百姓苦不堪言,漕弊丛生下的地方社会潜藏着诸多的危机,抗漕、控漕、闹漕即是写照。在清代漕粮征派中,“闹漕”现象屡见不鲜。闹漕,包括漕控、个人日常反抗(即逋欠、诡寄、包漕等)与集体公开闹漕。不管是漕控、个人日常反抗还是集体公开闹漕,其直接结果均对本地漕粮征收情况造成一定障碍。而且闹漕中,往往出现“邻省效尤”与“各处民众观望”的现象,漕粮征收因此受阻。如咸丰四年(1854 年),河南省辉县戴莹挟花户抗纳漕粮,此次闹漕并不严重,但却引起辉县接壤州县的效尤,最后酿成了“各署聚众抗漕”案件。

清代漕粮征收与地方官考成直接关联,漕粮完不及额,地方官可能因此被罚俸、降职乃至革职。不管是漕控还是集体公开闹漕，在闹漕的过程中，绅民往往贻误生产，且须为此付出大量的财产，不少缙绅即因漕控拖累至倾家荡产。嘉道之际，历时近四年的匡光文闹漕，让匡光文不仅付出了生命且倾尽了财产。在漕控成功后，新任县令还为了表示怜悯，将嘉庆七、八、九三年漕米奇零尾银二千余两赈济其家。闹漕还影响了整个社区民众的生活秩序。《清稗类钞》记载了一起道光初年浙江省归安县的陆名扬闹漕事件，地方官为了追捕陆名扬，不断增兵前往归安县射村，导致民众不断外逃，因逃不及时或留守家中的村民遭遇更惨，妇女往往被弁兵淫掠，不少因此而死。另外，因有陆名扬本是吴姓子孙一说，地方官在遣兵七百名往挖名扬祖坟时，射村一带陆、吴两姓无主的坟墓均遭挖掘。此次闹漕严重干扰了归安县射村绅民的生活秩序。

总之，作为一项重大的国家事务，漕运所体现出来的特性，既是其政治地位的有效保障，同时也是其不断影响地方社会、扰乱地方社会秩序的主要因素。高度的政治性意味着漕粮征运的重要性，但高度的重视通常导致对于事务成本和具体问题的忽略；严密的制度意味保障和规范，清代的漕运制度把诸多人事因素（诸如漕运官员的职权、地方士绅协助征漕等）都纳入到该制度体系的保护之中，这些因素既包括官府的，也包括民间的，既包括各级官员，也包括地方社会力量，而在漕运活动的运行中，制度恰恰为各方官员和地方力量提供了共同“侵漕”的机会；而强烈的指令性意味着地方社会的被动状态，没有任何理由的执行和完纳；高成本则意味着地方社会的巨大代价。

四、漕运阻碍了中国社会发展进程

历史上大运河沿岸繁荣，导致东部沿海的发展滞缓。明朝中期实行“闭关锁国”政策，明朝政府厉行海禁，害怕海外贸易对封建统治秩序造成损害，当然也不会鼓励大规模的国内海上运输，用漕运完全代替海运，很大程度上是出于稳定封建秩序的考虑。明朝后期，隆庆皇帝放宽海禁，一段时期恢复海运，可惜最终又回到内河漕运。在漕运和海运重大抉择面前，统一王朝再次在“政治大局”和“经济利益”之间选择了前者，宁可付出巨大的经济代价，也要保持海禁、限制海上贸易（即使仅仅是国内贸易）。

清朝初年，海禁比明朝更加严厉，为了防备台湾、厦门的郑成功势力，甚至一度有“迁海”之议，即把沿海地区的居民搬迁到内地，在这种情况下海运当然不可能恢复。

明清两代数百年的漕运，制造了一批大大小小的漕运官员、漕运胥吏和漕运兵丁，船工、商人都各自拉帮结派，形成了一股股势力强大的利益共同体，他们不甘心丧失漕运带来的巨大利益。

事实上，如果实行海运，带来的利益不仅仅是经济上的，仅仅苏北一地的水患就有望大大减少，更不用说山东、直隶等地长期与漕运争夺水源，经常因缺水导致颗粒无收的农民。即使这样多的利益加在一起，仍然无法使清王朝下定决心实施海运，归根结底还是因为统治者不愿意在“政治稳定”上冒任何风险。道光、咸丰之后逐渐实行海运，主要还是由于漕运已经无法为继，朝廷既无银两又无技术能力予以维持。

大运河上最难治理的河道始终是运河、黄河、淮河交汇的洪泽湖地区，嘉庆、道光年间实行“借黄济运”很快导致严重后果，黄河河底、洪泽湖湖底一年比一年垫高，到了道光年间洪泽湖清口已经无法打开，被迫实行“灌塘济运”之法，即在洪泽湖引河末端建闸，引清水入运河，在运口段的御黄坝和临清堰两坝之间形成可泊上千只漕船的河道，称“塘河”；当塘内水位高于坝外黄河水位时，便开坝放船，穿黄河直北入对岸中运河。“灌塘济运”既要耗费大量人力物力，耗费时间又极长，是漕运到了穷途末路的象征。但是，如果没有咸丰年间的太平天国起义、黄河改道两件大事，“灌塘济运”恐怕无论如何也要继续维持下去。可是太平天国起义将江南运河、里运河拦腰截断，咸丰五年（1855 年）黄河改道又将山东运河冲断，大运河终于无法贯通，海运取代漕运遂成为历史的必然。这是在自然条件无法挽回之后，清王朝被时代所迫做出的抉择。

在黄河、运河、淮河接二连三的水患之下挣扎了200年的苏北地区，除了扬州、淮安两个大城市之外，已经基本落入了贫穷和落后的深渊。著名学者黄仁宇曾经指出："耗资巨大解运来的漕粮，却于帝国的财政无补，它虽然解决了首都的食物供应问题，但接受者多为冗员，他们于国无益。"明代漕粮主要供给京城文武官吏、服役的士兵和工匠，其中冗余人员非常严重，清朝的情况没有大的变化，漕粮定额除了少部分截留各地之外，送到京城的大部分用作文武官吏、八旗子弟和绿营士兵的俸禄，只有少数用来平抑京城的米价，或用来赈济京城、直隶的饥民。根据《清代漕运》统计，乾隆、嘉庆、道光三朝各年份用来平抑京城米价的漕粮，最多不超过十万石，少的时候只有几百石，而且不是每年都有，这些粮食在四百万石的漕粮定额中只是九牛一毛。即使把以上平抑、赈济情况都计算进来，漕粮对国计民生的帮助也是有限的。明清两代官员俸禄一直偏低，地方官员还可以依赖耗羡补充收入，京官则几乎完全依靠地方官员的"冰炭敬"，海瑞就曾经讽刺地方官员进京考察之年为"京官收租之年"，可见京城文武官员并不是依靠漕粮中的禄米为生。八旗官兵所领的禄米，其实也并不供食用，而是把米票卖给商人，再由商人手中流向市场。大部分漕粮起到的是稳定京城米价、确保京城人民粮食安全的作用，确保京城的社会稳定、经济繁荣，为封建王朝的长治久安创造条件。漕粮对封建秩序的稳定作用，既有直接的、自上而下的（官员、士兵、工匠禄米），又有间接的、自下而上的（平抑京城粮价）。

漕粮对京城的经济繁荣、社会稳定，不仅是以牺牲苏北人民生命财产安全为代价的，更是以牺牲苏南商品经济发展为代价的。运河沿岸的城市，如江南的苏州、常州和江北的扬州、淮安等，固然在漕运兴盛时期有了一定程度的发展，甚至成为当时中国经济最发达的几座城市，但这种发达是以里运河、中运河沿岸民不聊生、年年受灾为代价的。

明清两朝都规定漕船可以少量夹带地方特产，似乎为商品经济的繁荣贡献了一份力量，实际上这些地方特产的贩卖根本不足以弥补漕运的巨大耗羡，而且贩卖所得利润大部分被官商、船帮和地方豪强掠夺，既无助于改善运河沿岸人民生活，也不可能形成现代工商业资本。归根结底，漕运是为了维护封建统治秩序而建立的，维护了封建统治秩序五百多年的稳定，尤其是维持了京城及直隶地区的粮食安全和人民生活水平的稳定。

事实上，放弃海运而完全依赖漕运，不仅不利于中国商品经济的发展，更重要的是与国际潮流违背，当全世界都把目光转向大海的时候，中国却仍然拘泥于年年淤塞、年年需要疏浚而且运输效率极低的古老运河体系。随着黄河倒灌，弊端越来越严重。如淮安府城的狭小范围因为运河转运而出现了长期繁荣，周围乡村地区则长期苦于水患，至于运河以东的盐城、兴化地区更是深受黄河、运河、淮河之苦；清后期的淮安府城一遇洪水就成为孤岛，城乡发展严重脱节。在少数几个大城市里，漕运推动了经济发展，商人云集，但是在这些城市之外，农村的情况相当凋敝。如果把漕运的成本——漕粮、加耗和各种各样的工程费用一起考虑进来，漕运是弊大于利的。正是因为背上了沉重的漕粮负担，江苏、浙江的手工业、商业发展受到了一定阻碍；每年都要捐助大量银两、输送大量人工进行运河、黄河、淮河综合防治工作，使得运河沿线的商人、农民都承受着沉重压力。漕运的“利”和“弊”是一个非常复杂的自然、人文交叉问题，需要今后不断总结、不断反思。

参考文献

[1] 安作璋.中国运河文化史[M].济南:山东教育出版社,2006.

[2] 北京市艺术研究所,上海艺术研究所.中国京剧史[M].北京:中国戏剧出版社,1990.

[3] 蔡蕃.北京古运河与城市供水研究[M].北京:北京出版社,1987.

[4] 蔡蕃.京杭大运河水利工程[M].北京:电子工业出版社,2014.

[5] 蔡晓梅,司徒尚纪.中国地理学视角的饮食文化研究回顾与展望[J].云南地理环境研究,2006,18(5):83-88.

[6] 曹金娜.清代粮船水手中的罗教[J].宗教学研究,2013(2):247-252.

[7] 曹志敏.清代山东运河补给及其对农业生态的影响[J].安徽农业科学,2014(15):4944-4947.

[8] 常贵章.运河之都与戏曲繁荣——从明清时期两淮地区的戏曲活动说起[J].剧影月报,2009(4):54-56.

[9] 陈峰.清代漕运水手的结帮活动及其对社会的危害[J].社会科学战线,1996(2):140-145.

[10] 褚福楼.明清时期金龙四大王信仰地理研究[D].广州:暨南大学,2010.

[11] 崔建利,马忠庚.明清时期的漕运总督与河道总督[N].光明日报,2009-03-17.

[12] 邓洪波.晚清书院改制的新观察[J].湖南大学学报(社会科学版),2011,25(6):5-11.

[13] 董文虎.京杭大运河的历史与未来[M].北京:社科文献出版

社,2008.
[14] 费佐兰,余志刚.中国粮食储备制度的历史变迁和发展趋势[J].世界农业,2015(3):4-8.
[15] 冯尔康.生活在清朝的人们[M].北京:中华书局,2005.
[16] 傅崇兰.中国运河城市发展史[M].成都:四川人民出版社,1985.
[17] 高寿仙.漕盐转运与明代淮安城镇经济的发展[J].学海,2007(2):40-52.
[18] 顾炎武.天下郡国利病书[M].上海:上海古籍出版社,2012.
[19] 何一民.近代中国衰落城市研究[M].成都:巴蜀书社,2007.
[20] 胡忌,刘致中.昆剧发展史[M].北京:中国戏剧出版社,1989.
[21] 胡梦飞.明清时期苏北地区水神信仰的历史考察——以运河沿线区域为中心[J].江苏社会科学,2013(3):227-232.
[22] 黄仁宇.十六世纪明代中国之财政与税收[M].北京:生活·读书·新知三联书店,2001.
[23] 黄世俊.宋代仓储法令研究[D].郑州:郑州大学,2016.
[24] 嘉靖两淮盐法志编纂委员会.嘉靖两淮盐法志[M].北京:方志出版社,2010.
[25] 焦循辑.扬州足征录[M].扬州:广陵书社,2004.
[26] 来新夏.天津近代史[M].天津:南开大学出版社,1987.
[27] 郎瑛.七修类稿[M].上海:上海书店出版,2009.
[28] 李德楠.明清京杭运河引水工程及其对农业的影响[J].农业考古,2013(4)150-157.
[29] 李斗.扬州画舫录[M].北京:中华书局,1997.
[30] 李芳菲.明清山东运河区域饮食生活变迁[D].武汉:华中师范大学,2015.
[31] 李泉.明清时期江北运河对区域农业发展的影响[N].中国社会科学报,2017-05-18.
[32] 李泉.中国运河文化及其特点[J].聊城大学学报(社会科学

版),2008(4):8-13.
[33] 李天锡.论妈祖信仰与和谐文化[J].莆田学院学报,2010,17(1):1-4.
[34] 李渔.闲情偶记[M].上海:上海古籍出版社,2000.
[35] 利玛窦,金尼阁.利玛窦中国札记[M].何高济,王遵仲,李申,译.北京:中华书局,2010.
[36] 廖奔,刘彦君.中国戏曲发展史[M].太原:山西教育出版社,2000.
[37] 廖奔.戏曲文物发覆[M].厦门:厦门大学出版社,2003.
[38] 刘伟.浅谈中国古代粮食仓储管理制度[J].农业发展与金融,2002(4):37-39.
[39] 陆萼庭.昆剧演出史稿[M].上海:上海教育出版社,2006.
[40] 罗澍伟.近代天津城市史[M].北京:中国社会科学出版社,1992
[41] 马端临.文献通考[M].北京:中华书局,2011.
[42] 马继武,于云瀚.中国古代城市中的民间秘密结社[J].社会科学辑刊,2003(5):91-95.
[43] 马俊亚.集团利益与国运衰变——明清漕粮河运及其社会生态后果[J].南京大学学报(哲学·人文科学·社会科学),2008,45(2):114-126.
[44] 满长征.运河文化主体餐饮体验——餐饮产业与文化背景[M].桂林:广西师范大学出版社,2008.
[45] 莫修权.漕运文化与中国城市发展[J].华中建筑,2003,21(1):76-78.
[46] 阮仪三.扬州盐商与扬州园林[J].扬州大学学报(人文社会科学版),2015(5):67-69.
[47] 尚克强,刘海岩.天津租界社会研究[M].天津:天津人民出版社,1996
[48] 史江.宋代会社研究[D].成都:四川大学,2002.

[49] 宋元强.清朝的状元[M].长春:吉林文史出版社,1992.
[50] 孙江,黄东兰.论民间秘密结社与晚清教案的关系[J].南京大学学报(哲学·人文科学·社会科学),1990(3):105-111.
[51] 孙阳顾.儒林六都志[M]//中国地方志集成·乡镇志专辑(第11册).南京:江苏古籍出版社,1992.
[52] 谭松林.中国秘密社会[M].福州:福建人民出版社,2002.
[53] 王虎华.扬州宗教史话[M].扬州:广陵书社,2014.
[54] 王建中.淮安饮食文化史略[J].扬州大学烹饪学报,2005,22(2):19-23.
[55] 王明德.大运河与中国古代运河城市的双向互动[J].求索,2009(2):203-206.
[56] 王士祯.香祖笔记[M].上海:上海古籍出版社,1982.
[57] 王守中,郭太松.近代山东城市变迁史[M].济南:山东教育出版社,2001.
[58] 王云.明清山东运河区域社会变迁[M].北京:人民出版社,2006.
[59] 王振世.扬州览胜录·扬州名胜录[M].南京:江苏古籍出版社,2002.
[60] 王振忠.明清徽商与淮扬社会变迁[M].北京:生活·读书·新知三联书店,2014.
[61] 王志民.元杂剧活动中心之一——东平府[J].东岳论丛,1985(6):70-76.
[62] 韦明铧.两淮盐商[M].福州:福建人民出版社,1999.
[63] 温凯.清代漕督的设置与裁汰[N].中国社会科学报,2015-09-14.
[64] 吴必虎.历史时期苏北平原地理系统研究[M].上海:华东师范大学出版社,1996.
[65] 吴琦.漕运与民间组织探析[J].华中师范大学学报(人文社会科学版),1997(1):123-129.

[66] 席书.漕船志[M].北京:方志出版社,2006.

[67] 徐珂.清稗类钞[M].北京:中华书局,1986.

[68] 徐谦芳.扬州风土记略[M].南京:江苏古籍出版社,2002.

[69] 徐业龙.论淮安清口惠济祠的妈祖信仰及其遗产价值[J].莆田学院学报,2010,17(6):1-5.

[70] 荀德麟.明清的清江船厂[J].江苏地方志,2012(1):21-23.

[71] 闫卫平.大运河与苏州寒山寺的文化融通[N].中国文化报,2013-09-12.

[72] 闫卫平.佛教在大运河沿线的传播[N].中国文化报,2013-04-18.

[73] 杨宏,谢纯.漕运通志[M].北京:方志出版社,2006.

[74] 姚汉源,谭徐明.漕河图志[M].北京:中国水利水电出版社,1990.

[75] 姚汉源.京杭运河史[M].北京:中国水利水电出版社,1998.

[76] 叶丽燕.明代苏松地区济农仓研究[D].南昌:江西师范大学,2013.

[77] 叶梦珠.阅世编[M].北京:中华书局,2007.

[78] 殷勤.扬州盐商住宅园林的形成及特色[J].江苏地方志,2012(3):14-16.

[79] 于德普.山东运河文化文集[M].济南:山东科技出版社,1998.

[80] 张瀚.松窗梦语[M].上海:上海古籍出版社,1986.

[81] 张念强,谭徐明,王英华,等.京杭运河古代水利工程的综合价值评估研究[J].中国水利水电中国科学研究院学报,2012,10(2):146-152.

[82] 张廷皓.淮安地区运河及相关水利遗产研究[J].中国名城,2008(3):24-30.

[83] 张卫东.洪泽湖水库的修建——17世纪及其以前的洪泽湖水利[M].南京:南京大学出版社,2009.

[84] 张煦侯.淮阴风土记[M].北京:方志出版社,2008.

[85] 张兆林,于源溟.明代运河济宁流域的私家园林[J].艺术百家,2011(S1):49-52.

[86] 郑民德.明清京杭运河城镇的历史变迁——基于张秋镇为视角的历史考察[J].中国名城,2012(3):46-50.

[87] 郑民德.明清京杭运河沿线漕运仓储系统研究[M].北京:中国社会科学出版社,2015.

[88] 中国文化遗产研究院,南京博物院,淮安市博物馆.京杭大运河清口水利枢纽考古报告[M].北京:文物出版社,2016.

[89] 钟永宁.明代江南济农仓初探——明代仓储制度研究之二[J].学术研究,1995(2):94-98.

[90] 周平平.明清漕运与水神崇拜——以运河山东段为个案的考察[D].济南:山东大学,2015.

[91] 周秦.苏州昆曲[M].苏州:苏州大学出版社,2004.

[92] 邹逸麟.从生态文明角度看大运河的负面影响[N].中国社会科学报,2014-04-04.

[93] 左元,周益.京杭大运河上的江湖史[N].周末,2006-10-30.

[94] G.W.施坚雅.中国封建社会晚期城市研究——施坚雅模式[M].王旭,等,译.长春:吉林教育出版社,1991.

后　记

2016年2月，淮阴工学院转发江苏省教育厅通知，要求二级学院组织申报“江苏省首批在线开放课程”。最终，在全校80多项申报中，确定22门课程为校级在线开放课程。《话说漕运》就是其中之一。

《话说漕运》课程的申报，是由郑孝芬主持的。其自2006年起一直主持和编校《淮阴工学院学报》的特色栏目“运河经济与文化研究”，该栏目曾经获得“全国地方高校学报特色栏目二等奖”。该课程得到了学校领导、学校教务处，以及所在人文学院的肯定和支持。主持人郑孝芬邀请了刘九伟、王娜、吕艳参与课程录制工作，在此对她们的参与表示感谢。

在筹备课程录制过程中，讲稿的撰写是首要任务。全课程从19讲压缩至15讲。每一讲从搜集、整理文献资料，到讲稿的撰写，工作量比较大，与科研中的论文撰写相比，程序和要求没有区别。

但是，课程视频录制中，因为时间和技术上的要求，讲稿的内容删减很多。对此觉得很可惜，也是想要为这门课程留下幕后的脚印，遂决定在课程讲义的基础上，进一步梳理、修改，再以专著的形式呈现。

对应课程的讲义，原来课程中“漕运与运河区域的美术”一章去掉。现全书共有十四章。郑孝芬撰写其中的八章（一、四、五、六、九、十一、十三、十四）；刘九伟撰写其中的四章（三、七、八、十）；王娜撰写其中的两章（二、十二）。全书统稿以及前言、后记均由郑孝芬完成。

《话说漕运》既是文化的，也是历史的，其涉及大量的历史文献，因学养、时间、精力等所限，整本书稿不免肤浅或有谬误，期待得到专家和学者的批评指正。在此也感谢家人的支持！

郑孝芬

2017年10月28日